정의론과 덕윤리

정의론과
덕윤리

의(義)로운 나라, 덕(德)스런 사람

황경식 지음

아카넷

머리말

세기의 정의론자 존 롤스(John Rawls)의 『정의론』(1971)을 1977년 우리말로 번역한 후 한국사회에 합당한 정의가 무엇인지 공부해 왔다. 실천철학으로서 윤리학에 관심을 가지고 한국 사회를 이끌어갈 최소한의 규범으로서 정의의 문제를 추구하고자 했다. 많은 사상가들이 각기 나름으로 이상 사회를 그려왔지만 이상 사회로 가기 위한 최소한의 요건을 충족시키는 사회가 바로 정의 사회라는 생각 때문이다.

그러나 근래에 이르러 정의가 무엇인지, 특히 우리 사회에 있어서 무엇이 정의로운 것인지를 아는 것도 어렵지만 정의를 실현하고 또한 실천하는 것은 더욱 어렵다는 생각을 많이 하게 되었다. 실상 정의가 무엇인지 몰라서 사회가 부정의한 것이 아니라, 아는 그만큼이라도 실행이 되지 않아서 사회가 부정의한 것은 아닐까? 그렇다면 알아도 행하지 못하는 이유는 무엇일까? 2000년대에 들어와 '덕윤리(德倫理)'에 관심을 갖게 된 것은 바로 이 같은 고민과 관련되어 있다.

이 책의 제목이 '정의론과 덕윤리'로 된 것은 바로 이상에서 말한바 필자 나름으로 추구해온 실천철학의 두 가지 화두를 대변한다. 특히 책의 부제인 '의로운 나라, 덕스런 사람'은 그러한 두 가지 화두 사이를 넘나들면서 나름으로 고민한 흔적을 반영한다고 볼 수 있다. 보다 좋은 세상으로 바꾸기 위해서는 구조 개혁과 더불어 의식 개조가 요구된다. 이때 사회 구조는 정의를 지향하고 사람의 의식은 덕성을 체득하는 프로젝트가 요구된다는 생각이다.

이 책은 크게 3부작으로 되어 있다. 제1부는 덕윤리에 대한 학술적이고 전문적인 저술인 『덕윤리의 현대적 의의』(아카넷, 2012) 이후 좀 더 일상적인 관점에서, 덕윤리에 관심을 가져야 할 이유와 동서양의 전통적인 주덕(主德)및 현대 사회의 주요 덕목들을 소개했다. 제2부는 정의론과 관련된 최근의 생각들을 정리한 몇 편의 글과 더불어 정의론과 덕윤리의 연결고리와 관련된 것이다. 제3부는 덕성익히기 교육 프로그램으로서 '학(學)과 습(習)'을 위한 실천적 가이드와 더불어 밥상머리 프로젝트로서 12덕목 익히기 프로그램에 대한 소개라 할 수 있다.

애초에 이 책은 일반인들이 손쉽게 읽을 수 있는 실용서 같은 형식으로 꾸미고자 했다. 그러나 평생 논문 스타일의 글에만 익숙해진 필자의 글 버릇을 벗어나기 어려웠다는 것을 고백해야 겠다. 전생으로부터 길들여진 버릇을 청산하기가 이다지 어렵다는 사실에 스스로 놀랄 뿐이다. 앞으로 새로운 버릇에 길들자면 시간이 필요할 것 같다. 어려운 시기에 출판을 허락해주신 아카넷에 감사드리고 이 책으로 인해 우리 사회가 좀 더 의로워지고 우리 시민들이 좀 더 덕스러워지는 데 도움이 된다면 보람 있는 일이다.

2015년 3월 꽃마을에서
황경식 심기 적음

차례

글을 시작하며

세월호 이야기는 이미 식상한 이야기일지 모르나 너무나 닮은꼴인 한국호(대한민국)의 안전 이야기는 이제 막 시작해야 할 듯하다. 세월호 소식에서 도망치는 선장의 처량한 모습을 보고 마치 나 자신의 분신이라도 되는 듯 죄책감에서 아직 깨어나지 못한 채 고심하고 있다.

세월호 참사의 핵심은 과부하와 무게중심으로 요약된다고 생각한다. 외화내빈, 겉으로 보기엔 그럴 듯하나 속빈 강정이었기에 맥없이 무너진 게 분명하다. 적재화물 리스트에도 없는 100개 이상의 컨테이너 박스에는 과연 무엇이 들어 있었을까. 정량을 초과한 상태로 연결고리 하나 제대로 없이 적재한 화물들, 이는 분명 과적이고 과부하다.

그렇다면 이 같은 과적과 과부하를 견대내고 무게중심을 잡아줄 평형수는 어찌 되었나. 아무리 다시 생각해도 세월호의 형상을 그대로 빼닮은 게 우리가 몸담고 살고 있는 한국호가 아닌가. 사회 안전망도 제대로 없는 속빈 강정, 겉으로는 1인당 국민소득 3만 불 시대를 앞둔 사회, 명품에 대한 호기심으로 날이 지새는 한국호는 분명 초위험사회인데, 우리를 지켜줄 평형수는 무엇이고 어디에 있는가.

위험사회의 안전망, 우리를 지켜줄 평형수를 과연 어디서 찾을 것인가. 무엇이 문제인지 낱낱이 분석하고 성찰해 보아야 한다. 우선 우리 사회를 위험으로부터 안전하게 지켜줄 매뉴얼이 필요하다. 그것은 법규이고 규정이며 가이드라인이고 수칙이다. 우리 사회가 위험사회인 것은 위험요인이 있는 곳곳에 우리를 지켜줄 매뉴얼이 세팅되어 있지 못하다는 점이고, 또한 매뉴얼이 있어도 상황에 특유한 디테일이 부족하다는 점이다.

그러나 사실상 우리 사회가 초위험사회인 것은 매뉴얼이 없거나 그것을 몰라서가 아니라 아는 그만큼이라도 우리가 실행할 의지가 없다는 데 있는 것이 아닌가. 인생이란 매사에 있어서 아는 것만으로는 부족하다. 단지 머리로만 아는 것이 아니라 우리의 몸속에 내면화되고 체득(体得)되어 자신의 것이 되어야 한다. 세월호의 선장은 그 순간 선장이 해야 할 매뉴얼을 알고 있었지만 그것이 체득되어 자기화 되지 않은 게 분명하다. 그래서 그는 가책으로 부들부들 떨면서 도망질한 것임에 틀림없다.

『논어(論語)』 서두에서 공자는 성공적인 인생은 매뉴얼을 배우고(學), 그래서 단지 아는 것(知)에 그치지 않고 반복 훈련(習)해서 습관화와 자기화를 거쳐 실행(行)할 수 있어야 하며, 그래야 비로소 즐거운(悅) 삶이 보장된다고 강조한다. 세월호 선장과 선원들은 매뉴얼을 단지 알고 있었을 뿐 부단히 연습하여 자기 체내에 습득하지 못한 나머지 자신의 임무를 파기한 셈이다.

뇌과학에서도 우리가 알고 있는 것을 지속적으로 반복해야 그것이 기억이 되고 자기화 된다고 한다. 심리학에서는 인간이 위기상황에 당면했을 때 표출되는 것은 그의 지식이 아니라 체화된 버릇, 습관이라 한다. 아는 것이 오랜 반복적 행위를 통해 우리의 몸에 익어 버릇이 되고 습관이 되면 그것이 무의식, 잠재의식에 내장되어 비상시에 우리를 지켜준다는 것이다.

국회 윤리위원회에서도 세월호 참사의 대책으로서 인성교육을 강조하고 예산도 지원할 생각이라 한다. 만시지탄이기는 하나 반가운 소식이다. 그러나 어떤 종류의 인성교육을 할 것인가의 문제가 더 중요하다. 복잡하게 생각할 것 없이 그것은 우리가 알고 있는 매뉴얼을 반복적인 행동을 통해 내면화, 내재화, 습관화, 자기화, 생활화 하는 일이다. 아리스토텔레스는 한 마리의 제비가 난다고 해서 봄이 온 것은 아니라고 했다. 지속적인 반복학습, 그것이 우리에게 요구되는 인성교육의 핵심이다.

인성교육은 사고교육(思考教育)으로 시작해서 덕성교육(德性教育)으로 완성되어야 한다. 매뉴얼을 익히는 반복학습, 그것은 모든 전문직 종사자의 필수 커리큘럼이다. 다른 나라에서는 위험부담이 큰 선박, 항공기 등의 종사자는 매일 같이 매뉴얼과 관련된 행위들을 반복해서 연습하고 점검한다고 한다. 행위는 우리 생각을 시행하고 실행하는 수행적(performative) 기능도 하지만 그런 행위결과는 다시 피드백 되어 행위주체의 성품과 성격을 공고히 해주는 형성적(formative) 기능도 한다.

매뉴얼을 익히는 데에도 반복학습이 필요하겠지만 위험부담이 있는 직종에서 담력이나 용기, 책임 등의 덕목을 키우는 데도 반복학습이 요구된다. 비굴하고 무책임한 선장의 모습을 보고 우리는 인성교육의 실패를 실감한다. 물론 이런 전문직 종사자의 인성교육을 강조한다고 해서 제도적, 법적 조치를 소홀히 해서는 안 된다. 자신의 역할을 방기한 책임은 중형으로 다스려야 할 것이다. 일벌백계라는 말이 있듯 자신의 책임을 방기한 자를 중형으로 다스리는 것은 인성교육의 당위성과 중요성을 깨닫는 데도 큰 파급효과가 있다.

1

덕윤리

1. 왜 다시 덕윤리인가?

문제는 실행이다

한국호의 침몰을 막기 위한 인성교육 처방으로서 필자는 특히 '덕(德)'이라는 주제에 관심을 집중하고자 한다. 조선시대에는 인성교육에 있어서 가장 중요한 자리를 차지하고 있었지만 오늘날에는 그저 박물관에나 전시됨 직한 글자로 그 격이 떨어진 글자이기는 하다. 하지만 나는 이 글자의 중요성을 다시 일깨워 우리의 일상을 이끌어갈 중요한 개념이 되게끔 새로운 생명을 부여해 보고자 한다. 그리고 이러한 프로젝트가 분명 의미 있는 것임을 이 글에서 입증해 보고자 한다.

'살'과의 전쟁으로 날이 지새는 요즘 트렌드에서 볼 때 '덕'이라는 글자가 인기 없는 이유는 쉽사리 이해가 간다. 젊은 여성에게 "후덕(厚德)하게 생겼다" 하시나 "부잣집 맏며느리답게 부덕(婦德)스럽다" 하면 좋아할 리 만무하다. 여기서 덕스럽다는 것은 모두 몸집이 있다는 뜻이다. 즉 몸에 볼륨이 있음을 의미하는 것이니 그럴 수밖에 없다.

오늘날 모두가 스펙 만들기에 바쁘고 각종 기능을 연마하기에 주력하는 세상이니 재승박덕(才勝薄德)형의 인재가 양산되고 있는 실정이다. 잔머리 굴리기에 능수이지만 어딘가 미덥지가 않으니 이 또한 낭패가 아닐 수 없다. 항상 잔머리 굴리며 성공과 출세를 쫓기만 하니 듬직하고 믿을만한 인재가 그립지 않는가? 이런 관점에서도 덕의 의미를 다시 음미해 볼 때가 된 것이라 생각한다.

문제는 우리에게 부족한 것이 실천하고 행동하며 실행하는 능력이고 그러한 능력을 연마하기 위해서는 지속적인 반복학습 즉 '습(習)'에 의거해서 덕(德)을 기르는 것이요, 그러한 덕이 몸에 익혀져 자기화 되는 일 즉 체화(体化), 체득(体得)하는 일인 것이다. 우리가 행동이나 실천 혹은 실행을 중요시하는 이유는 행동이 두 가지 기능을 갖고 있기 때문이다. 우리는 행동을 통해서만 우리의 의도나 목적을 현실에 구현할 수가 있다는 점에서 행동은 수행적 기능이 있다. 또한 행동의 결과는 다시 피드백 되어 행위자의 성품을 바꾸고 변화시키는 형성적 기능을 갖고 있기도 하다.

우리는 단지 아는 것에 그치는 관념론자로서 만족할 수 없으며 실천과 실행을 통해 현실을 바꾸고 문제를 해결함으로써 비로소 난관을 돌파할 수가 있다. 이런 점에서 행동은 수행적 기능을 가진다. 그러나 우리의 관심을 끄는 것은 이 같은 행동과 실행, 실천을 하다보면 행위 주체 자신의 성품이 바뀌거나 다시 형성된다는 점이다. 그러한 반복수행을 통해 생긴 덕의 축적이 바로 이러한 변화의 주요 요소이다.

동서의 많은 덕윤리 학자들이 습관 내지 습관화의 중요성을 말한 것은 바로 행동이나 실천의 이 같은 피드백 효과, 즉 성품의 덕성을 강화하는 형성적 기능 때문이라 생각한다. 아리스토텔레스도 그렇고 공자도 그런 맥락에서 '습'을 강조했던 것이며 불교도 다를 바가 없다.

우리가 어떤 일을 하든 그 일을 능숙하게 하려면 반복학습을 통해 기술(skill)을 습득해야 한다. 또한 능숙한 행위를 통해서 일을 수행할 뿐만 아니라 즐거이 그 일을 수행하고 그래서 그 일에 몰두, 몰입할 수 있어야 한다. 처음 수영을 배우는 자는 물이 두렵지만 수영기술을 습득하면 물과 친해지고 나중에는 물에서 즐겁게 노닐게 된다. 이 같은 즐거운 행위가 쌓여갈 경우 우리는 즐거운 인생을 영위할 수 있다.

도덕적 행위도 마찬가지이다. 처음에는 봉사활동이 어려우나 익숙해지면 그 행위를 즐겨 행할 수가 있다. 모두가 즐길 수 있는 행위라면 그것은 도덕적으로 바른 행위일 수밖에 없다. 부도덕한 행위는 일부에게 즐거움이 되고 다른 이에게 고통을 주겠지만 도덕적인 행위는 모두에게, 아니면 적어도 다수에게 즐거움을 주는 까닭에 도덕적 행위라 할 수 있는 것이다. 그래서 유덕한 행위는 '바르고 즐거운 삶의 기술'이라 할만하다.

근래에 마이클 샌델 교수의 『정의란 무엇인가』라는 책이 쓰나미처럼 한국 지성계를 강타했다. 짧은 기간에 150만 부가 팔렸다니 단군 이래 비소설 분야에서 이 같은 성과는 가히 신기록이라 할만하다. 이 같은 사회적 힌싱을 이띤 닉스로 헤석헤야 할까.

물론 부정의한 한국사회에서 정의에 대한 목마름으로 그런 사태가 벌어졌다면 지극히 다행한 일이 아닐 수 없다. 그로 인해서 우리 사회가 정의사회로 변혁해 갈 수 있는 계기를 찾을 수도 있을 것이기 때문이다. 그러나 이 또한 잠시 끓다가 쉬 식어버리는 냄비형 사회의 일과성 반응에 불과하다면 샌델의 정의론은 신드롬으로서 그 현상의 배경을 다시 해명할 필요가 있다.

　사실상 정의란 무엇이고 불의는 무엇인가의 문제는 삼척동자도 알 만한 경우가 허다하며 그런 것을 분간할 정의론이 없어 사회 곳곳에 불의가 만연된 것은 아닌 듯싶다. 문제는 정의의 이론이 없어서가 아니라 우리가 아는 그만큼이라도 정의롭게 살고 행동에 옮기는 일이 안 된다는 데 있다. 물론 정의 여부를 제대로 아는 것도 중요하겠지만 그보다 우리에게는 정의에 대해 아는 바를 행동에 옮기는 도덕적 용기, 정의로운 인간이 되는 일이 중요하다는 생각이다. 그런 의미에서 정의론보다 정의감(sense of justice), 즉 정의의 덕을 함양하는 덕의 윤리가 보다 중요한 것으로 부각된다.

　필자는 지난 학자 생활 40여 년 중 대부분을 정의의 이론을 공부하는 데 골몰했다. 그러나 시간이 갈수록 정의의 문제는 단지 이론적인 문제가 아니라 실천과 실행의 문제라는 생각으로 기울어 '정의론'보다 '덕윤리'에 비중이 두어져야만 된다는 생각에 이르러 지난 10여 년간 정의로운 인간을 형성하고 정의의 덕을 함양하는 덕윤리로 관심이 전환되기에 이르렀다.

알아도 행하지 못하는 현실

우리는 세계 4대 성인이 누구인지 잘 알고 있다. 그런데 이 네 분이 요행히도 500여 년을 전후로 비슷한 시기에 태어나 인류문화를 지방적 차원에서 보편적 차원으로 끌어 올리는 대단한 역할을 하여 역사철학자들은 이들이 출현한 시기를 인류역사의 차축시대(Axial Age)라 부르고 있다. 이들로 인해 지역중심적, 관습적 수준에서 보편주의적 인류의 문화로 한 단계 도약을 하게 된 것이다.

우리가 평상시에는 별 생각 없이 지내다가도 지혜롭고 통찰력 있는 파트너와 만나 대화를 하면 새로운 아이디어와 상상력이 몰려오는 것을 경험할 때가 있다. 소크라테스가 언급했듯이 대화는 서로 상대방의 이성에 불을 붙이는, 즉 점화하는 역할을 한다는 말을 실감하게 된다. 그런 이유에서인지는 모르나 4대 성인들은 모두가 대화를 통해 자신의 사상을 세상에 알렸으며 그래서 제자들이 그들의 어록과 행적들을 기록하여 오늘에 전해지게 되었다. 그런데 이들이 모두 대화를 소통의 수단으로 삼은 점에서 공통분모를 가지고 있기는 하나 대화방식에 있어 예수, 공자, 석가와 소크라테스는 전적으로 다른 길을 갔다.

앞선 세 분 즉 예수, 공자, 석가는 대체로 제자들이나 추종자들이 먼저 질문을 던지면 이에 대해 그들이 대답(정답)하는 방식으로 소통했다. 그 결과 이들의 대답이 유권적 해답으로 간주되어 그 대답의 총체가 특정 종교의 교리로 발전하였다. 결국 이들은 모두 그 종교의 교주가 된 셈이다. 그래서 예수는 기독교, 석가는 불교, 공자는 유교의 교주로 숭

배되고 이들의 어록은 종교경전의 핵심이 되었으며, 이는 대체로 암송의 대상이자 절대 진리를 대변하는 것으로 간주되었다.

그런데 소크라테스의 경우 그의 수제자인 플라톤이 정리한 대화록을 살펴보면 질문자는 제자나 추종자가 아니라 소크라테스 자신이며 이에 대해 제자들은 답변자로 등장하여 앞선 세 성인과 반대 모형의 대화를 전개한다. 소크라테스의 경우에는 제자들이 답으로 제시한 입장이 계속되는 대화를 통해 그릇된 대답으로 판명되어 결국 제자들은 자신의 무지를 고백한다. 소크라테스와 제자들은 공개적인 대화와 토론을 통해 올바른 답을 찾아 나서는바 열린 대화의 모형을 보여준 것이다.

이로 인해서 소크라테스는 특정 종교가 아니라 철학의 아버지로서 그의 대화 방식은 지속적인 대화와 토론을 향한 논변으로서 제시되기에 이른다. 이런 점에서 철학은 일정한 답에 이르는 정당한 절차로서의 논변에 대해 고심하는 것이며 따라서 철학사는 다양한 논변들의 역사라 해도 과언이 아니다.

여하튼 이 같은 대화에 있어서 제시된 소크라테스의 입장 중 하나는 "알면 행한다"는 입론이나 논변이라 할 수 있다. 부연하자면 소크라테스는 제대로 알면 반드시 행하게 된다는 주지주의적 입장을 취함으로써 앎, 즉 지식의 중요성을 강조한 철학자가 된 것이다.

그에 따르면 좋은 게(the good) 무엇인지를 제대로 알면 반드시 행한다 하여 도덕에 있어서도 앎의 중요성을 강조한다. 좋은 게 뭔지를 알고서도 나쁜 것을 행하는 어리석은 자는 없다는 게 그의 생각이다. 나쁜 것을 행하는 자는 좋은 게 뭔지를 모르기 때문이라는 것이다. 이렇게 해서 소크라테스는 철저히 앎과 행위의 통일, 즉 지행합일(知行合一)을 주장하여 아는 것이 전반적으로 중요하다는 주지주의적 입장을 전개함으로써 합리적 도덕(rational morality)의 선구를 이루었다. 그러나 과연 이 같은 소크라테스의 입장은 옳은 것인가?

소크라테스의 수제자인 플라톤은 스승의 죽음 후 정치가가 될 꿈을 접고 스승의 사상을 후대에 전하기 위해 소크라테스를 주인공으로 하는 수십 편의 대화록을 남겼다. 플라톤보다 조금 후배이긴 하나 소크라테스의 제자 가운데 아리스토텔레스는 궁중 전의였던 아버지를 닮아서인지 다소 관념론적 성향을 지닌 플라톤과 대조적으로 매우 경험론적인 성향의 철학자였다고 할 수 있다.

아리스토텔레스는 우리의 일상적 도덕 경험을 관찰하건대 '알면 행한다'는 소크라테스의 입론은 의문의 여지가 있다고 판단했다. 일상의 도덕생활에서 우리는 옳은 것이 무엇인지를 알면서도 행하지 못하는 경우에 자주 당면하지 않는가. 옳은 것이 무엇인지를 분명히 알면서도 그것을 실천에 옮길 의지가 나약하거나 감정이 내키지 않아, 혹은 자제심의 부족으로 다른 유혹에 빠져 그 행위를 놓치는, 그야말로 도덕적 실패에 봉착하는 일이 흔하지 않는가. 이 같은 실패를 범하고는 후회하고 반성하며 심지어 회한에 잠기곤 하지 않는가.

이처럼 알아도 행하지 못하는 도덕적 실패(moral failure)는 우리가 흔히 자제심의 결여로 인한 것이라고도 하고 의지의 나약, 감정의 부조 때문이기도 하다. 이 같은 일은 어째서 일어나게 되는 것인가. 돌이켜 보면 좋은 것이나 옳은 것을 행하기가 어려운 것은 물론이고 그러한 사실을 알기조차도 어렵지 않는가. 그러니 우리는 보다 일반적인 관점에서 도덕적 실패의 원인에 대한 진단과 그 처방을 탐구해볼 필요를 느끼게 되는 것이다.

도덕적 실패의 원인과 극복

소크라테스가 알면 행한다고 하여 아는 것을 우선적으로 강조함으로써 합리적 도덕관을 제시한 것은 서양 윤리학사에서 주목할 만한 방향 설정이라 할 수 있다. 물론 소크라테스만이 아니라 동서 대부분의 철학이나 종교는 대체로 아는 것이 우선적으로 중요하다는 점을 내세우고 있기는 하다. 불교 또한 무지, 즉 무명(無明)을 모든 악업의 원인으로 간주하고 무명을 떨치고 깨달음[覺]을 얻는 것이 선업의 출발이라 생각한다.

고려시대 지눌이 강조한 돈오점수론(頓悟漸修論) 역시 깨달음의 중요성에 주목하고 있다. 물론 이 같은 깨달음을 얻기 위해서는 사전에 오랜 수행의 공덕이 필요하기는 하나 제대로 깨달은 다음의 수행은 깨닫기 이전의 수행과 비교할 수 없을 정도로 효과적이다.

이 같이 아는 것, 지식, 지혜의 우선적 중요성은 불교뿐 아니라 유학의 격물치지(格物致知) 사상 등에서도 여전히 강조되고 있다. 사태를 면밀히 관찰[格物]하여 아는 것을 지극하게 한[致知] 연후에야 뜻을 성실히 하고[誠意] 마음을 바르게[正心]할 수 있으며 이를 바탕으로 해서 비로소 "수신제가 치국평천하"라는 수기치인(修己治人), 내성외왕(內聖外王)의 가르침이 완성될 수 있다는 것이다.

그런데 문제는 무엇이 옳은 것이고 좋은 것인지 제대로 알기도 어렵다는 사실이다. 우리가 무엇을 알아도 단지 추상적인 일반원칙만 알 뿐 그것이 구체적인 상황에 적용되었을 경우 어떤 것인지 모르는 경우가 허다하다. 디테일을 모르는 원론적 지식만으로 제대로 안다고 할 수 있는가. 또한 좋은 게 뭔지를 대충 알고 있을 뿐 그것을 여실하게 모를 경우에도 제대로 안다고 하기 어렵다. 좋은 게 뭔지를 생생하게 체감적으로 모를 경우 진정 왜 좋은 것인지를 제대로 모른다 할 수 있다. 손수 경험을 통해 체험적으로 얻은 지식이야말로 진정으로 아는 것이다.

또한 단지 이론적으로만 아는 원론적 지식만을 가질 뿐(know that, know what) 할 줄 아는 실천적 지식(know how), 즉 지혜를 갖지 못할 경우도 제대로 안다고 할 수가 없다. 수영에 대해 열 권의 책을 읽었어도 실제로 수영하는 기술을 몸에 익히지 못하고 있다면 수영을 안다고 하기 어렵다. 이상과 같이 안다고 하는 경우가 여러 가지지만 실상 제대로 아는 것이 무엇인지 쉽사리 가리기는 어려운 일이다.

그런데 좋은 게 무엇이고 옳은 게 뭔지를 알고 있기는 하나 그것을 행할 실천적 의지나 실행할 뜻이 없다면, 다시 말하면 알고 있기는 하나 의지의 나약이나 자제심의 결여로 인해 실행에 실패하게 된다면 이경우에 요구되는 것은 마치 강철을 만들기 위해 무쇠를 달구듯 의지의 단련과 연마를 통한 의지의 강화(strengthening will)와 유혹을 돌파하기 위한 도덕적 용기(moral courage)를 기르는 것이 급선무라 할 것이다,

또한 옳은 행위를 의무적으로 억지로 행할 수 있을지 모르나 그것을 자발적으로 기꺼이 행할 수 있는 마음이나 감정이 없다면 그 또한 바람직한 상황이 아니다. 실천이나 실행에서 오는 쾌감, 즐거움을 맛보려면 그러한 고귀한 도덕적 행위에 대해 맛들이고 익숙해지는 감정의 순화, 감정의 조율이 요구된다. 온당한 행위, 고귀한 가치에 맛들이고 길들여져 그런 행위에 친숙하고 습관화, 내면화, 내재화, 자기화 되어 있어야 한다.

이상의 논의로부터 우리는 도덕적 실패를 최소화 하고 도덕적 행위를 즐겨, 기꺼이 하는 방도를 다음과 같이 정리해 볼 수 있을 것이다. 우선 도덕적으로 바른 것, 좋은 것이 무엇인지를 제대로 알아야 할 것이다. 사용되는 개념의 의미를 명료하게 이해하는 것은 물론 도덕적 추론이나 논변이 타당해야 하며 이에 관련된 사실적 지식도 참이어야 한다는 선결요건들이 충족되어야 할 것이다.

둘째로 의지의 단련, 연마를 통한 의지의 강화가 요구된다. 옳은 일을 주저하지 않고 실행에 옮길 수 있는 도덕적 용기가 필요하며 이를 위해서는 반복학습에 의해 내공을 기르고 유혹을 이길 수 있는 부동심(不動心)과 마음의 일관성을 지키는 항심(恒心)을 길러야 할 것이다. 맹자의 이른바 호연지기(浩然之氣), 즉 모든 난관을 무릅쓰고 옳은 것을 당당히 초지일관 실행하는 도덕적 용기와 기상을 길러가야 할 것이다.

끝으로 어려서부터 좋은 것, 옳은 것, 고귀한 것에 맛을 들여 즐거움을 느낄 수 있는 정서교육이 필요하며 정서적 순화와 더불어 옳은 것의 실행을 기꺼이 수용하는 감정의 조율이 절실히 요구된다. 도덕적으로 우리의 삶이 바를 뿐 아니라 그 자체로서 즐거운 삶이어야 하기 때문이다.

결국 덕윤리에 바탕을 둔 인성교육은 인지적 각성-의지의 강화-감정의 조율을 구비한 지정의(知情意)의 3원적 기능의 통합 프로젝트이다. 이는 도덕적 사고교육에서 시작하여 의지를 단련, 연마하고 감정을 순화, 조율하는 덕성교육을 통해 완성된다고 할 수 있다.

공부의 방법과 습관의 중요성

지금까지 논의한 바와 같이 실천적 지혜와 관련된 공부의 방법을 요약적으로 해명한 사람은 동양에 있어서는 공자라 할 수 있다. 공자의 행적과 어록을 정리한 책은 4서3경 가운데 『논어(論語)』이다. 『논어』에 따르면 올바른 공부의 방법은 다른 사람의 지식을 배우고 받아들이는 것 즉 '학(學, learning)'과 스스로 자율적으로 생각하는 것 즉 '사(思, thinking)'로 이루어지며 이는 어느 하나도 소홀히 할 수 없는 공부의 두 수레바퀴라 할 수 있다.

공자에 따르면 남의 지식을 배우기만 하고 스스로 생각하지 않으면 번잡스럽고[罔], 혼자 생각만하고 배우지 않으면 위태롭다[殆]고 했다. 백과사전이나 만물박사와 같이 잡다한 지식을 주체적으로 하나로 꿰지 못하면 잡학이 될 뿐이고 혼자서 골똘히 생각만 하면 유아독존이나 독선에 빠질 위험이 있다. 공자는 시음을 전제하고 사흠을 생각만 해 봤지만 아무런 소용이 없다고 말한다.

그런데 단지 이론적 지식에 그치지 않고 실천적 지혜가 되려면 '學'과 '思'에 더하여 아는 것을 반복해서 행하는 연습(練習)을 통해 습관화(habituation) 하고 그럼으로써 아는 것이 내면화, 내재화, 자기화, 생활화 되고 습득(習得) 되며 몸속에 체화(体化)되어 자신의 몸에 익숙해지는, 즉 체득(体得)이 되어야 한다.

그런데 이같이 아는 것이 체득되어 자기화 되고 그래서 익숙해지고 맛들이게 되면 행하는 것이 억지로 이루어지는 것이 아니라 기꺼이, 즐겨 행하게 된다는 것이 중요하다. 수영을 배울 때 처음에는 물이 싫고 두렵지만 수영의 기술이 몸에 익으면 물에서 노는 것이 즐거운 것과 같은 이치이다. 또한 궁사가 오랜 시행착오를 통해 바람의 속도와 방향을 익히게 되면 드디어 그 같은 환경적 변수들을 극복하고 과녁에 적중하는 것에 비유할 수도 있을 것이다.

그래서 『논어』의 서두에서 공자는 "배우고 그것을 때때로 익히면 이 또한 즐겁지 아니한가(學而是習之 不亦說呼)"라 했던 것이다. 우선 배우는 일은 즐거운 일이다. 하나를 배우게 되면 까막눈이 열리게 되어 하나의 세계가 새롭게 나타난다. 새로운 언어를 하나 습득하게 되면 진정 새로운 하나의 세상, 새로운 우주가 열린다. 나아가 배운 것을 그대로 두면 남의 지식과 다름없지만 그것을 익혀 자기화 하면 그 또한 즐거운 일이 아닐 수 없다.

배우는 것도 즐거운 일이지만 그것을 익혀 나의 것이 되면 그 역시 즐거운 일이다. 반복적 행위는 오랜 시간을 요구하며 그래서 결국 나의 피가 되고 살이 되어 결국 내 것이 된다. 그래서 체화, 체득이라는 말이 이를 적절히 표현하고 있다고 생각된다. 이는 결국 지식과 내가 일체가 되고 동일화(identification) 됨을 의미한다.

삶의 기술로서의 덕과 수양

습관화를 통해 몸에 밴 지속적 행위성향(stable tendency)이 바로 바르고 즐거운 삶의 기술로서의 덕(德, virtue)이다. 덕은 무의식적으로나 기계적으로 습득된 습벽이 아니라 배우고 생각하며 익힌 도덕적 기술이요 행복의 기술이다. 덕은 도덕적 실패를 최소화 할 수 있는 도덕적 기술이요, 도덕적 행위를 의무적으로 혹은 억지로 수행하는 것이 아니라 즐거이 수행하는 행복의 기술이다. 이런 의미에서 덕은 '바르고 즐거운 인생의 기술'이라 할 수 있다. 그것은 즐거운 삶의 기반이 되는 기술일 뿐만 아니라 조금씩 서로 양보함으로써 모두가 즐겁게 살 수 있는 도덕적 기술이다.

구두를 만들기 위해서 그리고 그것을 잘 만들기 위해서 구두 짓는 기술을 익혀야 하고, 피리를 불고 또한 그것을 잘 불기 위해서는 피리 부는 기술을 익혀야 하듯 성공적인 인생을 살기 위해서도 바르고 즐거운 삶의 기술, 즉 도덕적 기술과 행복의 기술을 익혀야 한다. 이 두 가지 기술을 함께하는, 바르고 즐거운 삶의 기술이 바로 덕이라는 기술이다.

이런 의미에서 공자는 "아는 것은 좋아하는 것만 못하고 좋아하는 것은 즐기는 것만 못하다(知之者 不如好之者 好之者 不如樂之者)"고 했다. 단지 아는 것보다 좋아하는 것이 낫지만 좋아한다는 것은 아직 좋아하는 주체와 대상이 따로 떨어져 있는 상태이며, 즐기는 것은 주객이 혼연일체 되어 있는 것을 의미한다.

인간은 습관의 다발(꾸러미)이다. 사실상 각자의 개성도 각자에게 독특한 습관의 조합이요 스타일이라 할 수 있다. 그래서 유교에서도 인간은 본성에 있어서 유사하지만 습관에 의해 차별화된다고 말한다. "생각은 행동을 낳고, 행동은 습관을 낳고, 습관은 성격을 낳고, 성격은 운명을 낳는다"는 속언에서 전후 연결고리는 습관이며 습관이 성격과 운명을 좌우한다고 본다.

불교에서도 습관은 수행에 있어서 매우 중요한 의미를 갖는다. 불교에서는 습관을 습기(習氣)라 부른다. 우리가 진리를 깨닫는다 해도 해묵은 습관에서 자유롭지 못하는 한 바르게 살기는 어렵다. 돼지고기를 훈제할 때 연기가 고기 속에 새록새록 스며들어 맛을 내듯 서서히 우리를 변화시킨다 하여 훈습(薰習)이라는 말을 쓰기도 한다. 우리에게 깃든 악습을 선습으로 바꾸지 않는 한 이론적 깨달음만으로는 삶을 변화시키는 데 무용하다는 뜻이다. 이처럼 습관은 무서운 힘을 갖는다는 점에 주목해야 한다.

습관을 바꾸기 위해서는 시간을 두고 "도(道)를 닦고 덕(德)을 쌓아야 한다." 도를 닦는다는 것은 지정의(知情意), 세 가지 기능의 통합적 프로젝트이다. 지적인 각성, 의지의 강화, 감정의 조율이 통합적으로 수행되면 그 결과 도덕적 내공과 도덕적 용기가 축적되는바 덕이 쌓인다 할 수 있다. 도를 닦는 방법은 굳이 속세를 떠나 명산대첩을 찾지 않더라도 우리의 일상에서 다양하게 발견할 수 있다. 절실한 기도, 마음을 비우는 명상, 피정과 참선 등도 모두 도를 닦는 방법들이다. 정신집중에 의한 고전읽기, 종교적 경전을 외는 독경 등 모두가 도를 닦는 방법이다. 또 한 가지 좋은 방법은 유도, 태권도, 검도, 궁도 등 운동을 통한 도 닦기이다. 운동은 단지 육체적 기술을 익히는[技]일이 아니라 마음을 일깨우는[道] 일이기 때문이다. 운동은 심신의 수련을 동시에 행하는 것인 까닭에 지속적인 운동이상으로 도 닦기에 좋은 방도는 없다. 혹자는 마라톤이 참선보다 나은 수행법이라 하기도 한다.

중용은 중간 아닌 최선의 선택

이렇게 얻어진 덕의 가장 두드러진 특성 중 하나는 그것이 동서를 막론하고 중용(中庸, golden mean)으로 표현되고 있다는 점에 주목할 필요가 있다. 유덕한 행위와 부덕한 행위를 가려줄 명시적 잣대가 바로 중용이라 할 수 있다. 그런데 중용은 산술적 중간이 아니라 가치론적 정점이고 그 상황에서 최선의 행위임에 주목할 필요가 있다. 용기는 만용과 비겁의 중용이지만 전시상황에서 용맹전진만이 중용은 아니며 때로는 이보 전진을 위한 일보 후퇴가 중용일 수 있다.

중용은 자주 궁도와 궁술에 비유된다. 궁도에서 화살이 목표에 꽂히는 것을 적중(hit the mean, 的中) 이라 한다. 이를 위해서는 궁사의 오래 수련이 요구되며, 수련을 통해 마음속에 흔들리지 않는 중심(中心)이 잡혀야 한다. 그래서 중심이 빗나갔을 때(missing) 궁사는 바람을 탓하지 않고 자신의 마음을 살핀다. 마음의 중심, 즉 덕이 쌓여 도덕적 내공이 축적되면 각종 유혹, 상황의 변수나 바람의 간섭에도 흔들리지 않고 도덕적 최선인 중용에 적중하는 저력이 생긴다.

덕은 도덕적 실패를 줄이는 도덕적 기술인 동시에 즐거운 인생을 성취하는 행복의 기술이기도 하다. 도덕생활이 행복을 동반하지 않고 단지 자기희생일 뿐이라면 도덕생활의 매력은 반감될 것이다. 덕은 도덕의 기술인 동시에 행복도 보장하는 기술인 까닭에 유덕한 삶의 가치는 배가된다.

인생의 최종 목적은 무엇인가. 돈을 버는 것은 잘 먹고 잘살기 위함이지만 잘 먹고 잘사는 일, 즉 행복한 삶을 추구하는 이유는 물을 수도 답할 수도 없는 것이다. 행복은 그 자체가 삶의 이유이기 때문이며 그래서 행복은 더 이상 이유를 물을 수 없는 최종 목적이다. 그러나 행복(well-being)이 무엇인지에 대한 대답은 어렵고 단지 우리는 행복의 조건, 즉 복지(wel-fare)가 무엇인가를 물을 수 있을 뿐이다.

더불어 행복한 인생이 전부이다

행복한 인생을 위해서는 어느 정도 물질적 여건이 충족되어야 한다. 궁핍한 생활은 불편하고 또한 불행의 원인이 될 수가 있다. 그러나 동서를 막론하고 덕윤리학자들은 단지 물질적으로 잘 먹고 잘사는 일상적 행복을 넘어 깊고도 지속적인 보다 고차적 행복이 있다고 생각했다. 그것이 바로 Well-Being(진정으로 잘사는 것), Eudaimonia(거룩하게 잘사는 것) 또는 Blessedness(축복, 지복, 진복)이라 생각했다.

인간은 동물과 달라 물질적 조건이 어느 정도 구족(유족)하면 그 이상 조건이 더 향상된다 해서 행복지수가 상향되지 않는다. 그리고 물질적 조건, 즉 유족함은 우리 개인이 좌우할 수 없는바 상당한 정도 운(運)의 지배를 받는다. 그래서 그것은 운이고 복(福)의 요소라 할 수 있다.

유족함과 행복지수는 어느 정도를 넘어서면 서로 비례하지 않는다는 것을 행복의 역설이라 한다. 인간의 행복에는 유족함을 넘어 유덕함(virtuous)이라는 정신적이고 영적인(spiritual) 요소가 요청되며 이는 우리의 노력에 달려 있다. 이 점에서 인간은 동물적 차원을 넘어서고 그래서 인간답게 된다.

물질적 조건이 충족되고 정신적 덕성을 구비한다면, 즉 유족하고 유덕하다면 최고의 행복이 성취된 축복, 지복, 진복이다. 유족하지만 정신적으로 빈곤한 나머지 부덕하다면 일상의 행복을 누릴 수 있을 것이나 덧없고 공허한 삶이라 할 것이다. 부덕한 자가 빈한하다면 처절한 불행, 즉 비참한 삶을 산다고 하겠으나 유덕한 자가 빈한하면 불편한 일상적 삶을 살게 된다.

그러나 청빈을 긍지로 생각했던 동양에서는 "가난을 불편하게 여기지 않고 감수하면서 진리추구에 몰두하고 즐겨라(安貧樂道)"는 선비정신을 강조한다. 그야말로 물질을 구부차는 지고이 정신적 세계의 우위를 내세운다. 이 경지에서는 "무항산(無恒産)이면 무항심(無恒心)"의 경지를 넘어 "무항산이라도 무항심"인 군자의 반열에 이르게 된다.

결국 인간은 도덕적으로 바른 삶을 지향하면서 즐거운 인생을 추구하는 존재이다. 아는 것은 좋아하는 것만 못하고 좋아하는 것은 즐기는 것만 못하기에 즐거운 인생은 인간이 지향하는 지상의 목표이다. 그러나 나의 즐거움이 너의 즐거움과 양립 가능해야 하고 우리 모두의 즐거운 인생이 화합해야 하니 그 길은 도덕적으로 바른 길이어야 할 것이다. 그래서 우리는 도덕적 기술인 동시에 행복의 기술인 덕의 윤리에 각별한 매력과 관심을 갖는 것이 아닐까.

2. 서양의 덕윤리와 주덕(主德)*

희랍의 4주덕: 지혜·용기·절제·정의

인간으로서 잘사는 기술인 덕이란 무엇인가. 그리스의 철학자들은 인간이 잘살기 위해서는, 구두를 잘 짓거나 피리를 잘 불기 위해서처럼 잘살기 위한 기술이 필요하다고 했다. 그런데 이 같은 기술은 하루아침에 얻어지는 것이 아니라 반복적 행위에 의한 지속적 훈련, 즉 수련에 의해 얻어진다고 했다. 다시 말하면 그런 기술이 무엇인지를 단지 안다고 해서 얻어지는 것이 아니라 오랜 훈w련을 통해서 습관화 됨으로써, 할 줄 아는 실천지(know-how)에 의해 얻어진다는 것이다.

---

* 이 글을 위해 참고한 책은 다음과 같다. James Stalker, *Seven Cardinal Virtues*, Nabu Press (2012 reprinted).

습관화에 의해 얻어진 지속적 성향 혹은 삶의 기술로서의 실천지를 그들은 덕(virtue)이라고 생각했다. 단지 안다고 해서 행위가 담보되는 것은 아니고 그러한 앎에 따른 적절한 감정과 강한 의지가 습관화를 통해 밑받침 되어야 행위가 보장되며 지와 행의 일치를 기대할 수 있다는 것이다.

의지와 감정의 지원이 없을 경우 설사 옳은 것이 무엇인지를 안다 할지라도 의지의 나약으로 유혹에 넘어가 아는 그대로 행하지 못하게 되며, 비록 행하더라도 감정의 불화로 즐거이 행하지 못하는바 도덕적 실패를 피할 수가 없게 된다. '지정의'의 조화와 통합을 통해서만 바르고 즐거운 삶이 성취될 수 있다는 것이다.

결국 인간으로서 잘산다는 것은 도덕적으로 바른 행위를 즐거운 마음으로 행하는 것으로서 도덕적 성공과 더불어 행복의 성취라는 두 마리 토끼를 단번에 잡는 일에 비유할 수 있다. 이런 뜻에서 덕이란 인간으로서 잘사는 기술, 즉 '바르고 즐거운 삶의 기술'로 정의해도 무리가 없다고 할 수 있다.

그리스의 4주덕은 무엇인가? 그리스 사람들은 지혜, 용기, 절제, 정의라는 네 가지 주덕을 내세웠다. 그들에 따르면 이 네 가지 덕은 완벽하게 균형 잡힌 성품의 네 가지 측면으로서, 이 덕목을 갖춘 사람은 몰아치는 모든 풍파도 거뜬히 이겨낼 수 있는 사람이라는 것이다. 이는 구약의 〈묵시록〉에도 그대로 언급되고 있으며, 일부 유대 학자들은 이 네 덕목을 에덴 동산을 흐르는 네 강에 비유하기도 했고 인간성을 비옥하게 하고 멋있게 장식하는 것이라고도 했다.

지혜 Wisdom

첫 번째 덕목인 지혜는 첫째, 이상에 대한 비전(vision of the Ideal) 이며 둘째, 길(道)의 발견이며(finding of the Way) 셋째, 배워야 할 가르침(Lesson to be Learnt)으로서의 의미를 갖는다. 지혜는 4주덕 중 첫 번째 것으로서 다른 덕목들에게 길을 안내해줄 햇불이라고 할 수 있다. 그 기본 임무는 다른 모든 덕목들이 추구할 목표를 밝혀주는 것이요, 우리의 인생이 나아갈 목적을 가르쳐주는 일이다.

인생의 주요 목적은 무엇인가. 이것이 첫 번째 질문인 까닭은 이성적 존재의 가장 중요한 질문이 자신의 존재 이유에 관한 질문일 것이기 때문이다. 나는 왜 태어났으며 사는 이유는 무엇이고, 계속 살고자 하는 이유는 무엇인가 등의 질문은 바로 인생의 목적이 무엇인가라는 문제와 직간접적으로 관련된 것이라 할 수 있다.

지혜는 인생의 목표와 관련된 것일 뿐만 아니라 그에 이르는 길이나 방편(수단)과도 관련된다. 단지 이상과 관련된 것일 뿐 아니라 그 현실적 수단과도 관련된 것이다. 목표나 이상만을 생각하고 그 방도나 현실적 수단을 생각하지 않는 한 목표나 이상은 결코 성취할 수 없을 것이다. 인생의 목표나 이상에 대한 성찰이 없는 사람도 문제이지만 또한 어떤 목표에 이르기 위해 거쳐야 할 크고 작은 인생의 단계들도 염두에 두어야 한다.

그래서 그리스 사람들이 지혜라 부른 덕이 라틴어로는 사려분별(prudence)이라 불리었는데 이 같은 변화에도 중대한 의미가 함축되어 있다. 이러한 변화를 통해서 지혜라는 말이 갖는 고결함이나 품위는 떨어질지 모르나 로마인들이 매우 실제적이고 현실적인 사람임이 드러나며 그들의 눈높이가 다소 일상적인 것으로 낮추어져 있음을 알 수 있다.

그들은 인생의 목표가 소중하기는 하나 그것을 성취하는 수단에도 지혜를 모아야 한다고 생각했다. 여하튼 지혜에 있어서는 목적에 대한 성찰과 더불어 수단에 대한 판단이 중요함을 일깨워주는 대목이라 생각된다.

우리는 현실, 즉 사실의 세계를 알아야 하는데 사실은 억세고 완고하다. 이들은 우리의 친구가 될 수 있고 적수도 될 수 있다. 사실을 적이 아닌 친구로 만들 수 있는 것이 바로 우리의 지혜이다. 불이나 전기가 화재의 원인이 될 수도, 살림의 불씨가 될 수도 있는 것처럼 일반적으로 자연(nature)은 인간에게 우호적일 수도 있고 적대적일 수도 있다.

인간의 본성(human nature)으로서 자연도 매한가지다. 인간의 본성을 잘 다루면 우리에게 이로울 수도 있고 잘못하면 엄청난 해악을 가져올 수도 있다. 인간의 심리는 기묘한 것이어서 열 길 물 속은 알아도 한 길 사람 속은 알기가 어려운 심연과도 같다. 자연이나 인간의 본성을 알아 선용하기 위해서도 지혜가 요구된다.

요약하건대 우리는 법칙을 알아서 그에 복종해야 한다. 모든 대상과 사태에는 법칙이 있어 현자는 그것을 알아 선용하지만 이에 어긋나게 행동하는 자는 실패하게 마련이다. 매사에 슬기로운 사려와 지혜를 발휘해 현명하게 삶을 영위해야 한다. 길이 아니면 가지를 말아야 하고 올바른 길을 찾아가야 행복을 성취할 수 있다.

희랍철학에서는 지혜를 가르칠 수 있는지의 문제가 논의되었다. 다른 덕목에 비해 지혜에는 지성적인 요소가 많이 함축되어 있다. 지혜가 태생적인 것이라면 그것은 가르칠 수 없는 것인지도 모른다. 지혜는 반복적인 훈련이나 실행을 통해 배워지는 것이라 생각된다. 그것이 부분적으로 지성적인 덕목임은 사실이다. 그러나 그것은 아는 것 보다는 행하는 것과 관련된다.

지혜는 경험에 의해 서서히 축적되는 것일지라도 조개 속에 진주가 생겨나듯 고통과 난관을 이겨낸 결과이기도 하다. 다른 덕목들은 젊은 시절에도 탁월하게 나타나지만 지혜는 나이든 자에게 특유한 장식이라 할 수 있다. 그래서 그것은 노년의 결함을 보상해 주는 것이기도 하다.

무엇보다도 주목할 만한 것은 지혜는 모방(imitation)을 통해 배울 수 있다는 점이다. 현자와 함께 생활하는 자도 현자가 되기 쉽다. 우리의 옛말에 근묵자흑(近墨者黑), 즉 "먹을 가까이하면 검어진다"는 말이 있지만 어리석은 것을 타산지석으로 해서 지혜를 배울 수도 있는 법이다.

용기 Courage

우리는 겁쟁이라는 말을 듣기 싫어하며 특히 젊은이들은 용기 있는 사람이라는 말을 듣고자 경쟁을 벌이기도 한다. 우리는 영웅전을 즐겨 읽고 무용담을 자랑스럽게 늘어놓는다. 그런데 앞서 나온 지혜와 용기는 어떤 관계에 있을까. 앞에서 논의한 바와 같이 지혜는 인생의 목적과 관련되어 우리가 추구할 최고선을 지향한다. 그렇다면 용기는 이 같은 추구를 가로막는 장애를 극복하기 위한 힘이라 할 수 있다.

지혜와 용기 간의 이 같은 관계를 염두에 두는 것이 지극히 중요하다. 왜냐하면 그러한 관계로 인해 우리는 진정한 용기와 그렇지 못한 것을 가릴 수 있기 때문이다. 우리는 해병의 용맹한 모습을 용기로 칭송하지만 해적의 잔인한 행동은 만용으로서 질타한다. 또한 우리는 진리를 위해 자기를 희생하는 일을 용기로 보지만 고집불통으로 초지일관하는 일을 무모하다고 생각한다. 용기는 가치 있는 목적을 성취하기 위해 어려움을 무릅쓰고 전진하는 힘이라 할 수 있다.

논리적 순서에 있어서는 지혜가 제1의 덕이지만 용기는 시간적 순서에 있어서는 가장 원초적인 덕목이라 할 수 있다. 역사상 인간이 가장 먼저 보여주고 칭송한 최초의 덕목이 바로 용기인지도 모른다. 희랍어나 라틴어에 있어 용기 즉 'virtue'라는 말은 바로 남성다움(manliness)을 가리키는 말 'virtus'에서 왔다.

용기가 잘 나타나는 현장은 전장이다. 역사상 최초의 영웅들은 모두가 전장에서 용맹을 과시한 자들이다. 고대의 시인들이나 이야기꾼들은 모두 이 같은 영웅들의 무용담을 이야기하거나 노래하는 데 지치지 않는다.

전투에서 사람들은 자신이 가진 가장 귀중한 소유물, 즉 자신의 생명을 모험에 건다. 모든 인간은 본능적으로 생명에 집착하고 죽음을 모든 악 중의 악인, 최악으로 두려워한다. 이로 인해서 이승의 모든 것을 단번에 상실하게 되기 때문이다. 진정으로 용기 있는 사람은 그것을 얻기 위해 모든 것을 희생해도 좋을 만큼, 자신의 생명까지 바칠 정도로 값진 목적을 사랑하고 추구하는 자라고 할 수 있다.

일상에서 우리는 용기 있는 자의 사례들에 자주 당면한다. 위험한 전투에서 자신을 희생해서 평화를 쟁취하는 용사의 이야기, 역병이 창궐하는 가운데 자신의 생명을 희생해서 사람들의 생명을 구하는 데 투신하는 의사, 다수자의 여론에도 불구하고 인간의 존엄을 지키기 위해 헌신하는 정치가, 진실을 알리기 위해 간난신고를 감수한 언론인 등 각종 분야에서 사례를 찾는 것은 어렵지 않다. 특정 직종이 아니더라도 시민으로서 의무를 다하고 책임을 완수하기 위해 살신성인하는 경우도 적지 않으며 우리는 이들을 표창하기도 한다.

종교나 신앙보다도 더 용기가 필요한 영역은 없을 것이다. 그것은 역사 이래로 사실이라 할 수 있다. 고전에는 곳곳에 종교와 관련된 무용담들이 적혀 있다. 순교보다 더한 용기의 극한은 없을 것으로 보이며 이 역시 고결한 목적을 향한 가장 완벽한 예화라 할만하다.

용기가 필수적임은 기독교라는 종교에 있어서 본질적인 것으로 처음부터 세속은 기독교와 적대적인 관계에 있었던 것으로 생각된다. 또한 용기가 기독교에 있어 필수적인 이유는 기독교가 우리로 인하여 신앙의 증인이 되기를 요구하고 있기 때문이다. 증거자라는 말은 순교자와 거의 동의어다.

십자가에서의 예수의 죽음은 그 자체가 용기의 상징이다. 모든 순교 중 가장 위대한 것은 예수 자신의 희생이라 할 수 있다. 그의 용기 이상으로 더 순수한 용기는 없을 것으로 생각된다. 그것은 자신의 죽음을 요구하는 용기이기 때문이다.

예수처럼 우리가 자신의 십자가를 지고 자신의 고통을 감수하는 일은 바로 그만한 용기를 요구하는 것이며 이 같은 용기의 대가가 바로

치유이고 구원이라 할 수 있다. 따라서 용기가 없는 곳에 치유도 구원
도 성취될 수 없을 것이다.

절제 Temperance

지혜, 용기, 절제 등의 덕목들은 상호 면밀한 관계를 맺고 있다. 지혜
는 삶의 목적을 선택하는 데 필요하며 이는 도달해야 할 인생의 목표이
다. 용기는 목표에 이르는 과정에서 나타나는 적대적인 것을 돌파하고
장애물을 극복하는 것이다. 절제는 내면의 적들과 관련되는데 영혼과
갈등하는 욕정과 감정들을 다스리는 것이다.

많은 이들은 내면의 적이 보다 진정한 적이라는 생각을 갖는다. 누구
에게나 외부로부터 오는 유혹들이 존재한다. 그러나 실상 성채 바깥을
위협하는 수많은 군사들이 때로는 성 안에 있는 한 사람의 적수보다 덜
두려운 경우도 있다. 이 같은 적수를 갖지 않는 자가 있겠는가.

우리들 중에서 유혹에 넘어가는 자신의 나약함을 모르는 자 누구이
겠는가. 어두운 곳을 기어드는 뱀처럼 욕구와 욕정은 기묘한 방식으로
우리를 노린다. 우리가 이들을 극복하지 않는 한 결코 인생의 목표는
이룰 수 없는 것이다.

솟구치는 욕망과 욕정에 대해 두 가지 인생철학이 가능하다. 한 가지
는 욕망과 욕정을 충족시키고 그래서 갈증을 해소하는 것이 옳다는 쾌
락주의적 처방이다. 다른 하나는 욕망과 욕정을 가능한 한 억압하고 억
제해야 한다는 금욕주의적 입장이다. 욕망의 충족과 해방을 강조하는
것이 희랍적인 방식이라면 욕망의 억압과 억제를 말하는 것은 히브리

적인 방식이라 할 수 있다.

이들 각각은 나름의 정당근거를 갖지만 또한 극단적으로 나아갈 경우 파멸과 유린에 이르게 된다. 희랍인들은 세상의 한 면만 바라보고 히브리인들은 다른 면만 바라본 셈이다. 희랍인들은 한 극단으로 나아간 나머지 희랍문화는 과도한 탐욕으로 부끄러운 파멸에 이르렀다.

히브리인들은 정당한 쾌락도 신의 이름으로 막고자 했기에 결국 근세의 인간해방이라는 반동을 낳았다. 물론 희랍의 철인들은 욕망의 절제가 필요하고 감정의 지나침을 절제하지 않고서는 영혼의 조화를 도모할 수가 없다고 가르치기도 했다.

절제는 인간의 영혼이 다양한 부분들로 구성되었으며 이들의 조화를 통해서만이 행복을 성취할 수 있다고 생각했기 때문에 요구되었다. 전장에서 모든 병사들이 무질서하게 저 나름으로 날뛰면 전투에서 파멸할 수밖에 없다. 전체적 조화 속에서 각 부분이 나름으로 절제될 경우 우리는 지속적 행복을 누리게 된다. 절제의 결과는 내면적 평화뿐 아니라 외면적 아름다움으로 이어질 수도 있다.

자제는 힘겨운 지속적인 노력과 시행착오를 통해 얻어지며, 거듭되는 실패나 성공을 통해 자제의 힘은 점차 강화되어 간다. 이 같은 훈련과정은 마치 전투를 방불케 하며 투쟁의 결과는 의지력의 고양을 낳는다. 도덕적 노력과 투쟁을 거듭할수록, 그래서 의지력이 강화될수록 절제는 보다 수월해지고 내적인 평화로 이어지며 드디어 우리는 내적인 보람과 행복을 느끼고 바르고 즐거운 삶의 기술로서의 덕은 성취되고 체득된다고 할 수 있다.

정의 Justice

덕들 상호 간에는 밀접한 관련이 있으며, 이미 지혜, 용기, 절제 간에도 그러한 상호 관련이 있음을 보았다. 그런데 네 번째 덕목인 정의는 다른 세 가지 덕목과 별다른 관련이 있어 보이지 않는다. 앞의 세 가지 덕들이 개인적 성품의 덕이라면(대자적 덕) 네 번째 덕인 정의는 다른 사람들과의 관계에서 성립하는 덕(대타적 덕) 이라 할 수 있다. 물론 앞의 세 가지 덕이 없으면 우리는 정의의 덕을 제대로 계발할 수 없을 것이다.

반면 정의에 대한 진실한 추구는 다른 덕들에 대해서도 호의적인 영향을 미치는 것이 사실이다. 그러나 전체적으로 보아 앞에 나온 세 가지 덕을 계발함으로써 우리는 지속적으로 내면세계를 성찰하게 될 것이지만, 네 번째 덕목으로 인해서 우리는 계속해서 외적인 관계를 살피게 된다는 점에서 대조를 이룬다.

정의는 "모든 사람에게 그의 몫을 주는 것"이라 할 수 있다. 정의는 한 개인이 독립적으로 가질 수 있는 덕이 아니라 사회 속에서 그의 지위와 관련해서 가질 수 있는 것이다. 그와 관련된 각자의 전반적 의무를 이해하기 위해서 우리는 다른 모든 인간들 즉 자신의 상사나 하급이나 동료들과의 관계를 알아야 하고 가정, 도시, 국가, 교회 등 사회적 조직에 있어서 그 관련성을 알아야 한다.

인간은 또한 자신의 동류만이 아니라 자기보다 아래에 있는 존재들이나 위에 있는 존재들과도 관계를 갖는 까닭에 정의의 관념은 하등 동물에 대한 행위와 더불어 신에 대한 의무와 같은 것에 이르기까지 확대된다. 사실상 현대에서는 동물에 대한 학대도 정의라는 주제 아래 논의되며 신학과 관련된 고전에서는 신에 대한 의무도 정의의 중요 부분으로 논의되기도 한다. 그러나 역시 정의는 인간들 간의 관계 속에서 논의되는 것이 핵심부분이 된다 할 것이다.

오늘날 정의는 크게 두 부분으로 나뉜다. 그중 하나는 법적 정의 혹은 형사적 정의(criminal justice)이다. 법적으로 규정된 의무를 어길 경우 어떤 처벌을 어느 정도 부과할 것인지와 관련된 것이다. 다른 하나는 사회 정의 혹은 분배적 정의(distributive justice)로서 사회적 권익을 어떻게 나누어야 할지를 결정하는 것이라 할 수 있다. 고대에 있어서 정의라는 덕목은 이 양자를 모두 함축하는 것으로서 처벌과 보상 두 가지를 함께 가지는 것으로 보인다.

사랑을 가장 중요한 덕목으로 내세우는 기독교의 복음서인 성경에도 자주 정의 혹은 의(righteousness)에 대한 언급이 나오며 따라서 성경의 또 하나의 별명은 '의의 서'라 불리기도 한다. 그래서 기독교 신학자들이 골몰했던 주제 중 하나는 바로 사랑과 정의의 관계와 자리매김이었다고 할 수 있다. 이들의 논의를 요약하면 정의는 "각자에게 그의 몫을 주는 것"으로서 최소한의 사랑이라 한다면 사랑이란 "각자에게 그의 몫 이상을 주고자 하는바" 정의의 완성이라 할 수 있을 것이다.

현대의 정의론자 롤스(John Rawls)도 그의 『정의론』에서 정의를 사회가 갖추어야할 제1덕목으로서 사회의 기본구조나 제도적 측면에서 규정하면서도 다른 한편 정의를 사랑이나 박애의 연장선에서 규정하기도 한다. 그에 따르면 프랑스 대혁명의 정치 강령 중 자유와 평등은 많이 논의되었지만 그에 비해 박애(fraternity)는 저게 논이되어 왔다고 했다.

그리고 자신은 『정의론』에서 박애의 정치적 함축을 논의하고자 한다고 밝히고 있다.

인간은 지극히 불평등하게 태어난다. 우리의 인생을 100미터 경주에 비유해 본다면 우리는 이 경주에서 모두가 원점에서 출발하는 것이 아니다. 소수의 사람들은 90미터 전방에서 출발하기도 하고 일부의 사람들은 50미터 전방에서 출발하기도 한다. 또한 사람들마다 달릴 수 있는 능력도 천차만별이다. 그래서 인생의 경주는 원초적으로 불평등한 경주라 할 수 있다. 그러나 인생이 원초적으로 부정의하다고 할 수는 없으며 원초적 불평등은 그저 자연적 사실에 불과할 뿐이고 도덕적 평가로서 정의 여부는 우리가 그러한 불평등을 인간적 관점에서 어떤 식으로 시정하고 재조정하는가에 달려 있다고 할 수 있다.

결국 우리의 인생은 두 가지 운(luck)의 지배 아래 놓여 있다. 하나는 우리가 타고난 천부적 능력과 같은 자연적 운(natural luck)이고 다른 하나는 사회적 지위와 같은 사회적 운(social luck)이다. 우리가 진정 정의로운 사회를 원한다면 우리는 이 두 가지 운을 중립화 하고(neutralize luck) 공정한 관점에서 그 두 가지 운을 어떤 방식으로 재조정할 것인지 물어야 한다. 그에 대한 해답이 바로 정의, 특히 분배적 정의라 할 수 있다.

이같이 운을 중립화 하고 운의 정의로운 조정을 물을 경우 정의론자 롤스는 이것이 결국 우리 사회의 최소수혜자(the least advantaged)를 위시한 모든 성원에게 가장 이로운 사회의 기본구조를 구상하는 것으로 본다.

우리가 자연적으로나 사회적으로 가장 불운한 사회의 최소수혜자 계층을 위시한 모든 이의 운과 운명에 동참하고자 할 경우 이는 널리 인류를 사랑하는 박애와 다를 바가 없다. 이런 관점에서 생각할 때 정의의 근원적 동기는 박애라 할 수 있으며 정의는 최소한의 사랑 혹은 사랑의 어떤 제도적 구현방식이라 할 수 있다.

또한 정의는 각 부분들이 자신의 본분을 잘 지켜 전체가 조화를 이루는 것을 의미하기도 했다. 그래서 이성적인 부분, 즉 지성이 지혜롭고 감정을 적절한 한도 내에서 절제하며 의지나 기개를 소신대로 밀고 나가는 용기가 있을 경우 우리 영혼은 '지정의'가 각기 자신의 본분을 다하고 이들이 서로 통합되는 정의로운 인간이 되는 것이다.

그리고 국가 전체적으로도 통치자가 지혜롭고 수호자가 용맹하며 생산자인 일반 시민이 욕망을 절제하면서 각기 자신의 본분을 다할 경우 국가 전체는 정의로운 나라가 될 수 있다는 의미도 함축되어 있다.

기독교의 3주덕: 믿음·희망·사랑

믿음 Faith

지금까지 우리는 고대 희랍의 4주덕을 설명했다. 그러나 기독교가 출현했을 때 고대 희랍인들이 제시한 4덕이 아니라 신약의 독자들에게 잘 알려진 3덕(믿음·희망·사랑)을 주요 덕목으로 내세웠다. 기독교 철학이 확립될 무렵인 후대에 와서 고대의 4주덕과 기독교의 3주덕이 결합되어 우리가 알고 있는 7주덕이 생겨나게 되었다. 기독교가 3덕을 내세우게 된 이 대단한 변화는 기독교의 세계관이 과거와는 크게 달라졌다는 것을 의미한다.

이 같은 변화는 기독교가 형성하고자 하는 인간 유형이 세속 철학자들이 지향하는 인간유형과 근본적으로 다르다는 것을 의미하고 모든 인간적 제도나 체제의 최종적 기준이 그것이 산출한 인간유형과 밀접한 관련을 갖는다는 점을 함축한다.

기독교는 실상 덕목을 변경한 것이 아니라 그 명칭만을 바꿨다는 주장도 가능하다. 따라서 믿음은 지혜를 다른 이름으로 부른 것이라고 약간의 설명을 덧붙여 주장할 수도 있다. 또한 희망은 큰 범위에서 용기와 동일하며 사랑은 정의와 상당히 닮았다고 할 수 있다.

물론 각 경우들마다 유사성 못지않게 차이성이 더 두드러지기에 기독교가 고대인들이 존중했던 덕성과는 다른 덕성들을 가르쳐서 상이한 유형의 인간들을 키워내고자 했던 것이라고 결론내릴 수 있다고 본다. 하지만 또한 기독교는 전통적인 4주덕도 자신의 덕성으로 받아들여 자신의 3덕에 덧붙여 7덕을 그대로 지니고자 한 것으로 보인다.

기독교가 3주덕을 새로이 창안한 것으로 생각할 필요는 없다. 기독교가 나타나기 이전에도 인간은 믿음·희망·사랑을 몰랐거나 경험하지 않았다고 생각할 수 없기 때문이다. 인간은 언제나 믿고 희망하고 사랑할 수밖에 없는 존재이다. 그러나 기독교는 이 같은 정신 작용이나 습관의 가치와 중요성을 제대로 인정하고 그러한 기능을 행사할 새로운 대상을 제시하고자 했다. 믿음·희망·사랑은 식물의 뿌리처럼 인간의 근간이 되는 기능이다. 단지 기독교는 이 같은 나무들을 새로운 토양에 옮겨 심고자 한 것이다.

기독교의 3주덕 중에 제1의 덕목은 믿음 혹은 신앙이다. 히브리서 11장에서 우리는 그 믿음에 대한 가장 명확한 정의를 발견하는데 그것은 소망하는 바의 실체요 보이지 않는 것의 증거와 관련된다고 했다. 그것은 구약의 영웅들을 통해 예시되고 신약에서는 바오로 서간에서 두드러진다. 근세에는 종교 개혁에서 다시 강조되어 루터, 칼빈 등 개혁자들에 의해 믿음은 다시 중심 개념으로 등장한다.

이 같은 큰 흐름 이후에 신앙은 삶의 힘이기 보다는 사변의 대상이 되었다. 인간은 믿음의 본성에 대해 탐구하고 학자들은 그 구성요소들에 대해 논의했다. 갖가지 견해들이 백가쟁명 했지만 나중에는 교리에 대한 맹목적이고 습관적인 믿음으로 이해되기도 했다.

그러나 믿음은 이성의 눈을 감게 하는 것도 아니고 권위에 대한 맹신을 의미하지도 않는다. 종교는 그 누구의 눈을 감게 하는 것이기 보다는 눈을 열고 개안을 통해 진리를 깨닫고 각성하게 하는 것이다. 믿음의 정의는 신에 대한 인간의 응대, 즉 신의 계시와 약속과 제안에 대한 응대로 정의할 수도 있다.

이미 언급했듯 믿음은 기독교와 더불어 세상에 나타난 것도 아니고 종교에만 특유한 것도 아니다. 믿음은 모든 인간이 갖가지 대상에 대해 매일같이 행사하는 인간적 기능이다. 우리 자신의 직접적인 관찰의 범위를 넘은 것은 모두 믿음의 대상이다. 한국을 벗어난 적이 없는 사람이 유럽이니 아프리카, 미국이 존재한다는 것을 어떻게 알겠는가. 그것은 그곳에 가본 적이 있던 사람들의 증언을 믿어서이다.

흑인, 검은 얼굴이나 흰 상아 같이 우리나라에서 유래된 것이 아닌 대상을 봄으로써 그리고 그것들이 오게 된 아시아 이외의 대륙이 있다고 추론함을 통해 그 존재를 알게 된다. 우리 세대 이전에 이 세계에서 일어난 모든 사건들에 대한 지식은 모두가 믿음 덕분이다. 우리는 그러한 사건들을 기록한 사람들의 증언을 믿는다. 그리고 오늘날 이 세계에서 일어나는 사건들도 우리 자신의 오감으로 인지하는 것 이외의 모든 것은 우리가 믿는 증거에 의해 비슷한 방식으로 얻어진다.

이렇게 본다면 우리는 믿음의 범위가 얼마나 대단한지, 그것이 우리의 일상에서 하는 역할이 얼마나 큰지 알 수 있다. 물론 증언이나 증거도 검증되어야 한다. 그것들 모두가 다 믿을만한 가치가 있는 것이 아니라 어떤 것은 참이지만 다른 것은 거짓이라, 믿을 수 있는 것과 없는 것을 가려줄 역할은 지혜로운 자들이나 지식인들의 몫이다.

여러 곳에서 온 다양한 증거 가운데 우리가 본적이 없는 것의 증거를 믿게 하는 것들 중에는 신에 대한 그의 존재와 그의 인격에 대한 증거도 있다. 그에 대한 증거는 여러 형태를 지닌다.

믿음을 기르는 일은 쉽지가 않다. 그러나 가장 기르기 쉬운 방도 중 하나를 언급하라면 그것은 기도이다. 이것은 신의 계시와 그의 약속에 대한 응답이다. 그리고 신의 계시, 신의 제안에 대한 응답의 가장 좋은 방식은 그에게 말을 거는 것이고 그것이 바로 기도이다. 진정한 한 번의 기도로서 믿음의 생활이 시작된다. 하느님의 이름을 부르는 자는 누구나 구원을 받는다고 했다.

희망 Hope

기독교에 있어서 믿음·희망·사랑 간에는 긴밀한 관계가 있다. 믿음은 보다 인지적 영역에, 희망은 의지적 영역에, 그리고 사랑은 감정적 영역에 속한다. 믿음은 영적이고 영원한 세계에 대한 비전이며, 희망은 믿음이 들어내는 대상을 성취, 확보하기 위한 의지의 노력이며 사랑은 이같은 대상들에 대한 타오르는 욕구이고, 의지를 발동시키는 원천이다. 논리적으로 말하면 희망에 앞서 사랑을 다루어야 하겠지만 우리는 바로 사도가 말했던 것처럼 사랑이 최대의 덕인 까닭에 최종적으로 다루고자 한다.

희망은 많은 사람들에 있어서 기질의 문제이기도 하다. 명랑한 기질을 가진 자는 대체로 희망적이다. 대체로 그들은 금발이고 불그레한 안색을 지닌 것으로 묘사된다. 본성적으로 사회의 밝은 면에 주목하는 편이고, 미래에 대해 낙관적 견지를 갖는다. 이에 대한 반대는 우울한 기질인데 대체로 흑발이고 창백한 안색의 모습으로 표현된다. 본성적으로 사태의 어두운 면에 집중하고 미래에 대해 비관적 견해를 갖는 편이다.

누군가 말했듯 두 사람이 벌에 닿으면 하나는 꿀을 얻고 다른 하나는 침에 쏘인다. 또한 둘이 덤불에 들면 하나는 장미를 얻고, 다른 하나는 가시에 찔리며, 또한 둘이 하늘을 보면 하나는 검은 구름을 두려워하고 다른 하나는 은빛 테두리에 시선을 맞춘다.

물론 희망적 성향을 가지고 태어나는 것은 값진 유산이 아닐 수 없다. 어두운 밤에도 새벽이 가까웠다고 생각하고 혹독한 겨울에도 봄이 올 것에 생각을 맞춘다. 십중팔구 사태는 그의 확신대로 된다. 왜냐하면 운명의 수레는 둥근 까닭에 바닥에 갔다가도 얼마 지나지 않아 정상으로 오르게 된다. 기회는 언젠가 누구에게나 오게 마련인데 희망적인 사람은 기회를 이용할 준비가 잘 되어 있는 사람인 것이다.

많은 사람들은 어느 정도 성공해야 희망도 가질 수 있고 어느 정도 서광이 비쳐야 그 연장선상에서 최선을 다할 힘이 생긴다고 한다. 그러나 희망적 기질을 갖는 자들은 모든 것이 꼬이는 절망적인 상태에서도 희망의 끈을 놓지 않는다. 이 같은 성품은 어떤 일을 하든 소중한 성향이다. 그런 사람은 어딜 가든 미풍이 부는 듯하고 누가 봐도 근심을 거두고 미소를 띠우게 한다. 우울함도 명랑함도 전염병처럼 주변 사람에게 감염되어 퍼져나간다.

기질은 희망의 원천이기는 하나 그 근본적인 원인은 하나의 원리라 생각된다. 이것이 기독교적 희망의 특징적 성격이다. 따라서 그것은 기질에 따라 좌우되는 것이 아니라 설사 우울한 성향을 가진 사람도 성취할 수 있는 것이다. 왜냐하면 그 원천이 자기 자신에서 나오기 보다는 타자에서 발견되는 것이기 때문이다.

미래에 대한 전망과 관련해서 마음의 상태를 말할 때 우리는 일반적으로 희망적인 마음상태를 낙관주의라 하고 그 반대를 비관주의라 부르기도 한다. 철학자들은 단지 타고난 기질을 넘어 냉정한 이성으로 세상을 관망한 다음 낙관주의자가 되거나 비관주의자가 되었다. 고대 사회에서 어떤 성자는 웃는 철학자로 불리기도 하고 다른 사상가는 우는 철학자로 불리기도 했다.

오늘날도 지상에는 도처에 불행과 고통이 넘쳐나고 있기에 우리가 사는 이 세상은 비관주의자가 되기에 충분한 곳이라 생각된다. 그래서 성경에도 세상을 부정적으로 보고서 탄식하기를 "헛되고 헛되니 모든 것이 헛되도다"라고 했다.

철학적 비관주의 혹은 염세주의라는 것이 있다. 이러한 학설에 따르면 세상에는 악이 선을 훨씬 능가하며 어떤 개선의 여지를 기대할 만한 희망이 없다. 이러한 교설은 종교와 양립하기 어려우며 섭리에 대한 불신은 종교의 거부로 귀결되기 마련이다. 불교는 인생을 다소 비관적으로 보는 듯하나 고통으로부터 구원받을 수 있는 방도를 나름으로 제시한다.

염세주의 혹은 비관주의의 반대는 낙관주의이다. 평화와 풍요의 황금기는 인간이 낙원에서 추방되기 이전에 있었을지 모르나 오늘날의 현실은 낙관하기 어렵다. 그러나 인간은 자신의 지혜와 노력으로 세계를 개선하고 발전시켜 보다 나은 세상을 만들 수 있다는 가능성과 희망을 버릴 필요는 없다. 최선이 아니긴 하나 점진적 개선주의가 우리가 기대할 수 있는 최상의 세계관이 아닌가. 기독교도 다소 비관적 측면이 있기는 하나 하느님의 구원을 기다리는 한, 희망의 줄을 놓지 않고 있는 셈이다.

이상의 논의로부터 우리가 도달한 결론은 인간에게 희망이란 그 자신에서 보다는 인간의 바깥에 존재한다는 점이다. 희망은 주관적이기보다는 객관적으로 있을 수 있다는 것이다. 물론 희망이란 감정적으로는 주관적인 것이지만 그러한 감정이 지향하는 바는 인간 자신의 내면으로부터기 아니라 외부에서 주어진다는 점이다. 어떤 작가가 말했듯

"희망은 두려움으로 인해 갈구하게 되는 까닭에 그것은 불확실한 선(善)의 다른 이름"임은 사실이다.

기독교적 희망은 신적인 것에 의해 보증된다. 그것이 지향하는 대상은 신의 말씀 속에 들어난다. 그래서 사도 바울의 말처럼 성서의 인내와 위로를 통해 우리는 희망을 갖게 된다. 사실상 신은 그 자체가 희망의 원천인 동시에 희망의 목표이다. 그래서 성서에서는 반복해서 "희망의 신(god of Hope)"이라는 말이 나온다.

다시 한 번 우리 자신의 개인적 미래를 생각해 보면 미래가 우리 자신의 손에 달려 있거나 다른 인간의 손에 달려 있다면 우리는 그에 대해 지극히 불확실하고 불안할 것이다. 그러나 우리 자신이 아니라 신의 손에 맡겨져 있다면 얼마나 안심하고 확신을 가질 수 있겠는가.

같은 식으로 전체 세계의 전망에 대해 생각해보자. 세계에는 자연적이든 인위적이든 간에 엄청난 비극과 분쟁이 발생한다. 그러나 구세주가 역사에 개입한 이후 그가 모든 사건을 좌우하고 지침을 준다. 그래서 우환은 사라지고 우리는 신의 왕국이 도래하기를 기다리게 된다. 희망은 성서에서만 있는 것이 아니고 구세주의 부활과도 밀접한 관련을 갖는다.

베드로의 말처럼 신은 죽음으로부터 예수 그리스도의 부활을 통해 우리에게 생생한 희망의 불씨를 점화한다. 어떤 이유에서인가 예수의 부활로 인해 우리는 영원한 세계에 대해서 알게 되기 때문이다. 수많은 사람들이 불멸을 이야기했지만 부활이 없는 영생을 이해할 수 없었던 것이다. 이렇게 해서 기독교의 희망은 영생의 희망이 된 것이다.

사랑 Love

한때 드럼먼드(Henry Drummond) 교수는 『세상에서 가장 위대한 것』
이라는 책을 내어 엄청난 수의 독자들에게 감동을 안겼다. 그러나 실상
이는 사도 바울이 말했던 "그중에서 가장 위대한 것은 사랑"이라는 말
에서 힌트를 얻은 것이다. 하지만 사도 바울 역시 예수를 따른 사람들
중 하나일 뿐이다.

예수는 가장 위대한 계명이 무엇인가 라는 질문을 받았을 때 첫 번
째 계명은 "여러분들은 당신의 주 하나님을 온 가슴을 다하고 온 영혼
과 온 정신을 다하여 사랑할지어다. 이는 제1의 가장 위대한 계명이다"
라고 했고 두 번째 계명은 "여러분은 자신을 사랑하듯 여러분의 이웃을
사랑하라"라고 대답했다.

사랑이 세상에서 가장 위대한 것이라는 믿음은 역사와 더불어 성장
하는 확신이라 할 수 있다. 즉 인류의 정신이 성숙해 갈수록 그 기본 함
축이 점차 더 명료하게 이해된다는 것이다. 미개한 정신은 이와는 다른
이상을 쫓게 되어 다른 성격의 이상을 사랑보다 우위에 두게 된다. 그
래서 물질과 권력을 추구하느라 많은 사람들이 물질적 재화나 물리적
힘에 굴복하게 된다. 시대가 나아가면 세속적 지혜와 지적인 능력이 각
광을 받는다. 그러나 결국 사랑은 결코 실패하지 않는다는 계명이 우위
를 점하게 된다.

물론 사랑이라는 것이 인간이 가진 모든 감정을 포괄하는 것은 아니
지만 사랑은 다양한 감정들과 관련이 있다. 예를 들어 동성 간의 사랑
은 이성 간의 사랑과 매우 다르며 한 가지 사랑을 경험한 자가 다른 종

류의 사랑을 제대로 알기 어렵다. 또한 어린 시절 사랑을 경험하지 못한 사람은 다른 감정의 성장에도 결격을 지닐 수 있으며 또한 사랑 받지 못한 어린이는 부모에 대한 사랑이나 효도를 제대로 이해하지 못할수도 있다. 그리고 형제자매가 없이 자란 사람은 많은 사람들을 사귀면서 사랑을 갈구한다.

드럼먼드 교수는 그의 또 다른 저서 『인간의 상승(Ascent of Man)』에서 모성애(maternal love)에 대해 지극히 아름다운 필체로 서술하면서 그것은 지상의 감정 중 더할 나위 없는 고귀한 꽃이라고 말했다. 그는 사랑을 역사적으로 모성애의 원시적 형태로부터 가장 완벽하게 발전된 형태에 이르기까지 서술하고 있으며 이 같은 모성애는 자기보존의 본능과가장 원거리에 있는바 타인의 생명 보존본능의 일종으로 해석한다.

인간들 간의 사랑도 그 대상이 누군가에 따라 다양한 양상을 띤다. 부모와 자식 간의 사랑일 경우 자식에 대한 부모의 사랑은 거의 자연발생적이라 할 수 있다(自然之情). 그러나 진정 자식의 성장에 도움이 되고 자식의 인격을 존중하는 성숙된 사랑을 하는 부모는 많지 않으며 그런 사랑은 쉽지가 않다. 이에 대한 보답으로서 부모에 대한 자식의 사랑은 받은 사랑에 보답하고, 입은 은혜에 보상하는 사랑(報恩之情)으로서 자식에 대한 부모의 사랑보다 더욱 어려운 경우라 할 수 있다. 여하튼 다른 모든 사랑은 이 같은 자식과 부모 간의 사랑의 연장선에 있다는 의미에서 부모와 자식 간의 사랑은 중대한 의의를 지닌다.

형제자매나 피붙이 간의 사랑은 혈연관계가 없는 사람들 간의 사랑에 비해 수월하나 "사촌이 논을 사면 배 아프다"는 속언이 있듯 우리의 자연스러운 사랑은 그 사정거리가 지극히 짧다. 그래서 우리가 의미하는 사랑이 타인을 자신과 같이 사랑하라는 기독교적 사랑일 경우, 즉 그것이 차별애가 아닌 평등애로서 널리 사랑하는 박애일 경우 그것이 얼마나 실현되기 어려운 것인지 깊은 성찰이 필요하다. 자연지정의 사정거리 너머에 있는 타인들에 대해서는 훨씬 더 깊은 반성과 도덕적 노력이 요구된다.

이성간의 사랑은 인간들 간의 사랑 중에서 가장 즐겁고 아름다운 사랑이면서도 동시에 가장 쓰라린 고통을 동반하는 매우 역설적인 면을 갖는 사랑이라 할 수 있다. 또한 단지 플라토닉한 사랑이 아니라 성적 관계를 동반하는 이성애(erotic love)일 경우 그에 대해서는 다양한 논의거리들이 생겨난다.

이성애는 합리적이고 이성적인 선택에 의한 것인지 감정적인 연루에서 생기는 것인지, 그리고 단순한 홀림이나 사랑에 빠지는 것과 진정한 사랑은 어떻게 다른지, 그리고 사랑은 이기적인 것인지 이타적인 것인지, 나아가 성격이 비슷한 사람끼리, 즉 유유상종이 이상적인 것인지, 아니면 서로 보완할 수 있는 성격이 다른 사람 간의 사랑, 즉 적들의 동침이 좋은 건지도 흥미로운 논의거리가 될 수 있다.

사랑에 대해서는 희랍 철학과 히브리 기독교 사상이 서로 다른 견해를 나타낸다. 희랍인들은 사랑할 만한 가치가 있는 대상에 대한 사랑을 높이 평가했던 반면 기독교에서는 사랑할 만한 가치가 없는, 가장 보잘 것 없는 사람을 사랑하는 것에 높은 가치를 부여한다. 전자가 에로스적 사랑이라면 후자는 아가페적 사랑이라 할 수 있다. 인간에 대한 하느님의 사랑은 아가페적 사랑의 전형을 보이는 것으로서 인간도 이런 정신을 닮아 보잘 것 없는 이웃에 대한 헌신적 사랑을 강조한다.

인간들 간의 사랑이 일차적인 것이긴 하나 인간 이하의 존재나 인간 이상의 존재에 대한 사랑도 문제된다. 인간이 아닌 동물이나 식물에 대한 사랑도 있다. 과거에는 동물을 학대해서는 안 된다는 동물 애호론이 있었지만 최근에는 학대를 넘어 동물의 권리를 존중해야 한다는 동물 권리론도 등장한다. 나아가 식물의 존재에 대해서도 도덕적 격위(moral standing)를 논의하고 있다. 여하튼 이 같은 변화하는 관점을 바탕으로 인간 외의 존재에 대한 사랑도 새로운 차원에서 논의되어야 할 것이다.

신에 대한 사랑은 중세시대에 많이 논의되었다. 고대의 아리스토텔레스는 신에 대한 사랑을 미심쩍게 생각했지만 기독교에서는 신에 대한 사랑과 그의 영광을 찬미하는 것은 당연할 뿐만 아니라 인간의 의무이기도 하다. 또한 신에 대한 사랑은 인간에 대한 신의 사랑에 대한 보답이기도 하다.

신은 인간을 창조했을 뿐만 아니라 고통으로부터 인간을 구하고자 하는 구원자로서 인간에 대한 각별한 사랑을 보여주었다. 인간을 구원하기 위한 십자가의 사랑은 인간에 대한 신의 사랑을 의미하는 결정적 상징이다. 신에 대한 인간의 사랑과 경배는 인간에 대한 그 같은 신의 사랑에 대한 부족한 보답일 뿐이다.

기독교 사상에서는 정의와 사랑의 관계에 대한 논의도 많다. 각자에게 그의 몫을 주고자 하는 의지로서의 정의의 덕은 각자에게 그의 몫 이상을 주고자 하는바, 사랑에 미치지 못하는 최소한의 사랑이라 할 수 있다. 또한 그같이 각자의 몫을 챙겨주고자 하는, 더욱이 최소수혜자를 배려하는 정의감도 사실은 그 기본 동기가 사랑에서 비롯되며 또한 사랑에 기반을 두지 않을 경우 결코 정의의 실천이나 구현이 불가능한바, 사랑은 정의의 완성이라고도 할 수 있다. 여하튼 정의와 사랑의 관계는 기독교 철학에서 의미 있고 흥미로운 도덕적 주제 중 하나임이 분명하다고 할 수 있다.

3.동양의 덕윤리와 주덕(主德)

공자의 3주덕과 의(義)·예(禮)

공자의 덕윤리

전통적인 유교 윤리는 인간 품성의 도야와 인격의 완성을 지향하는 덕의 윤리(ethics of virtue)라 할 수 있다. 물론 유교 윤리에는 예(禮)와 같은 도덕적 행위 규칙이나 관행적 규범이 강조되기도 하나 이는 덕윤리의 상황적 적용을 위한 보조 원리일 뿐 그 근본은 인(仁)이나 의(義)와 같은 덕목에 바탕을 두고 있다. 이 같은 전통은 공자에게 비롯되어 맹자를 거쳐 순자에 이르기까지 유지되어 온 유교의 윤리적 특징이다.

이 글을 위해 참고한 책은 다음과 같다. 이상은, 『儒學과 東洋文化』(1976, 범학도서)

공자는 그의 어록인 『논어』에서 주요 덕목으로서 지(知)·인(仁)·용(勇) 3주덕을 내세웠다. 주지하다시피 맹자는 사단(四端)에 바탕을 둔 인(仁)·의(義)·예(禮)·지(智) 4주덕을 제시했다. 하지만 공자는 3덕과 더불어 그 규제 원리로서 언제나 '의'와 '예'를 강조했고 맹자 역시 호연지기(浩然之氣)를 내세워 용기(勇氣)의 중요성을 잊지 않았다.

이렇게 보면 공맹의 유교적 전통에 있어 인·의·예·지 4주덕과 더불어 '용'이 강조될 만하며 공자에서도 언급되지만 후일 사회윤리적 경향이 고조되면서 더욱 중시된 신(信)이라는 덕목 또한 주요한 유교적 덕목이라 할만하다. 그래서 유교에서는 인·의·예·지·신을 오상(五常)이라 하여 기본 덕목으로 삼기도 한다.

공자가 제시한 3주덕은 인간 정신의 주요 기능인 지(知)·정(情)·의(意)에 대응해서 선정된 것으로 보인다. 지성적 기능이 지향할 덕목은 '지혜'이며 정서적 기능이 지향할 덕목은 '인애(仁愛)'이고 의지적 기능이 지향할 덕목은 '용기'로 생각되기 때문이다. 맹자가 내세운 네 가지 덕목은 보다 체계적인 설명이 가능할 것으로 보인다. 우선 '인'은 인간의 도덕적 심성을 나타내고, '의'는 행위의 상황 적합성을 의미하며, 핵심 덕목인 '인의'가 상황에 따라 외적으로 표현되는 형식이 '예'이며, 그것을 알아차리는 인지적 능력이 '지'라고 할 수 있다.

공자의 3주덕 : 지(知) · 인(仁) · 용(勇)

공자는 『논어』에서 "도를 지향하고 덕에 의거한다"(志於道 據於德, 「述而」篇)고 하였다. '도'와 '덕'은 표리의 관계에 있는 개념으로서 엄밀히 구분하기가 어렵긴 하나 공자는 이같이 두 개념을 구분하여 말하기도 하였다. '도'는 우주 삼라만상과 더불어 인간이 나아가야 할 길로서 인간 주체의 밖에 존재하는 것이요, '덕'은 만물과 더불어 인간이 수득한 성품으로서 인간 주체 안에 있는 것이라 할 수 있다. 의지적이고 객관적인 '도'(보편성)가 인간의 내면에 구현되어 주체화(개별성)한 것이 덕이라 할 수 있는 것이다.

인간이 자신의 성품을 닦아서 체득한 '덕'은 공자에 따르면 크게 세가지, 즉 지·인·용으로 나눌 수 있다. 여기에서 공자는 "안다는 것은 미혹되지 않음이요, 인자하다는 것은 근심하지 않음이며 용기가 있다 함은 두려워하지 않음이라(知者不惑 仁者不憂 勇者不懼)"고 부연설명하고 있다. 공자가 말하는 '지'는 우주의 이치를 통달한 총명함을 가리키며 시비와 가부를 가릴 법칙을 통찰하는 지성 앞에 의혹은 있을 수 없다.

근심은 결국 사욕에서 나오는 집착이다. 참된 '인'은 사욕을 벗어난 것으로서 어느 정도 사욕을 억제하느냐에 따라 근심의 정도가 결정된다. 이런 관점에서 공자는 '인'은 자기를 극복하여 도덕을 회복하는 것〔克己復禮〕이요, '의'는 인간이 가야할 바른 길〔正路〕에 비유하기도 했다. 그리고 '용'은 두려울 게 없는 것으로서 진정한 용기는 바른 길을 당당히 걸어가기에 거리낌이 없다는 뜻이다. 그러나 또한 진용은 만용이나 무모가 아닌 까닭에 『논어』에서 용기는 또한 두려워할 것을 두려워할 줄 아는 것이라 말하기도 한다.

이상 공자의 3주덕을 다음과 같이 다소 부연해서 설명해 보고자 한다. 공자기 말히는 '지'는 단기 인지저 능력이나 단순한 지식, 지략 혹은 교지를 말하는 것이 아니고 맹자가 말하는 지혜, 즉 '지(智)'와 상통하는 것이다. 따라서 그것은 시비선악을 가릴 줄 아는 도덕적 지혜라 할 수 있다. 그래서 공자는 『논어』에서 '인'은 애인(愛人) 즉, '인'이란 사람을 사랑하는 것이라 하고 '지'는 지인(知人) 즉, 안다는 것은 사람을 아는 것을 가리킨다고 설명하고 있다.

공자에 있어서 '인'은 광의와 협의의 의미 두 가지로 나뉘어 설명할 수 있다. 광의의 '인'은 모든 덕을 총칭하는 말로서 충(忠)·서(恕)·공(恭)·경(敬) 등 다양한 덕목을 포괄하는데, 그렇다고 이 개별적인 덕을 모두 곧바로 '인'이라고 부르지는 않는다. 그래서 공자는 제자들이 특정 사람을 가리키거나 특정 행위를 들어 이런 자를 어진 사람(仁人)이라 할 수 있는가, 이런 행위를 어진 행위라 할 수 있는가 라고 물었을 때 대체로 부정적으로 대답했다. 이같이 모든 '덕'의 총칭으로서 인을 말하는 것과 같은 맥락에서 『중용』은 "인자인야(仁者人也)", 즉 '인'이란 것은 인간 그 자체를 가리키는 것이라 했다. 즉 전인적 인격이 되려면 모든 '덕'을 다 갖추어야 하는 것이라는 의미이다.

이와는 달리 지혜나 용기와 더불어 3주덕에 포함된 '인'은 협의의 '인'이라 할 수 있다. 인자는 근심이나 걱정을 하지 않으며 자신을 극복하고 예의를 회복해야 '인'이라 할 수 있다던가, '인'이란 사람을 사랑하는 것이라 했을 때 '인'은 모두가 협의의 '인'이다. 그러나 광의의 '인'과 협의의 '인'은 상호 구분되면서도 서로 연관성을 가지고 있는 까닭에 '애인'이나 극기복례의 '인'은 모두가 이 연관성을 보여주는 연결고리인 동시에 두 가지 의미 모두를 함축하고 있는 개념이다. 도덕의 회복은 바로 전인격이 성취되는 일과 크게 다르지 않기 때문이다.

상황적합성과 의(義), 예(禮)

그런데 공자는 이상과 같이 지·인·용 3주덕을 인간의 정신 작용에 대비하여 정리하기는 했지만 이 밖에도 몇 가지 다른 덕목들을 부수적으로 언급하고 있다. 3주덕이 기본적으로 중요하긴 하나 그것이 복잡한 시소(時所), 즉 상황에 적용되는 경우에 있어서는 여러 가지 보조 원리들이 요구되기 때문이다. 그 중에서 자주 언급되는 두 가지 덕목이 바로 '의'와 '예'이며 이 같은 보조 덕목은 행위를 지도하고 절제하며 일관성을 부여하기 위한 것으로 보인다. 구체적인 상황 속에서 도덕적 행위는 3주덕과 더불어 이 같은 보조 덕목의 협조가 필요하기 때문이다.

이를테면 『논어』에 "견리사의(見利思義)", "견득사의(見得思義)"(「憲問」篇) 등과 같은 말이 나온다. 이는 우리가 어떤 이득을 목전에 둘 경우에는 반드시 그것이 정의로운 것인지 아닌지를 생각하고 판단해서 그에 따라 행하라는 것이다. 물론 3주덕의 '지'를 통해 옳고 그름이 가려지겠지만 구체적으로 이득과 정의를 대응시켜 상황에 적합한 선택을 지도, 절제하고 일관성을 제고하기 위한 보조덕목으로서 '의'를 제시한 것이다. 『논어』의 다른 곳에서 공자는 "정의롭지 못한 부와 귀는 나에게 뜬구름과 같이 허망한 일이다"(「述而」篇) 라고 고백하고 있다.

또한 공자는 '의'라는 덕과 '용'이라는 덕을 상호 관련짓는다. "정의를 알고서도 행하지 않으면 용기가 없음이다"(見義不爲 無勇也,「爲政」篇) 라고 말한다. 또한 "군자는 의를 가장 중요시 한다. 군자가 용기는 있으나 정의가 없으면 혼란을 일으키고[亂] 소인이 용기는 있으나 정의가 없으면 도적질을 한다[盜]"고 했다. 또한 공자는 인(仁)·지(知)·신(信)·직(直)·용(勇)·강(剛) 등 여섯 가지 미덕도 '의'를 알기 위해 공부하지 않으면 갖가지 폐단을 유발한다고 경고하고 있다.

결국 공자에 따르면 구체적 상황에 당면하여 도덕적 행위자인 군자는 '의'를 바탕으로 삼고 '예'로써 이를 행한다"(君子義以爲質, 禮以行之, 「衛灵公」篇), "의를 행함으로써 결국에는 그 도에 이르게 된다"(行義以達其道, 「季氏」篇)고 했다. 혹자는 이 같은 언급들을 고려하여 공자 학설에서 '의'가 가장 근간이 되는 개념이라 해석하고 있으며, 공자가 말한 "나의 도는 하나로 꿰어 있다"에서 그 하나를 '의'라고 풀이하기도 하나 이에 대해서는 여러 가지 반론의 여지가 있기도 하다. 여하튼 이로부터 공자의 윤리에 있어 '의'의 개념은 '인'의 개념 못지않게 중요한 역할을 하는 개념임을 이해할 수 있다.

이상에서 나온 '의'의 개념과 더불어 구체적 상황의 도덕적 선택과 행위에 있어 중요한 것은 '예'의 개념이다. '의'의 개념이 다소 추상적인 덕목이라면 '예'의 개념은 보다 구체적이고 정식화와 관련된 개념이라 할수 있다. '예'는 오랜 전통을 거쳐 축적된 도덕적 관행을 형식화하고 정식화한 것으로서 '의'의 규정화(codification)라 할 수 있다.

공자는 『논어』에서 '예'의 중요성을 크게 강조하고 있다. "예 아니면 보지 말고, 예 아니면 듣지 말며, 예 아니면 말하지 말고, 예 아니면 행하지 말라"(「顏淵」篇)고 말한다. 과거 선비들은 이를 네 가지 해서는 안될 일을 가르침, 즉 '사물잠(四勿箴)'이라 하여 삶의 좌우명으로 삼았다.

또한 "산 사람의 일도 예로서 하고 죽은 자의 장례도 예로서 하며 제사도 예로서 하라"(『爲政』篇)며 공경, 신중, 용기, 정직도 예를 갖추지 않으면 폐단을 낳는다고 했다.

물론 공자는 의례적인 예문(禮文)보다는 예의 정신을 보다 강조했으며 또한 '예'는 고정 불변하는 것이 아니라 군자와 같은 성찰적인 도덕적 행위자에 의해 개혁, 개선될 수 있는 것으로 보았다.

맹자의 4주덕과 호연지기

맹자의 4주덕 : 인(仁)·의(義)·예(禮)·지(智)

앞서 공자의 3주덕을 설명했을 때 보았듯 공자는 3덕을 말하면서도 그 보조 덕목으로서 '의'와 '예'를 이야기 했다. 그런데 맹자가 4주덕, 즉 인·의·예·지를 내세웠지만 이는 공자가 내세운 덕목론과 크게 다를 바가 없다. 그러나 맹자 4주덕에 있어 새로운 점은 '인'과 '의'가 덕의 바탕, 즉 본질적 정신이고 '예'는 그 외적 표현이며 '지'는 이 같은 사항들에 대한 인식이라는, 보다 체계적인 설명에 따라 4주덕을 정리한 점이 우선 주목할 만하다.

그러나 사실상 맹자의 덕론에 있어서 가장 두드러진 점은 공자와는 달리 단지 이 네 가지 덕목을 제시할 뿐만 아니라 그것이 인간의 심리 즉 본성에 뿌리를 두고 있다는, 보다 실증적인 성찰을 하고 있다는 점이다. 우리는 이를 맹자의 인성론 혹은 사단론(四端論)이라 이른다. 주선조 성리학자들이 전개한 담론의 핵심인 사단칠정론(四端七情論)도 이 같은 맹자의 인성론의 연장선에서 발전된 것이라 할 수 있을 것이다.

맹자는 인·의·예·지 4덕의 근거를 인간으로서 어쩔 수 없이 발현되는 자연발생적인 심성(不忍人之心)에서 찾았다. 우선 인의 근거를 인간이 원천적으로 타고난 측은지심(惻隱之心)에서 찾았는데 맹자에 따르면 어린애가 우물에 빠지는 것을 목격하였을 때 인간이면 누구나 측은지심이 발동된다 하였다. 그리고 이러한 마음을 가지는 것은 어떤 이해타산에서가 아니라 아무런 이유도 없이 저절로 솟아 나오는 인성(人性)이라 하였다. 이 같은 애타심(愛他心)과 같은 자연발생적인 감정은 연상이나 상상에 의거한 이차적 감정이 아니라 직접적이고 즉각적인 감정이라 할 수 있을 것이다.

그런데 자연발생적이고 어찌할 수 없이 터져 나오는 감정으로서 측은지심은 그 자체로서 바로 '인'의 덕은 아니고 이 같은 본성을 기반으로 그것을 확충함으로서 '인'이라는 덕이 완성되는 것이다. 그런데 이처럼 자연적인 형태에서 도덕적인 형태로 나아가는 단계에 있어서 맹자는 정신적 자각을 중요한 전제로 삼았다. 정신적 자각을 통해서 측은지심이라는 단서가 확충되어 인이라는 덕으로 성숙해가게 되는데 그 확충은 자신을 미루어 타인에게 미치는(推己及人), 충서(忠恕)의 방법을 통해서 이루어진다.

두 번째로 부끄러워하는 마음인 수오지심(羞惡之心)을 '의'의 단서라 하였다. 그런데 맹자는 공자보다 '의'를 매우 강조하고 있다. 맹자에 있어서 '의'라는 개념의 용례는 다양하지만 그 바탕에는 자아의 인격적 자각이라는 전제가 깔려 있다. 맹자에 따르면 인격적 자각이 이루어진 다음에야 진정한 의미의 인간이 성립하는 까닭에 이런 인격적 자각을 가지고 하는 일이 바로 사람의 일이며 사람이 마땅히 해야 할 일이다.

그런 의미에서 맹자는 "의라는 것은 인간의 길이다(義, 人路也)" 혹은 "의는 인간의 바른 길이다(義, 人之正路也)"라고 '의'라는 개념을 정의하고 있다. 그런데 인격적 자각의 유무는 무엇으로 판단할 것인가. 맹자는 수오지심으로써 그것을 판단하는 것이라고 한다.

수오지심은 자기의 치욕, 즉 부끄러움에 대한 반발의식을 이름이다. 이러한 반발의식이 생기려면 자아의 인격의식이 전제되지 않으면 안 된다. 바꾸어 말하면 수오지심을 가진다는 사실은 자아의 인격적 자각이 존재한다는 것을 입증하는 것이다. 심리학에서는 이것이 수치와 분노의 복합 정서로 설명되는데 두 가지가 모두 자아의식, 즉 자존감을 전제로 해서 발생한다. 자존감에 위배되는 일을 목격하거나 스스로 행할 때 인간은 본능적으로 수오지심을 느끼게 된다는 것이다.

다음으로 맹자는 사양지심(辭讓之心)을 '예'의 단서라 하고 공경지심(恭敬之心)을 '예'라고도 했다. 왜 공경과 사양을 '예'의 단서라 하였는가? 맹자의 '예'의 관념을 설명하기 이전에 맹자에 앞선 '예'의 전통적 용례를 살펴볼 필요가 있다.

'예'의 원초적 의미는 종교적 예절을 가리켰으나 인사의 예식으로 그 내용이 점차 확대되어 소위 오례(五禮, 길흉군빈가 吉,凶,軍,賓,嘉), 육례(六禮, 관혼상제상견향음주 冠,婚,喪,祭,相見,鄕飮酒), 구례(九禮, 관혼조빙상계빈주향음주군기 冠,婚,朝,聘,喪,祭,賓主,鄕飮酒,軍旅) 등의 명목으로 발전되었다. 그러나 이것은 모두 인간의 사회생활에 있어서 고정된 의식을 말한 것이니 이런 것들을 '의례'(儀禮)라 한다.

서주시대에 의례는 이미 상당한 발전을 이루었고 춘추시대에 이르러 '예'는 그 의의가 다시 확대되어 정치, 법률, 도덕, 윤리와 같은 의미로 사용되었다. 이에 따라 예의의 외연과 내포는 상당히 복잡한 것이 되었기는 하나 그 본질적인 측면은 두 가지로 요약할 수 있으니 생활의 외면적 형식과 내면적 규범이라 할 수 있다.

외면적 형식에는 대체로 고정된 양식으로 나타나는 각종 의식예절과 제도법규, 풍속습관 따위가 속한다. 내면적 규범으로서 '예'는 모든 합리적 타당성의 요구를 의미한다. 그래서『악기(樂記)』에 "예라는 것은 합리성의 바뀔 수 없는 것(禮也者, 理之不可易者也)"이라 하였고『예운(禮運)』에는 "예라는 것은 의의 실질적 내용(禮也者 義之実也)"이라 했으며『곡례(曲禮)』에는 "예란 상황의 합당함을 따르는 것(禮從宜)"이라고도 했다.

이 같이 합리성을 요구한다는 점에서 '예'는 법규범과 유사한 측면이 있다. 그러나 법은 객관적, 형식적 합리성을 요구하지만 '예'는 주관적, 내면적 합리성을 요구한다는 점에서 차이가 있다. 법적 행위는 형식상의 타당성을 잃으면 사회적 제재인 처벌을 받게 되지만 '예'와 관련된 행위는 타당성을 잃으면 타인의 비난이나 양심의 가책을 느끼게 된다. 또한 법에 있어서는 객관적 합법성만 가지면 주관적으로는 타당치 못한 행위라도 사회적 제재를 받지 않지만 '예'에 있어서는 설령 외견상 합법적일지라도 주관적으로 타당치 못하면 자신이 수치감을 느끼게 된다.

이 같은 이유로 공자는 "정치나 형벌로 다스리면 백성들이 두려워하기는 해도 부끄러워하지 않고 덕이나 '예'로 다스리면 백성들이 수치심을 느끼게 된다"고 했다. 맹자에 이르러서는 이러한 합리성, 타당성의 요구인 내면적 규범으로서의 예는 주로 '의'라는 말로 표시하였고 '예'라는 것은 도리어 고대의 의례나 예절 같은 외면적 규범을 가리키는 듯하나 비록 의례의 의미를 말하는 경우에도 '예'의 내면적 규범으로서의 의의를 소홀히 하지 않았다. 맹자는 '예'의 외면적 형식은 내면적 규범의 표현이요 실현으로 보았다. 그리하여 '예'의 내면적 규범을 공경지심이나 사양지심으로 설명하려 한 것이다.

그런데 공경과 사양이라는 개념은 서로 다르다. 그런데도 이 두 가지를 모두 '예'의 단서로 본 까닭은 맹자가 '예'를 두 가지로 구별하여 생각했던 이유 때문이 아닌가 생각된다. 즉 5례나 6례 등 의식방면의 '예'와 사람들 간의 사적 교제와 관련된 '예'의 구별이다. 전자에 있어서는 신성불가침과 관련되는 것으로서 신성 관념은 고대 종교의 불가결한 요소였다. 신성 관념은 인간이 느끼는 경외의 본능에서 유래한 것인데 특히 '예'의 기원인 종교의식은 신성관념이 가장 강한 것으로서 그 심리적 근거는 경외심에 있다.

이에 비해 개인 간의 사교에 있어서는 상대의 인격을 존중하는 형식을 취하는 것으로서 항상 남을 높이고 자신을 낮추는 심리를 나타낸다. 맹자는 이러한 인간적 본능을 사양지심이라 하여 예의 단서로 본 것이다. 그러나 사양도 어떤 면에서 '경'의 의미를 함축하는 까닭에 공경과 사양은 함께 '예'의 단서가 될 수 있으며 그런 의미에서 '예'의 본질적 요소는 '경'이라 할 수 있는 것이다.

그런데 흔히 우리는 예, 예절, 예식 등에 대한 상당한 오해를 한다. 그것을 마치 고정불변한 어떤 것으로 생각하고 우리의 삶을 옥죄고 구속하는 틀로 생각하기도 한다. 또한 번문욕례(繁文縟禮)라 하여 사소한 행위에 이르기까지 우리의 행위를 규정하고 속박하는 부자연스러운 것으로 이해하기도 한다. 종래 '예'의 전통이나 관행이 이 같은 오해를 불러일으킬 만한 측면이 있음을 부인하기 어렵다.

그러나 공맹이 모두 강조하고 있듯 비록 '예'의 체계가 인간의 도덕적 행위를 관리하기 위한 지도 지침으로서 불가결한 것이긴 하나 그것이 본래의 정신인 '인'과 '의'를 망각하게 될 경우 형식적인 빈껍데기에 불과한 것이 되고 만다. 도덕적 행위자의 모범으로서 군자를 정의할 경우에도 문질빈빈(文質彬彬)이라 했듯이 외적인 형식과 내적인 실질을 고루 갖출 경우에만 가히 군자라 할 수 있다고 했다.

그래서 맹자는 '예'의 상황적합성을 담보하면서도 그 기본정신을 망각하지 않도록 정해진 '예'의 체계를 그대로 따라야 할 일상적(normal) 상황과 상황적합성에 맞추어 일상의 '예'를 변통해야 할 비상한 (emergent) 상황을 선별하고 있다. 일상적 상황에서는 정도(正道)가 필요하지만 비상한 상황에서는 권도(權道)가 요구된다는 것이다.

"남녀칠세 부동석"이라 하여 일상적 상황에서는 남녀유별의 '예'를 갖추어야 하지만 비상한 상황에서는 여성의 생명을 구하기 위해 손을 잡아야 할 상황이 생길 수도 있다. 이런 관점에서 볼 때 성찰적인 도덕적 행위자로서 군자는 상황판단을 제대로 하여 상황에 적합한 도덕적 행위와 행위규칙들을 구상하고 수정하는 자라 할 수 있을 것이다.

사단 가운데 '지(智)'에 대해서 맹자는 인·의·예의 경우와 같이 여러 가지로 논의를 전개하지 않았다. 맹자전서(孟子全書)을 봐도 맹자는 '지'에 대해 대체로 의심쩍은 언급을 하는 편이다. 춘추전국 시대에 지모와 지략들이 난무하여 혹세무민했던 것은 희랍의 소피스트 시대를 방불하게 한다. 자칭 지자(知者, sophist)라 칭하는 모사꾼들에 대해 애지자(愛智者, philosophos)로 자처하면서 엄정한 개념분석을 통해 철학의 기초를 닦고자 한 소크라테스의 역할이 절실한 시대적 요청이었다.

그러나 맹자는 이러한 소위 '지자'들에 대해 자기는 오지자(惡智者)로 자처하면서 나름의 이유에서 지자(智者)들을 비판하고 있다. 그에 따르면 소위 '지자'들이 말하는 '智'는 교지(巧智)로서 기술적인 '지'요 부자연한 '지'로서 맹자는 이를 소지(小智)라 했다. 진정한 '지'는 그러한 부자연한 인공적 '지'가 아니라 우임금님의 행수(行水, 흐르는 물)와 같아 아무 일도 하는 바가 없듯 자연스럽게 행하는 것으로서 이를 대지(大智)라 하여 높이 평가하였다. 결국 맹자는 '지(智)'자체에 반대하는 것이 아니라 '지'를 위한 '지', 말뿐인 '지'가 갖는 불성실함, 진정성이 없음을 비판한 것이다.

이와는 달리 맹자는 참된 '智'는 모두 인간의 본성에 따라 그 시비(是非), 호오(好惡)의 정을 여실히 표현하는 데서 나온다고 생각한다. 그에 따르면 사람은 누구나 다 '호오'의 정을 가진다. '호오'의 정이 있으므로 시비, 선악의 가치판단이 있게 된다. 가치판단에 있어서 가장 중요한 것은 '호오'의 정, 즉 시비지심을 순수하고 자연스러운 형태로 표현하는 깃이다.

또한 맹자는 부모를 사랑하고 형님을 존경하는 것을 양지(良智), 양능(良能)의 예로서 설명하면서 사람마다 선천적으로 '양지', '양능'을 가지고 있다고 생각하기 때문에 자신의 타고난 자연스러운 '양', '양지'(즉 양심)을 순수하게 왜곡됨이 없이 표현해야 참된 가치판단으로서 진정한 '지'가 될 수 있다고 한다. 이같이 인간의 본성에 따라 자기의 양심대로 사물을 인식하고 판단하는 것은 물이 낮은 곳을 향해 흐르는 것(行水)과 같은 순리이고 자연스런 일이라고 했다.

그리고 맹자는 근본에 있어서 지식을 행동과 분리시켜 생각하지 않는다. 그는 항상 '지'를 '인의'와 관련하여 생각했기에 "인의 핵심은 부모를 섬기는 일이요 의의 핵심은 형님에게 따르는 것이며, 지의 핵심은 이 두 가지를 알고 지키는 것"이라 했다. 이는 '인'에 대하여 '불인(不仁)'을, '의'에 대하여 '불의(不義)'를 분별하되 분별에만 그치는 것이 아니라 그 두 가지를 고수하여 실천하는 것이 지요 실천하지 못하면 지가 될 수 없다는 것이다.

이 같이 '지'에 대한 실천적 해석에 기반을 두고 시비지심을 '지'의 단서라고 설명한다. 시비지심이란 행위의 가치판단에 대한 요구이다. 이러한 가치판단은 '시'와 '비'를 가리어 '비'를 버리고 '시'를 취하며 '사'와 '정'을 가리어 '사'를 피하고 '정'을 취하려는 요구에서 행해지는 것으로서 이러한 요구는 인간의 선천적 양심에서 오는 것이라 생각했다.

호연지기와 도덕적 용기
지금까지 우리는 맹자를 중심으로 한 유교의 도덕적 덕목들을 설명

해 왔다. 이미 공자의 덕론에서 보았듯 공자는 그가 내세운 3주덕뿐만
아니라 이를 보조하는 '의'와 '예'의 덕목들에 주목했다는 것을 살펴보았
다. 이러한 것을 감안할 때 맹자의 인·의·예·지 4주덕은 크게 새로운 것
이 아니다. 단지 이러한 선별은 자기 나름의 관점에서 도덕적 덕을 설
명하기 위한 방편과 체계에서 나온 것일 뿐이다.

　그런데 맹자의 4주덕에는 공자의 3주덕에 나온 '용'의 덕이 빠져 있다
는 것을 알 수 있다. 그러나 맹자는 '용'의 덕을 소홀히 한 것이 아니고
호연지기와 관련해서 도덕적 용기를 보다 특별히 강조하고자 한 것으
로 보인다.

　유교의 궁극 목적은 인간이 우주와 합일의 경지에 도달하는 것이라
할 수 있다. 그러기 위해서는 사악한 욕심을 줄이는 과욕(寡欲)을 통해
서 마음을 기르고(養心), 호연지기를 통해 '기'를 기르는(養氣) 방법이 있
다고 맹자는 말한다. 또한 맹자는 인간이 심신합일의 존재라는 점에 착
안하여 심과 신의 교호작용을 강조한다.

　무릇 인간의 뜻(志)은 '기'를 다스리는 주체이며, 또한 '기'는 몸을 채
우고 있는 것이다. 그리고 거꾸로 '기'를 기름으로써 정신력을 강화할
수도 있다고 하여, 정신작용에 있어서 '기'의 역할이 크다고 생각한다.
그리하여 부동심(不動心)을 얻는 방법으로서 호연지기를 강조한다.

　맹자에 따르면 호연지기를 배양하여 최고 경지의 정신상태에 이르면
인간 대 인간의 관계에 있어서만 부동심할 뿐 아니라 인간 대 우주 관
계에 있어서도 부끄러움이 없는 당당한 자립의 기개를 갖는다. 이 경지
에 이른 인간은 이미 하나의 개체로서의 인간이 아니라 천지와 더불어

덕에 있어서 합일의 경지에 이른, 그야말로 대장부의 경지를 성취한 존재인 것이다.

그러나 이런 경지에 도달하는 방법은 별것이 아니라 자신의 본성을 위축시키지 않는 방법으로서 맹자는 이를 "곧게 기름으로써 해하지 않는다(以直養 而無害)"라 하며 또한 반복적인 실천을 통한 의의 집적(集義)을 말하고 있다. 누구나 자기반성을 통해 당당하지 못하거나 부끄러운 점이 있으면 '기'가 위축되고 자기가 한 일이 당당하고 의에 합할 경우에는 '기'가 강해진다는 뜻이다.

그러나 사물이나 사태에 대한 올바른 이해가 전제되지 않을 경우 '기'만 장대하게 되면 만용이나 무모에 그치게 된다. 만용은 진정한 용기가 아니며 진정한 용기는 현실을 통찰하여 심중에 의혹이 없을 때에만 가능하다. '용자'가 두려워하지 않음은 '지자'의 미혹되지 않음이 전제될 경우에만 가능하다는 것이다.

사물을 이해한다는 것은 도를 아는 것이며 도를 알면 일을 처리함에 있어 자신이 생기고 자신이 있으면 용기가 생긴다. 결국 의혹이 없고〔智〕근심이 없으며〔仁〕두려움이 없는〔勇〕경우 생기는 기개가 호연지기라 할 수 있다. 그런데 이러한 기개는 인성의 자연스런 발전에 의하여 '의'를 부단히 자득하고 실천함으로서〔集義〕생겨나는 것이요, 자신의 마음을 다스려 생기는 '의'는 반복적인 훈련을 통해 얻어지는 덕성이라 할 수 있다. 이런 '의'를 체득하려면 부단히 일을 처리함에 있어 마음은 잊지 않고〔心勿忘〕억지로가 아니고 자연스럽게 발전해 가야〔勿助長〕한다는 것이다.

시대상황과 인(仁) · 의(義) · 예(禮) · 법(法)

맹자의 인·의·예·법(仁·義·禮·法, 혹은 智)은 앞서 살핀 바와 같이 인간의 도덕적 덕목에 대한 체계적인 해석의 대상이기도 하지만 시대적 변화에 상관해서 요청되는 덕목 변화의 추이로서 해석될 수도 있다는 생각이다. 사회구조와 도덕체계 간에는 밀접한 상관관계가 있는 까닭에 특정한 사회구조를 관리, 조정하기 위해서는 그에 걸맞는 도덕체계 내지는 덕목이 요구된다. 성원들이 각자의 이해관계에 의해 이합집산 하는 이익사회 내지 시민사회를 규율할 도덕체계가 혈연이나 지연 등 연고에 의해 구성된 전통적 공동사회나 마을 공동체를 지탱하던 도덕체계와 동일할 수는 없기 때문이다.

연고에 의해 맺어진 전통적 공동사회나 친한 사람들에 의해 구성된 마을 공동체는 자연적 유대나 공유된 가치관에 기반을 둔 공동체 의식에 의해 유지, 지탱되는 까닭에 사랑이나 자애(仁)등의 이타심만으로 필요하고도 충분한 규범이 될 수 있을지 모른다. 그러나 공동체의 규모나 범위가 넓어져 성원의 수가 확대됨에 따라 이해타산에 의거한 충돌이나 갈등이 확산되게 마련이며, 이 같은 문제 상황을 해결하기 위해서는 상황적합성이나 명시적인 판정, 또는 결정력이 강한 규범체계가 요구된다. 맹자는 이같이 '이(利)'의 갈등과 타산에 얽힌 분쟁을 예견하고서 '인(仁)'도 중요하지만 보다 상황적합성을 갖는 '의(義)'를 핵심 규범 내지 덕목으로 요청하게 된 것이다.

그러나 이 같은 상황적합성이나 명시화 전략은 시대의 발전에 따라 더욱 강하게 요청되어 순자(荀子)에 이르러서는 도덕적 결정성이나 상황적합성이 단지 관념적인 수준에서가 아니라 구체적인 형식으로 정식화되는 수준을 요구하게 됨으로써 '의'는 '예'라는 규칙체계 내지 관행체계로 전개, 발전되기에 이른다. '예'라는 규범체계는 도덕적 결정성이나 상황적합성의 관점에서 '의'의 연장선상에 있기는 하나 아직도 법 이전의 단계에 있는 규범체계라 할 수 있다. 그런 의미에서 '예'는 '의'와 '법'(法)의 중간적인 정식화 형태라 할 수 있다.

그런데 유가적 도덕의 발전은 이 같은 '예'의 체계에서 종결된다. 이 점에서 유가는 이해관계의 조정에 입각한 '법'을 내세우는 법가(法家)와 길을 달리하게 된다. 유가는 정치와 법규로 다스릴 경우 사람들은 두려워할 뿐 수치를 느끼지 못하며 '덕'과 '예'로 다스릴 때만이 인간적 염치를 회복하게 되며 따라서 인간적 삶이 가능해 진다는 것이다.

여하튼 주지하다시피 인·의·예·법으로 발전해 가는 사회윤리적 전개에 있어 유가에서는 인·의·예·지에 대하여 일반 시민들 간의 윤리적 기반으로서 신뢰(信)의 중요성을 깨닫게 되고 따라서 인의예지에 '신'을 더하여 다섯 가지 기본 덕목. 즉, 오상(五常)을 내세우게 된다.

물론 이 같은 신뢰의 중요성은 공자로부터 비롯된 주요 덕목이긴 하나 후대에 이르러 그 사회윤리적 함축이 보다 명확히 인정되기에 이른다. 공자는 정치에 있어서 중요한 것이 군사(兵), 식량(食), 믿음(信), 세 가지가 있으나 군사나 식량보다 더 중요한 것이 믿음 즉 '신'이라 했으며 "백성들 간에 믿음이 없으면 나라가 설 수 없다(民無信不立)"라고 했다.

사회윤리로서 신뢰(信)의 중요성은 일반인의 통상적인 규범으로서 오륜(五倫)에서도 그대로 수용되어 부자간의 친밀함(親), 군신 간의 의로움(義), 부부간의 차이성(別), 선후배 간의 질서(序)와 더불어 동료들 간의 신뢰(信)가 강조되어 인간 사회의 질서와 화합을 이끌어가는 한 수레바퀴로서 그 중요성을 각인시키고 있다.

이같이 동료 시민들 간의 신뢰는 오늘날에도 학자들 간에 회자되듯 사회를 지탱하는 무형의 바탕으로서 사회적 자본(social capital)이라 할 수 있다. 근세 이후 합리성에 기반 한 계약(contract) 이념도 중요하지만 그에 앞서 기본적인 신뢰가 성립하지 않을 경우 모든 약속이나 계약은 물거품이 되고 말 것이다. 합리성이나 계약 등의 근세적 규범과 공동체성이나 신뢰와 같은 전근대적 규범은 상호 보완적이고 상호 요청적인 관계에 있다는 점이 특히 유념해야 할 사항이 아닐 수 없다.

『신뢰(Trust)』라는 저서에서 사회학자 후쿠야마가 지적하듯 근세적 개념으로서 합리성이나 계약만으로 근대사회가 자립적으로 성립할 수 있다는 것은 오산이다. 근세 사회는 오래 축적되어온 사회적 자산으로서 신뢰, 도덕감, 공동체 의식과 같은 전근대적 요인들에 힘입음으로써 비로소 가능하며 그런 점에서 역사는 근대적 요소와 전근대적 요소의 상호보완적, 변증법적 지양을 통해서 발전하고 있다할 것이다.

4. 동서의 덕윤리 비교[*]

고대문명을 일별할 때 종교, 도덕, 철학에 대한 그들의 이해가 다양했던 것을 알 수 있다. 힌두인들은 인생의 고뇌로부터 해방될 수 있다는 믿음을 추구했고 히브리인들은 세계의 창조주인 신의 계명을 준수하는 데서 인생의 의미를 찾았다. 한편 희랍인들과 중국인들은 아무런 계시종교도 갖지 않았으나 그들의 도덕의식은 고차적으로 발전되어 있었다. 희랍인들과 중국인들은 지적인 능력을 신뢰했고 이성의 자율성을 내세웠다.

　이러한 사유방식에 바탕을 두고서 희랍인들과 중국인들은 나름의 도덕이론들을 정식화 했으며 그들의 철학과 삶을 그 이론에 의해 규제하

---

[*] 이 글을 위해 참고한 책은 다음과 같다. 和辻哲郎, '德의 諸相', 『倫理學』(岩波書店, 2007 弟 十冊).

고자 했다. 이러한 도덕이론에 있어 우리는 그들 양자에 공통적인 몇 가지 관념을 발견할 수 있는데 인간을 동물과 구분해 주는 합리적 정신, 욕구와 감정을 통제하는 이성, 지식을 추구하고자 하는 욕망, 자기 수양과 사회구성의 기초가 되는 주된 덕목 등이 그것들이다. 특히 이중에서 우리는 덕의 개념을 중심으로 동서 윤리관의 일단을 비교, 논구해 보고자 한다.

우선 희랍인들과 중국인들은 윤리학의 가장 핵심적인 주제를 인간의 선이라고 생각했고 인간에 대한 윤리적 탐구의 출발점을 인간의 본성으로 보았다. 희랍인들은 인간의 두드러진 특징을 영혼이라 하였고 중국인들은 마음(心)이라고 하였다. 인간의 영혼이나 마음은 여러 가지 기능을 갖는 것이지만 특히 자연에 있어 인간을 동물로부터 구별해 주는 것은 영혼이나 마음에 있어서도 이성의 부분이라 할 수 있다. 이성에 의해 인간은 사유하고 인식하며 의욕하고 선택하며 그것에 의해 자신의 잘못을 수정하고 자신을 통제하게 된다. 따라서 이성은 지식, 교육, 생활, 사회질서, 국가조직에 있어 관건이 된다고 할 수 있다.

인간과 그의 본성을 탐구함에 있어 첫 번째 단계는 인간이 덕을 소유하고 있다는 사실을 인정하는 일이다. 인간은 덕을 통해서 좋은 것과 나쁜 것이 무엇인가를 알고 선을 행하며 악을 피하게 되는 것이다. 덕목들은 희랍이나 중국에서 각기 달리 명명되고 있기는 하나 그것들을 통해 성취하게 되는 실질적 내용은 동일한 것으로서 좋은 것과 옳은 것, 그리고 조화로운 것 등이다. 소크라테스나 플라톤이 내세운 주덕목은 지혜·용기·절제·정의의 네 가지이며 공자는 지·인·용 세 가지를 내세웠다. 그 후 맹자는 공자가 제시한 목록을 수정, 보완하여 인·의·예·지 네 가지를 제시했다. 물론 이러한 덕목들이 희랍과 중국의 도덕 전반을 모두 포괄하는 것은 아니나 그에 중심적인 것임은 사실이다. 우선 우리는 중국과 희랍에서 사용된 덕이라는 개념의 의미 분석을 행한 뒤 각 덕목들을 상론하고 몇 가지 점에서 대조적 논의를 전개해 가고자 한다.

중국사상의 덕의 개념

전통적으로 동양에 있어서 덕이라는 개념의 말뜻과 관련하여 "덕(德)은 득(得)"이라는 해석이 대체적으로 받아들여져 오고 있다. 이것은 이미 『예기(禮記)』에도 나와 있는 해석이며 또 대부분의 자전에서 덕의 어의의 하나로서 제시되고 있다. 특히 이러한 해석이 유력하게 된 것은 주자가 "몸소 행하여 얻은 바를 덕이라 한다(躬行有得 謂之德)"라고 주석한 것에 크게 힘입고 있다. 그러나 우리가 설사 이러한 해석을 받아들인다 할지라도 "덕은 득이다"라는 것만으로는 윤리학적인 개념으로서의 덕의 의미가 명백해지지 않는다. 폭리나 혹은 사리일지라도 득하는 것이 덕이라면 그 덕은 이해득실의 득에 지나지 않으며 도덕적인 덕이 아닐 것이기 때문이다.

그렇다면 득은 어떤 의미에서 덕의 개념에 있어 중심적인 계기가 되는 것인가? 그것은 폭리를 득한다는 경우처럼 얻어지는 것이 무엇인지라도 상관없다고 하는 의미일 수는 없다. 따라서 무엇을 득하는 것인지가 여기에서는 중요하다. 물론 얻는 대상만이 중대하고 득하는 것 자체가 중대한 것이 아니라면 "덕은 득이다"라고 말할 필요가 없는 까닭에, 우리들은 얻는 그 무엇과 더불어 득의 의미 또한 중요한 것으로 받아들이지 않으면 안 된다.

한편 우리가 발견할 수 있는 또 한 가지 중요한 점은 득이라는 것과 관계없는 덕의 의미이다.『대언해(大言海)』의「덕」편에는 "신 것은 매화의 덕, 단 것은 사탕의 덕"이라는 설명이 나와 있다. 이것은 덕즉득(德卽得)이라는 해석과 전혀 무관한 것은 아니나 매화의 '시다'라는 성질은 매화가 득한 것이라기보다는 자연적으로 갖추어져 있다는 뜻이다. 따라서 이러한 덕은 사물의 본성 또는 사물에 고유한 힘이라고 해석하는 것이 보다 합당하다.

사물의 본성을 의미하는 경우로서『신자감(新字鑑)』에서는 "자기로 족하여 타자에 의존하지 않는 것을 덕"이라 하고 있다. 다시 말하면 어떤 사물의 고유의 본성으로서 다른 사물에 의존하지 않는 것이 그 사물의 덕이라고 말하는 것이다. 단 것은 사탕의 덕, 짠 것은 소금의 덕이다. "소금이 만일 짠 효력을 잃으면 무엇으로 그것을 소금이라 할 수 있느냐"라는 말은 덕이 '다른 사물에 의존하지 않는 것'임을 아주 잘 표현하고 있다.

그런데 이와 같이 소금의 덕이 그 효력이라고 표현되어 있듯이 어느 사물에 고유한 본성은 또한 그 사물에 고유한 힘이라고도 할 수 있다. 신 것은 매화의 고유한 힘, 단 것은 사탕의 고유한 힘인 것이다. 이러한 의미는 덕의 작용이나 기능에 관해 말해질 때 한층 더 분명해진다. "누에에게 실을 내뽑는 덕이 있다" 라든가 "벼에 쌀의 열매를 맺는 덕이 있다"고 말해지는 경우가 그것이다. 이와 같이 덕이 력(力), 세(勢) 등을 의미하는 것은 아주 예전부터 있어온 것으로서 "귀신의 덕 됨이 그 번성함인저" 등이 그 고전적 사례이다. 『중용(中庸)』 노래의 덕이라든가 칼의 덕이라고 말해지는 것도 그런 사례들로 이 경우에는 덕이 득해진 것이라기보다는 어떤 사물의 고유한 본성 혹은 힘이라는 의미를 강하게 띠고 있다.

그런데 도덕적인 의미의 덕과 직결된 것으로서는 『예기(禮記)』에 나오는 "예악을 모두 얻을 때 이를 일러 덕이 있다고 한다. 덕이란 얻는 것이다"는 구절을 들 수 있다. 여기에서는 단지 사물의 본성보다는 군자의 본성으로서 예(藝)와 악(樂)이 제시되어 있다. '예'는 광의의 도덕이며 사회적 질서의 표현으로서 그것이 자연적으로 우리에게 갖추어진 본성이라고 말하기는 어렵다. 우리들은 정성을 다해 예의범절을 가르치며 그로 인해 '예'를 몸에 배게 하는 것이다.

그런데 '예'를 체득한 군자에 있어서는 그 '예'가 본성이 되어 고유한 힘으로 자라며 따라서 '예'를 잃으면 군자 됨을 상실하는 것이다. 아래로 떨어지는 본성을 지닌 돌은 여러 번 던져 올려도 위로 오르는 성질을 획득할 수 없다. 그러나 사람은 예의범절을 가르침으로써 덕을 습득할 수가 있다. 이런 관점에서 볼 때 덕이 득과 연결되는 까닭은 쉽게 인정할 수가 있는 것이다.

'예'는 이상과 같이 설명될 수가 있으나 '악'의 경우는 어떠한가? '악'

은 음악 혹은 보다 넓은 의미로 예술을 가리키는 것으로서 예술도 예와 같이 취급될 수 있을 것인가? 예술이 연습에 의해 비로소 득해지는 것은 말할 필요도 없으나 그렇게 얻어진 기능이 곧 덕이라 할 수 있는가? 『예기(禮記)』에 따르면 "소리만 알고 음을 모르는 것은 금수와 같고 음을 알고 악을 모르는 것은 보통 사람이며, 군자만이 능히 악을 알 수 있다. 악을 알 경우 그것은 예에 가깝다"고 했다. 음악을 습득하여 이해하는 것은 도덕적으로 높아지는 것이며 따라서 군자가 득한 본성에 속하는 것이다. 다시 말해서 문화는 동시에 도덕화인 것이다. 이런 관점에서 볼 때 단순히 습득한 힘으로서 기술을 갖추었다고 하는 이유만으로는 덕이라고 말할 수가 없는 것이다.

고전에 의하면 덕을 단순한 기술로부터 구분하고 있는 점이 여러 곳에서 발견된다. 『논어』에는 "명마란 그 힘을 높이 평가하는 것이 아니라 그 덕을 높이 평가한다"고 했다. 이 비유는 전통적으로 능력(能力)과 덕(德)의 구분을 설명한 것으로 해석되고 있다. 명마에 있어서 힘이나 기능의 우수성보다도 길들여진 성품의 우수성이 높이 평가되듯이 동일하게 습득한 것일지라도 단순한 기능보다는 인륜적인 본성이나 성품이 중요하다고 보는 것이다. 그런데 덕이 우수성을 의미한다는 것은 여러 문헌에서 확인될 수가 있다. 군자의 덕은 보통사람들보다 우수하고 탁월한 점을 드러내는 것으로 본다. 결국 지금까지 논의해 온 것을 요약하면 덕이란 사람이 득하여 자기화 하고 있는 인륜적인 본성 혹은 힘의 우수성이라고 할 수 있을 것이다.

희랍사상의 덕(arete)의 개념

한자어의 덕에 상응하는 것은 희랍어의 아레테(arete), 라틴어의 비르투스(virtus)이다. 유럽어에서는 영어, 불어, 이탈리아어 권 등에서 모두 비르투스에 뿌리를 둔 말을 사용하나 독일어만이 유일하게 고유한 표현인 '투겐트(Tugend)'라는 어휘를 지니고 있다. 아레테는 원래 자연적인 것이건 도덕적인 것이건 상관없이 온갖 사물의 '좋은 점', '뛰어난 점'을 의미하는 말이다. 좋은 돌, 좋은 집, 좋은 말, 좋은 목수, 좋은 사람이라고 할 경우의 좋은 점, 뛰어난 점은 덕과 동의어이다. 하지만 아레테는 특히 '남자다움', '용기' 등에 관해 자주 쓰였는데 이는 비르투오조(virtuoso)와 관련된다. 비루투오조의 비르(vir)는 남성이므로 남자다움, 따라서 용기나 힘이 비르투오조의 본래의 의미로서 그 후 일반적으로 뛰어난 점, 우수한 점, 탁월한 점 등을 의미하게 되었다.

투겐트는 이와 달리 유용하다(taugen)는 말이 어원이다. 이는 사물을 유용하게 하는 것 혹은 사물에 있어서 유용한 성질을 의미한다. 여기에서도 처음에는 생물이나 무생물, 자연적인 것과 도덕적인 것과의 구별이 없이 쓰였다. 이 점은 아레테와 아주 비슷하다. 중세에는 돌, 나무, 물 등의 투겐트가 종종 말해지고 있으나 근세에 이르러서는 포도주의 투겐트라든가 칼이나 말의 투겐트 등의 용법이 남아 있다. 이것은 글자 그대로 술의 덕, 말의 덕이라 번역해도 충분히 통할 수 있는 것이다. 그런데 이러한 다양한 의미를 갖는 말이 드디어 도덕적 의미 즉, 사람이 수득(修得)하는 성질에만 국한되어 사용되기에 이르렀다. 그리고 오히려 도덕적 의미가 본래적이고 기타의 용법은 부차적이라고 느껴지기에 이르렀다. 이 점도 동양에 있어서 덕의 개념과 비슷하지만 특히 아레테에 관해서는 그 도덕적인 의미 규정이 학문의 과제가 되었다는 점에서 각별한 주의를 기울일 만한 것이다.

아레테는 앞에서 말한 바와 같이 어떤 사물이 가지고 있는 좋은 점, 우수성이다. 그것은 이 사물이 목적에 적합한 성질 이외의 다른 것이 아니다. 예술 활동에서 우수했던 희랍인들은 이러한 아레테를 특히 기술과 관련해서 생각하였다. 집짓는 기술은 목수의 아레테이고 배를 조종하는 기술은 수부의 아레테이다. 그와 마찬가지로 시인의 아레테, 조각가의 아레테 등이 말해진다. 이러한 아레테는 시민으로서의 아레테와 구별된다.

소크라테스는 폴리스에 속하는 일에 있어서 하나의 큰 아레테는 무엇인가 라는 문제를 제기하기 시작했는데 이 문제와 더불어 윤리학이 시작되었다고 할 수 있다. 그는 논변을 통해 한 시민이 국법을 바르고 경건하게 지키지 않을 경우, 그는 시민으로서의 아레테를 가지고 있지 못하며 적에 대해 용감하게 싸우지 않았던 경우와 풍습에 따라 자기의 삶을 절제하지 않았던 경우도 모두 동일하다고 했다. 그렇다면 시민으로서의 아레테는 정의, 경건, 용기, 절제와 같은 성질들을 포함하게 된다. 여하튼 이렇게 해서 비로소 아레테는 단순히 목수나 수부의 아레테와는 전혀 다른 의미, 즉 윤리적 의미를 갖기에 이른 것이다.

플라톤의 초기 대화편 『프로타고라스(*Protagoras*)』는 이 과정을 흥미롭게 묘사하고 있다. 작가는 우선 프로타고라스로 하여금 폴리스의 의의를 말하게 한다. 옛날에 프로메테우스는 인간에게 불과 기술을 가져왔지만 인류의 보존이나 개화에 없어서는 안 될 폴리스적 아레테를 전하지 않았다. 그래서 인류가 마침내 몰락하기에 이르자 제우스는 이를 구하기 위해서 헤르메스로 하여금 정의와 수치를 인간에게 전하게 한다. 이때의 조건은 아레테가 다른 기술과 달라 모든 사람에게 주어지지 않으면 안 된다고 하는 점이다.

목수의 아레테나 수부의 아레테는 그러한 직업을 가진 자만이 구비하면 된다. 그러나 위의 두 아레테를 일부의 사람만이 가질 경우 폴리스는 성립하지 않는다. 그러므로 이러한 아레테를 견지하지 못할 경우에는 사형에 처한다는 법률이 제우스의 이름으로 발표되고 그로 인해 인간은 폴리스를 만들어 몰락으로부터 벗어나게 된 것이다. 따라서 일반적으로 폴리스가 있어야 한다면, 다시 말하면 사람들이 공동체를 이루고 살아야 한다면 사람들은 신이 명한 폴리스적 아레테를 가지지 않으면 안 된다는 것이다. 이러한 시민으로서의 아레테는 정의와 절제, 경건 등에 의해 구성되는 것으로 기술되고 있다.

이상의 논의에서 나타난 바와 같이 아레테는 어디까지나 폴리스의 입장에서 이해되고 있다는 점이 분명하다. 다시 말하면 정의·절제·용기·지혜와 같은 아레테는 개인 혼과 관련해서만 생각되는 것이 아니고 폴리스, 즉 공동체 속에서 살아가는 방식과 관련된 것임에 주목해야 한다. 따라서 아레테가 특히 도덕적인 의미를 갖게 되는 것은 시민으로서의 아레테의 반성, 즉 폴리스적 자각과 결부되어 있는 것이다. 결국 아레테는 개인의 인격에 속하는 동시에 집단조직의 아레테이며 폴리스적

존재로서의 아레테인 것이다. 폴리스적 존재는 시민들에게 일정한 행위
방식을 부여하며 이러한 행위방식이 개개의 시민들에 있어서 집단적 성
질로 체득되어 있는 것, 그것이 바로 아레테인 것이다. 그렇다고 보면
희랍의 아레테는 동양의 덕의 개념과도 아주 잘 합치한다고 말할 수 있
을 것이다.

두 전통에 나타난 덕목들의 비교

고대중국과 희랍에서 중요시했던 덕목들의 종류를 보다 상론해
보기로 하자. 공자의 손자인 자사(子思)는 말하기를 공자에 따르면
지·인·용이 인간의 세 가지 주된 덕목이라는 것이다. 공자는 이러한 덕
목을 『논어』에서 다음과 같이 설명하고 있다. "지자는 혼란되지 않으며,
인자는 근심이 없고, 용자는 두려움이 없다." 또한 자사에 따르면 공자
는 "배우기를 좋아하는 것은 지에 가깝고 성실히 노력하는 것은 '인'에
가까우며 염치심을 갖는 것은 용에 가깝다"(『중용』)고 말했다.

그러나 공자를 계승한 전국시대 사람인 맹자는 '의'의 관념을 강조하
여 '의'라는 덕목을 첨가했으며 공자의 세 가지 주덕을 수정, 보완하여
네 가지의 덕목을 제시했다. 그리고 네 가지 덕목의 자연적 바탕이 되
는 네 가지 단서를 말하고 이것이 제대로 발전되면 네 가지 덕목을 이
루게 된다고 했다. 그래서 『맹자』에서는 "측은히 여기는 마음은 '인'의
실마리요, 부끄러이 여기는 마음은 '의'의 실마리이며, 사양하는 마음은

'예'의 실마리이며, 시비를 가리는 마음은 '지'의 실마리"라고 했다.

언뜻 보기에 맹자는 부드러운 덕목만을 취택하고 보다 강한 덕목인 용기는 배제한 것으로 생각된다. 그러나 이는 사실과 다르다. 왜냐하면 맹자 자신은 대단한 용기의 위인이었기 때문이다. 그는 제후들에게 용기 있는 직언을 했으며 사상을 달리하는 자들에게도 과감히 대항했다. 이는 그의 용기 있는 기상을 보여주는 것으로서 그는 결코 부드러운 덕만을 중요시하는 자는 아니었다.

그는 육체적인 용맹을 기르는 이야기를 인용하여 정신적 용기인 호연지기의 성취를 위한 이론을 전개했다. 맹자는 다음과 같은 점에서 공자와 뜻을 같이함이 분명하다. 공자의 제자인 자로(子路)가 공자에게 군자도 용맹을 귀중히 여기는가 라고 물었을 때 공자는 "군자는 '의'를 가장 귀중히 여기며 '의'가 없는 용기를 가질 경우는 이를 부끄러이 여긴다"고 했다.

이상과 대조하여 희랍 철학자들의 덕론을 살펴보기로 하자. 플라톤의 『국가(Republic)』편에는 네 가지 덕목이 열거되고 있는데 지혜·용기·절제·정의가 그것이다. 그런데 이러한 네 가지 덕목은 단지 개인의 영혼의 덕만이 아니고 국가 구성의 기본 덕목이기도 하다. 정의라고 하는 것은 원래 폴리스의 법을 지키는 것이었다. 폴리스, 즉 공동체에서 살아가는 것과 관련된 것이 아닌 한 정의나 부정의의 문제는 없다. 폴리스의 법은 인간사에 있어서의 질서, 즉 인륜적 조직을 확립하기 위한 행위방식이며 따라서 이 방식에 맞는 것이 옳은 것이고 정의이다. 이러한 옳음은 개인이 혼이 자기의 것으로 습득할 경우 그것이 그 사람이 시민으로서의 아레테인 것이다.

마찬가지로 절제는 인륜적 전체를 위한 개인의 통제이다. 개인의 자기 억제는 공동체 생활에 있어서만 의의를 갖는 행위 방식이며 고립적 개인에게는 아무런 의미가 없다. 이러한 자기 억제를 개인이 마음속에 내면화할 때 그것이 그 사람의 혼의 아레테가 된다. 용기 역시 폴리스적 존재가 아닐 경우 아레테가 될 근거가 존재하지 않는다. 죽음을 두려워하지 않고 자신의 본분을 지키는 것, 그것이 용기의 본질이다. 이러한 행위방식을 자신의 몸에 배게 할 때 용기의 아레테를 갖는다고 말해진다. 이와 같이 시민으로서의 아레테는 시민으로서의 행위방식을 혼의 성질로 화하게 한 것이라고 말해도 무방할 것이다.

그러면 지혜는 어떤 것일까? 언뜻 생각하면 지혜는 폴리스와 관계없이 개인의 영혼의 아레테로 보이지만 소크라테스에 있어서는 지혜야말로 가장 중요한 시민으로서의 아레테인 것이다. 이와 관련하여 소크라테스의 유명한 "'덕'은 '지'다'라는 명제가 나타난다. 그런데 이 명제는 덕을 어디까지나 희랍의 아레테로 생각하지 않으면 이해가 어려울 것으로 생각된다. 아레테는 목수의 아레테라고 말하는 경우와 같이 일정한 직업에 고유한 기술을 의미하고 있다. 그런데 소크라테스에 있어서 기술은 근본에 있어서 아는 것이다. 집을 지을 수 있는 자는 집이 무엇인가를 알고 있다. 그렇다면 각양각색의 아레테는 각양각색의 소피아(지혜)이며 다양한 에피스테메(지식)라고 말할 수 있을 것이다.

따라서 소피아에는 기술을 배우고 체득하고 있다는 의미가 있고 에피스테메에도 앎과 동시에 할 줄 앎의 뜻이 포함되어 있는 까닭도 이해할 수가 있다. 이러한 관계는 시민으로서의 아레테의 경우에 있어서도 마찬가지이다.

옳게 행할 수 있는 것은 옳은 것, 즉 정의를 알고 있는 것이며 정의를 알고 있으면 옳게 행할 수 있는 것이다. 마찬가지로 용감하게 싸울 수 있다는 것은 용기를 알고 있기 때문이며 예의범절을 지킬 줄을 아는 시민은 절제를 알고 있다고 할 수 있다.

우리가 체득(体得)하고 있다는 말로 나타내는 것은 바로 이러한 상태를 가리키는 것이다. 그래서 집짓는 방법을 체득하고 있는 자는 정의의 아레테도 갖는다고 할 수 있다. 그런데 이러한 아레테는 본질적으로 하나이고 그 하나는 시민으로서의 아레테라고 할 수 있다. 결국 이 하나의 아레테를 체득한다고 하는 것은 폴리스가 인륜적 조직이라는 것을 의미한다. 이러한 지혜를 폴리스적 존재의 자각으로서 곧바로 시민으로서의 아레테라 할 수 있는 것이다.

플라톤에 있어서의 덕과 공맹의 덕을 비교할 경우 우리는 여러 가지 차이점을 발견하게 된다. 우선 인(仁)의 덕이 플라톤의 목록에는 없다. 이는 플라톤이 『심포지엄』과 『뤼시스』 두 대화록에서 사랑의 문제를 다루고 있는 부분에 의해 설명될 수 있다. 이 두 대화록에서 플라톤은 인간들이 혹은 남녀가 서로 사랑하게 되는 이유를 자세히 논의하고 있다.

중국인들은 사랑이란 이성에 의해 통제되어야 하며 그럴 경우의 사랑이 인이라고 했다. 그러나 희랍인들은 아름다운 것에 대한 공경이나 추구가 사랑이라고 보았다. 또한 플라톤에 있어서의 정의는 동양의 '의'보다는 더 넓은 개념으로 생각된다. 맹자에 따르면 '이'란 특정한 경우에 행해야 할 올바른 일을 의미하며 따라서 각 개인과 각 계층에 속하는 본분을 다한다거나 그러한 것들의 조화라는 관념과 결부된 희랍적 정의관과 다르다.

끝으로 중국인에 있어서 네 가지 덕 중 가장 근본적인 덕은 '지'이다. 그것은 지적인 것일 뿐만 아니라 실천적인 것으로서 존재뿐만 아니라 당위까지도 알 수 있는 것이다. 그리고 플라톤에 있어서 절제는 자기 통제를 의미하나 이와 상관되는 중국인의 '예'는 타인에게 공손하고 사양하는 정신을 의미한다. 때때로 '예'는 '인'과 함께 하는 것으로서 자기를 극복하고 '예'를 회복하는 것이 '인'이라고도 한다. 이상에서 논의된 바와 같이 희랍과 중국에 있어서 기본 덕목의 체계와 명칭에 다소 상이한 점이 있기는 하나 근본에 있어 그리고 실질적인 내용에 있어 크게 다를 바가 없다는 점을 알 수 있다.

그리고 또 한 가지 문제는 덕의 통일성(unity)과 관련된 문제로서 플라톤은 『프로타고라스』편에서 이를 다루고 있다. 중국에서는 이 문제가 공자에 의해 다루어지고 있다. 그에 따르면 "사람이 인의 덕을 갖추지 못하면 예의 원리가 무슨 소용이 있겠으며, 사람이 인의 덕을 갖추지 못하면 음악이 무슨 소용이 있겠는가" 라고 말한다. 여기에서 그는 '인'이 예와 악의 근본임을 내세우는 것으로 보인다.

또한 공자는 '인'을 갖춘 사람만이 타인을 진정으로 사랑하거나 미워할 수 있다고 한다. 이는 '인자'만이 사랑하는 방식과 미워하는 방식을 알고 있다는 것을 뜻한다. 나아가서 이는 사랑을 갖춘 자만이 사랑할 사람과 미워할 사람을 가질 수 있음을 의미한다. 그리고 이는 결국 '인'

과 '의'가 상호 관련되어 있는 것임을 함축한다.

또한 공자에 따르면 "인자는 반드시 용기를 갖지만 용자가 반드시 인자는 아니다"(『논어』)라고 했다. 이는 사랑을 가진 자는 타인을 구하기 위해 자신의 생명을 희생할 수 있으나 용자가 타인을 사랑하는 방식을 반드시 안다고 할 수는 없음을 뜻한다. 결국 모든 덕목이 하나의 원천에서 나온다는 공자의 견해는 그의 철학사상 전체가 하나로 일관되어 있다는(吾道一以貫之) 사실에 근거하고 있다. 그가 말한 바와 같이 그의 철학은 하나로 꿰어 있는 통일성을 가진다. 이러한 이유로 인해 우리는 덕목들이 상호 내적인 관계를 갖는 하나의 체계를 이루고 있다는 확신을 갖게 된다.

소크라테스도 프로타고라스와의 대화를 통하여 덕의 통일문제를 주제적으로 제기하고 있다.(『프로타고라스』) 그에 따르면 정의와 절제, 그리고 경건은 하나의 통일체로서의 아레테를 형성한다. 그러나 정의·절제·경건은 이목구비가 얼굴의 부분인 것처럼 한 아레테의 부분들을 구성하는바 본질에 있어서 서로 다른 것이 아니라 모두가 본질적으로 동일한 것으로서 그것들은 모두 시민으로서의 아레테의 여러 양상에 불과한 것이라고 했다.

자연적 덕(natural virtue)은 차치하고 덕윤리가 전제해야 할 명제 중 하나는 엄밀한 의미의 모든 덕은 실천적 지혜(phronesis)를 그 한 부분으로 갖게 된다는 점이다. 이는 하나의 덕을 갖는다는 것은 결국 모든 덕을 다 갖는다는, 이른바 덕들 간의 통일성(unity of virtues) 입론과 관련된다.

실천적 지혜가 여러 덕의 통일성에서 나온다는 것은 의심의 여지가 없다. 온전히 유덕한자(full virtues)는 따라서 모든 덕을 갖출 뿐 아니라 실천적 지혜의 덕을 지닌 자라 할 수 있을 것이다.

아리스토텔레스는 『니코마코스 윤리학』에서 실천적 지혜를 갖는다는 것은 엄밀한 의미에서 모든 덕들을 갖는다는 점을 함축한다고 말한다. 즉 실천적 지혜는 행위의 목적을 올바르게 파악하는 데서 시작되며 이 같은 행위의 목적에 대해 오해하지 않기 위해 우리는 덕들을 지녀야 한다. 나아가 엄밀한 의미의 덕을 갖는다는 것은 실천적 지혜를 갖는다는 것을 함축하는데 분명한 것은 실천적 지혜가 없는 덕(즉 자연적 덕)도 존재하지만 이러한 덕은 인간의 성품에 있어 적합한 탁월성이 될 수 없다. 실천적 지혜가 없을 경우 우리가 도덕적 삶을 영위하는 과정에서 길을 잃게 될 가능성이 있기 때문이다.

일반적으로 개별적 덕들은 서로 상충하거나 갈등할 가능성이 있다. 그럴 경우 이들 간의 상충이나 갈등을 해결하거나 해소하기 위해 실천적 지혜가 요구된다. 때로는 갈등이 조정하기 어려울 정도로 극단적이어서 한 덕목이 다른 덕목에 양보해야 할 경우도 있다. 그럴 경우 양보하는 덕목은 예외적인 경우로서 정당화 되는 셈이다. 여하튼 이 같은 갈등상황에 있어 조정이 언제나 수월하게 이루어지는 것은 아니며 그럴수록 인생의 목적이나 수단들 간의 관계, 상황적 여건들에 대한 합리적 판단을 위해 실천적 지혜의 역할이 더욱 요청된다 할 것이다.

5. 현대 사회의 주요 덕목

사회구조와 주요 덕목의 상관성

사회구조와 윤리체계 간에는 긴밀한 상관관계가 있을 것으로 추정된다. 굳이 마르크스의 사회이론을 들먹이지 않더라도 상부구조인 윤리체계는 그 하부구조인 사회의 기본구조에 상관해서 변화하거나 그와 공변관계에 있다고 할 수 있다. 사회적 이동이 희소했던 촌락 공동체나 마을 공동체에서 살았던 비교적 소수의 친근한 사람들 간에 요구되는 도덕성과 근세 이후 이해관계를 중심으로 이합집산 하는 도회적 시민 사회의 성원들 간에 요청되는 윤리는 동일할 수가 없는 것이다.

앞서 우리가 살핀 바와 같이 중세 기독교 사회는 세속적인 측면과 종교적인 측면이 이중적으로 얽혀서 성립된 사회였다. 이 같은 사회는 기독교가 내세우는 초월적 덕목인 3주덕만으로 관리, 운영되기는 어려웠을 것이며 희랍의 현실적인 4주덕을 그대로 승계함으로써 현실적인 덕과 초월적인 덕 모두, 즉 7덕을 병행시킴으로써 현세적인 삶과 종교적인 삶 모두를 해결하고자 했던 것이다. 따라서 기독교 사회는 희랍의 덕을 그대로 수용하고 이를 기반으로 새로운 초월적 3덕을 부가함으로써 이원적 삶 모두를 양립, 관리하는 지침으로 살고자 한 것이다.

동양에 있어서도 이미 맹자의 4주덕과 관련해서 언급된 바이지만 4주덕은 체계적인 관점에서 해석할 수도 있으나 시대적인 전환 과정과 상관해서 설명할 수도 있는 것이다. 전통적인 친족 공동체나 마을 공동체로부터 점차 사회적 이동이 빈번하고 사회가 복잡해짐에 따라 이러한 사회구조에 걸맞는 규범체계가 요청되게 마련이다. 인의예법(仁義禮法)과 같이 사회윤리적 성향이 강화됨에 따라 보다 명시적이고 정식화된 규범으로 변화되기는 하나 그 연장선에서 나타난 법규범은 이미 유가적 도덕개념의 양태를 넘어서는 지경에 이른 것이다.

나아가서 동서를 막론하고 이상과 같은 주요 덕목들에 기반을 둔 전통적 덕윤리는 근세 이후 퇴조하게 되고 보다 명시적이고 정식화된 의무의 윤리가 등장하게 된다. 낯선 사람들이 이해관계에 의해 이합집산 하는 근세 시민사회에 있어서 사람들은 최소윤리로서 의무와 책임에 바탕을 둔 시민윤리와 더불어 합리적 시민들 간의 신사협정인 법규범에 의거해서 사회를 운영, 관리하게 된 것이다. 물론 전통적인 덕윤리의 애매성과 비결정성을 배제하고 보다 명시적이고 정식화된 의무의 윤리는 나름으로 시대적 요청에 부응하는 규범체계이긴 했으나 그것이 법규범과 구분하기 어려운 형식적 규범이 됨으로써 윤리나 도덕의 본령이 훼손되는 지경에 이르러 근자에 와서 다시 의무윤리의 보완으로서 덕윤리의 재활이 조심스럽게 논의되고 있는 실정이다.

그런데 이상과 같이 비록 사회구조와 주요 덕목 간의 상관성 입론을 수용한다 할지라도 인간성이 그 근본에 있어서 바뀌지 않는 한 동서의 고전적인 모든 덕목들은 시효가 소멸되지 않고 그대로 살아남아 현재에도 우리 삶의 곳곳을 비춰주는 보석으로서 존속할 것이라 생각된다. 사회적 요청에 따라 시대마다 비록 강조점이 서로 다를지 모르나 때로는 전경에서 밝게 빛나기도 하고 때로는 배경에서 은은히 삶의 깊이를 더해주는 도덕적 자산으로 남아 있다 할 것이다.

『신뢰』라는 책에서 사회학자 후쿠야마가 주장하듯 비록 근세 이후 계약사회에서 합리성, 타산성과 같은 근세적 요소들이 중시될지라도 그 배경에서 공동체성이나 신뢰와 같은 전근대적 덕목들이 버팀목이 되어주지 않는다면 계약의 이념조차 설 자리가 없는 것이다. 이런 의미에서 전 근대적 도덕성은 사회적 자본(social capital) 내지 도덕적 자산으로서 현대 사회까지도 버텨주고 있다 할 것이다. 본래 근대와 전근대의 예각적 구분은 이 같은 관점에서 볼 때 빛을 잃게 된다고 볼 수 있다. 거인의 어깨 위에 살고 있으면서도 거인이 누구인지조차 모르고 있는 우를 범해서는 안 된다.

현대가 요구하는 덕목: 배려·관용·책임

현대 사회에서 덕윤리의 재활을 두고 고심함에 있어 우리가 주목해야 할 점은 덕윤리의 재활이 전통적인 덕목들을 그대로 수용하는 것을 의미하지는 않으며 현대 사회의 구조적 특성을 감안해서 새로운 덕목들을 선별 내지 구상할 필요가 있다는 점이다. 설사 기독교의 사랑이나 유교의 '인'을 다시 수용하는 경우에도 우리는 그것의 시대적, 종교적 뉘앙스를 완화하고 현대 시민사회의 성원들이 실행할 수 있는 수준의 덕목으로 재구성할 필요가 있다. 이 같은 관점에서 배려(care)는 여러 가지 측면으로 현대인에게 적합한 덕목의 하나라 생각된다. 이는 사랑이나 '인'과 같이 상당한 자기희생을 감수하지 않으면서 단지 시민적 의무를 넘어설 수 있는 여지를 함축하고 있기 때문이다.

또한 배려는 그 주장자들이 대체로 페미니스트이듯이 과거 중요시되었던 정의가 너무 강하고 남성적인 덕목인데 비해 다소 부드럽고 여성적인 덕목 내지 시민 일반의 덕목이 되기에 충분히 온건하고 친밀한 덕목이라는 인상을 준다. 우리는 개인 간에 서로 사랑하거나 자애로운 인격이 될 필요까지는 없다 할지라도 서로 역지사지 하면서 상대방을 배려할 만한 따뜻한 인간관 속에서 살아갈 이유가 있다. 이렇게 해서 우리는 서로에 대한 의무이행에서 끝나는 것이 아니라 그 이상을 넘어설 수 있는 여지를 덕윤리에서 찾게 된다.

또한 현대 사회의 구조적 특징 중 하나는 다원주의(多元主義, pluralism)라 생각되며 이런 측면에서 요구되는 덕목도 생각할 수 있다.

오늘날 우리는 민족이나 국가와 같은 전통적 경계들을 넘어 다양한 문화적 배경을 갖는 사람들이 상호 교류하는 지구촌적 다문화사회에 살고 있다. 이 같은 다원주의적 양상은 교통이나 운송의 발달을 비롯해서 최근 정보기술(IT) 등에 의해 가속화된 시공의 밀착 내지 축약(cohesion)으로 생겨난 메가트렌드라 생각된다. 이러한 지구촌적 상호교류 속에서 민족이나 국가 등 전통적인 구획들은 그 의미가 약화되고 전 지구촌적 네트워크 속에서 새로운 질서로 재편성되고 있는 중이다.

이 같이 다문화적 지구촌 속에서 가장 절실하게 요구되는 덕목은 관용(tolerance)이 아닌가 한다. 관용의 덕은 내가 옳고 상대방이 그를 수도 있지만 상대가 옳고 내가 그를 수 있다는 지적인 겸손에서 나온다. 포퍼(K. Popper)의 지적처럼 이 같은 지적인 겸손은 또한 우리 인간이 지닌 유한성과 오류가능주의(fallibilism)에 그 뿌리를 두고 있다. 우리의 지적 능력은 오류를 면하기 어려운 유한한 것인 까닭에 자유로운 비판과 논의를 거쳐 중지를 모으는 것이 개방사회를 살아가는 최선의 방책이다. 현대가 요구하는 것은 선험적인 절대이성이 아니라 경험적인 대화적 이성이다.

이런 의미에서 관용은 현대 다원주의 사회를 관리, 경영함에 있어서 가장 중요한 덕목들 중 하나다. 관용은 각자의 자율적 선택권을 존중한다는 점에서 자유주의적 사회이념과도 상통하며 서로가 상대의 입장을 역지사지 하는 데 바탕을 두고 있다는 점에서 도덕의 기본정신을 함축하는 것이기도 하다. 또한 관용의 태도를 갖는다고 해서 도덕적 상대주의니 회의주의를 전제하는 것은 아니다. 관용은 서로 상대방이 선택과 입장을 존중하는 가운데 열린 마음으로 논의하고 숙고함으로써 진리에 점진적으로 접근해간다는 의미에서 개방사회를 이끌 점진적 개선주의의 철학이라 할 수 있다.

끝으로 현대 사회에 있어 요긴한 또 한 가지 덕목은 책임(responsibility)이다. 일찍이 막스 베버는 전통적인 기독교 사회가 사랑 등과 같은 심정(心情)의 윤리를 강조한 데 비해 현대 사회는 책임(責任)의 윤리가 요청된다고 했다. 심정은 보다 주관적이고 개인적인 면에 강조를 두는 윤리인데 비해 책임의 윤리는 보다 객관적이고 공적인 면에 강조를 두는 윤리라 할 수 있다. 그리고 책임은 의무와 상관되는 측면이 있으나 의무가 외부로부터 강제되는 뉘앙스를 갖는 데 비해 책임은 자기 스스로 자율적으로 부과한다는 의미에서 행위주체의 능동성을 함축하기도 한다.

근세 이후 개인의 발견과 자각에 힘입어 개인의 자율적 선택의 시각과 관련된 윤리적 함축이 강조되는 것은 당연한 것으로 생각된다. 그런데 개인이 강조된다 할지라도 그 개인은 자립적이고 자율적인 측면과 대타적인 측면으로 나뉜다. 전자의 관점에서는 자율적 선택과 관련된 책임이 문제되고 후자의 관점에서는 타인, 사회, 세계와의 관계 속에서의 책임이 문제된다.

우리는 살아가면서 개인적 선택과 더불어 갖가지 역할(role)과 직책을 선택하거나 맡게 된다. 그럴 경우 우리는 그러한 역할이나 직책과 관련된 책임을 다해야 한다. 설사 집단적 의사결정이 이루어지는 경우에도 자신이 참여할 것일 경우 그에 대한 지분의 책임을 져야 할 의무가 있는 것이다. 집단적 의사결정을 빌미로 책임전가나 책임회피를 하고자 해서는 안 된다. 모두가 책임회피를 자행할 경우 책임의 공백현상에 이르게 되고 사회는 파국으로 치닫게 될 것이다.

또한 사회적 삶은 단지 개별적으로 이루어지는 것이 아니라 성원들이 서로 호혜적 네트워크를 이루면서 도움을 주고받는 상호작용적 관계 속에서 유지된다. 따라서 우리는 타인들과 사회 그리고 세계에 대해 모종의 책임을 질 수밖에 없다. 그리고 이 같은 호혜적 네트워크 속에서 생겨나는 공공선이나 공익은 개별적으로 분리할 수 없는 경우가 대부분이다. 공중위생이나 국가안보, 환경보존 등과 같은 공공선은 국민 개개인으로 분리불가능한 선(善)으로서 호혜적 책임의식 속에서 유지되고 향유되는 것임을 명심할 필요가 있다 할 것이다.

2

정의론

1. 정의론과 덕윤리 사이에서[*]

정의론: 사회적 부채와 최소수혜자

사회적 연대와 부채의 상환

근대 시민사회를 지배했던 인생관과 사회관은 일차적으로 생물학적인 기초에 바탕을 둔 것으로 볼 수가 있다. 19세기 후반 이래 다윈의 진화론이 생물학계 전반을 풍미하였는데 이는 자연도태와 적자생존의 원리로서 생물의 진화를 설명하고자 했다. 자기의 이익을 증진하기 위해 자신의 능력을 발휘하고 상호 경쟁을 하게 될 경우 각자는 자신의 부를 증진시키는 동시에 사회 전체의 복지도 증진한다는 애덤 스미스의 사

---

* 이 글은 필자가 정년퇴임식(2013년 8월, 서울대)에서 한 강연의 요지를 추린 것이다. 정의론과 덕윤리를 공부해오는 동안 느낀 핵심적인 가치와 더불어 두 가지 화두 간의 연결고리를 이해하는 데 도움이 되는 날이다.

상은 바로 이러한 생각에 바탕을 두고 있다.

이상과 같은 사회적 다윈주의(social Darwinism)에 대립하는 입장을 사회적 연대주의(social solidarism)라 한다면 이러한 입장 역시 그 과학적 근거를 일차적으로 생물학에서 구할 수가 있다. 이는 생존경쟁을 생물진화의 근본 원리로 보는 데 반대하고 상호간의 유대나 협동의 사실을 생명현상의 특징으로 생각한다. 정의론은 기본적으로 이 같은 사회적 연대주의의 기반에 뿌리를 두고 있다.

이 같은 협동과 연대는 한 생명체 내에서의 생리적 분업과 협동이 서로 표리가 되어 생명현상의 기본 원리를 이루는 생리적 연대, 그리고 사회생활을 하는 생물들에 있어 개체들 간의 상호관계가 생물 진화의 정도에 따라 증대되어 진화의 최종단계인 인류에게서 사회적 연대로 최고의 발달을 보이게 된다.

인간 사회에 있어서 성원들 간의 심리적 연대는 사회의 진화와 더불어 더욱 복잡하고 다양해지며 이에 따라 인간의 의식 내용 또한 다양하고 풍부하게 되었다. 따라서 상호 보충하고 상호 규정할 가능성도 증가되었다. 나아가 현대 사회의 사회적 연대는 산업상의 분업을 위시해서 전체로서의 사회적 분업과 동시에 상호 협동을 통해 더욱 복잡한 그물망으로 구성되어 광범위한 공간적 연대를 구성하기에 이른다.

그런데 인간은 공간적으로 당대인들과 상호 의존의 관계에 의해 결합되어 있을 뿐만 아니라 시간적으로 앞선 조상들과도 관계를 맺고 있다. 우리는 우리의 육체와 그를 구성하는 온갖 유전적 소질은 먼 조상들로부터의 유산일 뿐만 아니라 우리가 사용하는 언어와 거기에 담긴

온갖 관념은 인류의 오랜 경험과 노력의 결정임을 알고 있다. 나아가서 우리가 사용하는 온갖 문명의 이기들로부터 종교, 철학, 문예, 과학, 정치, 경제 등에 이르기까지 찬란한 현대 문화는 먼 조상들로부터 면면히 이어온 역사적 산물이다.

이런 의미에서 우리는 과거의 무수한 인간들에 대해서 엄청난 빚을 지고 있으며, 따라서 우리들은 조상들과 유기적인 유대관계 속에 묶여 있다. 이같이 우리는 과거의 인간들에게 빚지고 있으며 우리의 문화와 문명을 개선해서 미래에 전해야할 책임을 지게 된다는 뜻에서 미래의 세대와도 묶여 있다. 이러한 유대에 의해 현재의 인간뿐만 아니라 과거와 미래의 인간까지도 포괄하는 개념으로서 인류라는 시공적, 입체적 연대관계가 성립하게 된다.

직·간접적인 연대관계의 그물망으로서의 인류 사회에서 인간은 물질생활이나 정신생활에서 언제나 타인에게 빚을 지면서 살아가고 있다. 우선 사회생활에서 갖가지 사회적 협조나 사회적 시설의 도움을 받게 되며 개인 스스로 수행할 수 있는 일에서도 사회적 요소를 배제할 수 없다. 어떤 학자가 고심해서 연구, 저술한 한 권의 책도 전적으로 자신의 힘만으로 된 것이 아니며 선현들과 동료들의 연구결과가 기본 바탕을 이룬다. 또한 그가 자신의 사상을 표현하기 위해 사용하는 언어 또한 선조들로부터 전해진 것이며 언어와 지식을 습득하는 데에도 타인의 조력은 필수적이다. 두뇌를 풍부하게 하는 지식, 가슴을 채우는 감정, 마음에서 솟아나는 의욕은 연대관계에 따른 사회적 요소들이 나의 내면으로 들어온 것인 만큼 인류의 오랜 지적, 정서적, 도덕적 전통이 바로 나의 현재 삶을 조건 짓는다. 사회의 역사적 유산을 바탕으로 삼지 않고서는 나는 지적으로나 정서적으로 설자리를 잃고 만다고 할 수 있다.

또한 우리들이 향유하는 물질문명과 재산도 사회적 협동의 소산으로 생각해야 한다. 현재 우리는 조상이 창출, 획득, 축적한 유산을 수용하며 향유하고 있다. 즉 오랜 역사를 통해 획득되고 집적된 거대한 자산이 오늘날 우리가 향유하고 있는 대부분을 이룬다. 우리의 삶에 없어서는 안 될 이러한 유산은 모두 우리 자신이 산출한 것이 아니다. 우리는 오직 선인들이 남긴 이같이 거대한 부와 문화를 자기의 생활을 위해 수용할 뿐이다.

따라서 이러한 유산은 조상들이 우리에게 남겨준 것으로서 원리상 우리 사회에 속한 것이 아니며 이러한 의미에서 우리는 그에 대해 선인으로부터 상당한 부채를 지고 있다. 나아가 우리는 사회 동료들의 협력이 아니라면 그러한 무한한 문화와 재화의 혜택 아래 삶을 영위할 수가 없다는 점에서 동료 성원들에게도 엄청난 부채를 지고 있다. 이상과 같이 우리는 과거와 더불어 동시대에 대해서도 부채를 짐으로써 이중의 부채를 지고 있는 것이다.

부채의 관념은 의무의 관념을 함축한다. 실제로 우리의 지적, 도덕적, 육체적 활동의 결과는 거의 전부가 우리의 소산이 아니다. 우리는 무한한 부채를 사회에 대해 지고 있으며 사회에 진 부채도 사회에 도로 갚는 것이 우리의 정당한 의무일 것이다. 타인이 있음으로써 우리의 생활이 유지, 발전되는 것이라면 이는 우리가 타인에게 빚을 지고 있는 것이다.

타인에게 지고 있는 이러한 부채에 대한 자각은 당연히 그 부채를 상환할 의무의 관념을 일으키게 한다. 사회생활은 나 자신의 지속과 발전을 요구할 권리의 세계인 동시에 우리의 지속과 발전을 가능하게 하는 사회 일반에 대한 의무의 세계라 할 수 있다. 따라서 부채의 관념은 의무의 관념과 상호 관련되어 있다.

선인에게 진 채무의 일부는 후손에게 지불하게 된다. 즉 조상에게 진 부채는 후손에 대한 의무도 함축한다. 우리가 향유하는 거대한 문화와 부를 우리에게 전해준 조상들은 이미 유명을 달리 했기 때문에 채무를 그들에게 직접 갚을 길이 없다. 우리는 조상 및 후손들과 더불어 한 동포, 한 인류로서의 유대관계를 갖는다. 우리가 조상에게 진 빚을 후손에게 갚을 경우 우리는 동포와 인류로부터 진 빚을 동포와 인류에게 도로 갚는 셈이 된다. 이러한 논거에 의해 모든 과거가 모든 미래를 향해 전승된다.

과거로부터 받은 것을 미래에 전함에 있어 우리는 그것을 더욱 개선, 증대해야 하며 그것을 훼손하거나 손상해서는 안 된다. 결국 과거에 대한 부채이건 현재에 대한 부채이건 간에 부채는 반드시 상환되어야 한다. 여기에서 부채는 어떻게 상환되어야 하는가. 즉 부채상환의 공정하고 공평한 방법이 중요하다. 여하튼 앞서 논의한 정신적, 물질적 자산의 공정한 배분 방법과 아울러 부채의 공정한 상환 방법의 이면에는 정의(正義)의 이념이 함축되어 있음이 분명하다.

운의 중립화와 최소수혜자

롤스의 정의론에서 필자가 가장 깊히 공감하고 감동 받은 것은 사실 정의담론의 방법도 아니고 그로부터 도출된 정의의 원칙들도 아니라 생각된다. 40년이 흐른 지금에도 나의 정신 속에 남아 있는 것은 롤스의 정의론 전체를 지배하고 또한 그 저변에 깔려 있는 인간의 상황과 운명에 대한 그의 기본적 직관이다. 사회적 지위와 천부적 재능은 도덕적 관점에서 볼 때 정당근거가 없다(arbitrary from moral point of view) 따라서 그 같은 우연적 운의 배정을 마치 공유자산(common asset)인 듯 간주하는 데서 정의의 담론은 시작된다고 할 수 있다.

이로부터 귀결된 최소수혜자 최우선 배려는 실상 최소극대화 전략의 소산이라기보다는 이러한 전략 자체가 오히려 그러한 직관을 정당화하고 설득시키기 위해 사후적으로 고안된 이론적 구성물에 불과하다는 생각이다. 우리가 사회적, 천부적으로 불운한 사람을 포함한 모든 인간의 운명공동체에 동참할 용의가 없는 한 그리고 사회를 시공적 연대의 그 물망으로 생각한 사회적 연대주의에 기반을 두지 않는 한 정의에 대한 논의는 무의미하다는 게 롤스의 기본 직관이었으리라고 생각된다.

인생의 경주는 근원적으로 불평등한 것이며 이 불평등에 대해 우리는 아무런 책임이 없고 또한 그 누구도 책임질 수가 없다. 나아가 이는 단지 주어진 자연적 사실일 뿐이므로 그에 대해서는 정의 여부를 따지는 것도 무의미하다. 단지 인생의 그같이 불평등한 초기 조건에 대해 우리가 인간적으로 대처하는 방식에 대해 정의 여부를 물을 수 있을 뿐이다.

우리가 타고난 우연 혹은 행운과 불운에도 크게 나누어 사회적 지위

(social position)와 같은 사회적 운이 있으며 천부적 재능(natural ability)과 같은 자연적 운이 있다. 이 두 가지 우연 혹은 운수를 어떻게 처리할 것인지에 따라서 다양한 정의관을 도출할 수 있다. 일반적으로 우리는 사회적 지위가 인생의 성패를 좌우하는 것에 대해서는 용납할 생각이 없지만, 천부적 재능이 인생의 성패를 결정짓는 것은 암암리에 용납하고 있으며 그럴 경우 인생의 경주를 공정한 것으로 간주한다.

그러나 정의의 관점에서 볼 때 사회적 운의 완화나 약화만으로는 억울한 사람이 너무나 많을 것으로 생각된다. 인생의 게임에 있어서 경쟁의 공정성을 보장하는 것은 더없이 중요한 정의의 한 가지 요구이다. 그러나 이 같은 공정성은 경쟁력의 우위를 가리는 데 있어서 중요한 요건일 뿐 애초부터 경쟁력이 없거나 취약한 사람들에게는 실질적인 배려가 될 수 없다. 경쟁력에 있어서 불리한 천부적 운을 타고난 사람들을 배려하는 것은 정의의 또 다른 요구이다. 그래서 필자는 공정은 정의의 필요조건일 뿐 충분조건일 수는 없으며 정의를 충족시키기 위해서는 절차의 공정성만이 아니라 결과의 공평성까지 고려되어야 한다고 본다.

사회적 게임에 있어서 공정한 룰이 필요하고 그에 따라 공정한 경기가 이루어지는 것이 기본이지만 게임에 진입조차 하지 못하고 진입할지라도 원칙적으로 승산이 없는, 이를테면 최소수혜자들에게 결과적 보상은 정의로운 사회로 가는 데 있어서 필수적으로 요청된다는 생각이다. 그래서 정의로운 세제나 복지는 공정한 세제 혹은 공정한 복지라 하지 않고 세제와 복지의 형평성 혹은 공평한 세제, 공평한 복지라 함이 보다 자연스러운 이유도 거기에 있다 할 것이다.

자유경쟁 시장이라고 할지라도 조만간 독과점에 의해 자유롭지도 경쟁적이지도 못한 시장의 실패(market failure)가 있기 때문에 이를 위해서는 공정한 시장체제의 유지가 요구된다. 그러나 비록 시장이 자유롭고 경쟁적으로 운용된다 할지라도 그 결과가 정의의 관점에서 볼 때 만족한 것이라 하기도 어렵다. 우리는 이를 정의의 실패(justice failure)라 할 수 있을 것이다. 그래서 정의는 공정이 공평에 의해 보완될 경우 충족된다는 생각이다. 공정이 절차적 기회 균등이라면 공평은 결과적 평등 배려라 할 수 있다.

정의를 단지 공정으로 해석하지 않고 공평으로 보완해서 보고자 하는 정의관의 배경에는 사회적, 천부적 운이 도덕적으로 정당근거가 없으며, 이를 마치 공유자산으로 보고자 하는 도덕관에서 비롯된다. 그래서 롤스도 그의 정의론에서 자신의 정의관은 프랑스혁명의 이념인 자유, 평등, 박애 중 가장 그 정치경제적 함의가 논의되지 않던 박애(fraternity)의 함축과 관련된다고 한다. 이는 모든 인간의 운명에 대한 사랑, 즉 인류적 운명애에 대한 배려인 동시에 인간공동체의 공동운명에 동참하는 것이라 할 수 있다. 결국 여기에서 우리는 정의의 뿌리 깊은 곳에 사랑, 즉 인간애 혹은 인간의 공동운명애 같은 것이 깔려 있다는 사실을 확인할 수 있다.

기독교 윤리신학자들 중에도 정의와 사랑의 관계를 이같이 해석하고자 하는 입장을 공유하면서 정의는 최소한의 사랑이고 사랑은 정의의 완성이라는 입장이 제시된다. 나아가 정의에 대한 관심과 배려를 갖는 동기는 바로 사랑이며 이는 정의의 실현 내지 실천의 의지이기도 하다는 것이다. 친구의 술잔에 술을 가득 채우고자 할 경우 유일한 방법은 그의 술잔이 넘치도록 따르는 것이다. 넘치게 따르지 않고는 그의 잔을 가득 채우기는커녕 그에 못 미치게 따를 뿐이다. 이런 의미에서 각종 종교에서 정의를 능가하는 사랑, 자비, 인애를 내세우는 이유는 정의의 실천적, 동기적 함의를 충실히 배려하기 위함이다. 바로 이 같은 이유에서 사랑이 정의의 완성이라는 말의 깊은 의미를 실감하게 된다.

덕윤리 : 자기수양과 도덕운의 문제

실천적 지혜와 덕성의 습득

'알면 행한다'는 것은 제대로 알면 반드시 행한다는 소크라테스의 주지주의적 입론이다. 그러나 우리의 인생은 설사 알아도 행하지 못하게 되는 도덕적 실패를 자주 경험하게 되는 까닭에 경험적 현실에 보다 충실하고자 했던 아리스토텔레스는 자제심의 결여(akrasia)를 통해서 도덕적 실패에 대한 보다 폭넓은 이해를 시도하고자 했다.

물론 자제심의 결여나 도덕적 실패는 제대로 몰라서 생기는 인지적 부족에도 이유가 있겠지만 충분히 알고서도 의지의 나약이나 감정의 갈등 등 비인지적 요인에 의해서도 발생할 수가 있다. 이럴 경우 우리에게 요구되는 것은 인지적 각성 보다는 의지의 강화나 감정의 조율이라 할 수 있다. 옳은 일이 무엇인지를 알고서도 감정이 내키지 않아서 수서할 수 있으며 알고서도 의지가 나약하거나 도덕적 용기의 부족으로 일을 그르칠 수가 있다.

이상과 같이 생각할 때 올바르다고 생각하는 바를 반드시 실행하는 도덕적 성공을 위해서는 인지적 각성만이 아니라 그런 행위를 기꺼이 할 수 있는 감정의 조율과 의지의 강화 작업이 필요하다. 그래서 윤리에 있어서는 어떤 행위가 옳고 그른지를 밝히는 정당화(justification) 작업 못지않게 그러한 행위를 기꺼이 할 수 있는 의지와 감정을 갖는 동기화(motivation) 작업이 중요한 과제로 부상하게 된다.

그래서 지·정·의 세 가지 기능이 유기적으로 결합되어 감정과 의지의 기반 위에 인지된 지식만이 실행이 보장되는 지식이라 할 수 있다. 아리스토텔레스는 이 같은 앎을 실천적 지혜(practical wisdom)라 부르고자 했다. 이것은 단지 알기만 하는 형식적이고 이론적인 지식이 아니라 실천이 보증된 지식이라는 점에서 실천적 지혜라 함이 적합하다. 그야말로 단지 아는 것이 아니라 할 줄 아는(know-how) 지식이야말로 실천적 지혜라 할 수가 있으며 유덕한 인격은 도덕적으로 이 같은 실천적 지혜를 갖춘 인격이라 할 수 있다.

그런데 이 같은 실천적 지혜를 갖춘 유덕한 인격은 하루아침에 형성되지 않는다. 덕은 오랜 수양과 수행을 통해서 성취되는 산물이다. 흔히 "도를 닦고 덕을 쌓는다"는 명제를 말한다. 여기에서 도를 닦는다는 것은 단지 인지적 각성만을 가리키는 것은 아니며 의지의 강화, 감정의 조율까지 포함하는 보다 종합적인 프로젝트라 할 수 있다. 따라서 도통한 사람은 단지 지적으로 탁월한 존재일 뿐만 아니라 강한 의지와 조화로운 감정을 지닌, 그야말로 지·정·의가 조화롭게 통합된 인격이라 할 수 있다. 그는 상황마다 그에 적절한 실천적 지혜를 소지한 자이며 따라서 도덕적 실패가 적은 성품의 소유자라 할 것이다. 그래서 덕은 도를 닦음으로써 부수되는 소산으로서 마치 내공이 쌓이듯 덕이 쌓이게 되면 그만큼 도덕적 역량이 강화된다고 할 수 있다. 결국 우리말에 있어서 도덕이라는 개념이 함축하는 의미는 '도를 닦고 덕을 쌓으라'는 말로 요약된다고 생각된다.

그런데 도를 닦고 덕을 쌓는 수양과 수행의 프로젝트는 오랜 세월을 거쳐 반복적인 습관화(habituation)의 과정을 요구한다. 설사 옳은 것이 무엇인지를 아는 인지적 각성이 이루어졌다 할지라도 그것을 감당할 강한 의지와 조율된 감정이 밑받침되지 않는다면 실천이 보장될 수 없다. 그래서 불교에서도 돈오점수(頓悟漸修)를 논의하고 보림삼년(保任三年)이라는 말도 생겨난 것으로 보인다. 인지적 각성이 이루어진다 할지라도 그간에 쌓인 오랜 습기나 업장이 소멸되기 위해서는 점진적인 수행의 과정이 필요하다.

나쁜 습관도 오랜 훈습의 과정을 거쳐 형성되듯 좋은 습관 역시 오랜 훈습의 과정을 거쳐 내면화, 내재화되고 그래서 체득된다고 생각된다. 『논어』의 태어나면서 아는 사람인 생이지지자(生而知之者)나 불교에서 말하는 상근기(上根機)와 같은 사람의 경우 단박에 깨치고 단박에 닦여지는 경우가 생길지 모르나 배워 안 후에야 선을 행하는 중근기(中根機) 이하의 보통 사람들에 있어서 진리의 자기화는 오랜 수양과 수행을 거쳐야만 가능하다.

윤리설이 온전히 자립적인 이론이 되기 위해서는 정당한 규범체계를 제시할 수 있어야 하고 동시에 이런 규범체계가 현실에서 실천될 수 있게끔 동기부여 방도가 보완될 필요가 있다. 그런데 앞에서 보듯이 덕윤리에 있어서 동기화의 문제가 중요하고 그로부터 덕성의 함양을 통한, 유덕한 인격을 형성하는 일이 더없이 중요하다 할지라도 이는 어디까지나 정당화 가능한 규범의 틀 내부의 문제가 아닌가 생각된다. 여기서 윤리에 있어서 동기화보다 정당화의 문제가 다시 제기되며 덕의 윤리가 정당화와 관련된 보완적 장치 없이 그 자체로 도덕이론으로서 자립성(autonomy)을 가질 수 있는지는 의심스럽다. 따라서 필자는 정당화에 골몰했던 의무윤리의 보완이 절실하다는 생각이다.

특히 근세 이후 등장한 시민사회의 연장선에 있는 현대 사회에 있어 윤리의 기본은 어떤 형태의 의무윤리가 담당할 수밖에 없다고 생각된다. 하지만 개인적인 영역에 있어서 덕의 윤리에 의한 보완은 중요한 의미가 있으며 공적인 시민윤리에 있어서도 덕윤리의 보완, 즉 유덕한 시민의 형성은 시민사회를, 타산적 합리성에 기반을 둔 추상적 인간관계에서 한 단계 보다 업그레이드 시킬 수 있는 계기가 될 것으로 보인다.

이 점에서 우리는 의무윤리와 덕윤리가 상호 보완하는 제3윤리의 모색을 두고 고민하게 된다. 근세 이후 시대적 사회적 요구에 부응하기 위해 등장한 의무윤리의 중요성을 수용하면서도 그 한계에 대한 점증하는 불만으로 현대의 덕윤리에 대한 재활의 당위성도 경청하지 않을 수 없는 것이다. 현대 사회를 전면적으로 구조개혁 하는 일은 거의 불가능한 과제임을 전제할 경우 우리는 현대 사회에 적당한 규범을, 의무윤리로 그 기반을 삼되 덕의 윤리로 보완하는 대안을 구상해볼 수 있는 것이다. 그렇지 않고 근세 이후의 의무윤리를 대체하는 다른 대안으로서 덕의 윤리를 염두에 두는 것은 과거에 대한 막연한 향수에 불과하거나 소박한 낭만주의에 불과하다는 생각이다.

도덕운의 문제와 자비의 윤리

덕의 윤리를 주요한 도덕 이론으로 받아들일 경우 앞서 지적한 바와 같이 과연 그것이 근세 이후 지배적인 도덕이론이었던 의무의 윤리를 대체할만한 대안 이론으로서 자율적인 자립성을 갖는지 여부에 대한 의문이 제기된다. 이와 더불어 덕의 윤리를 지배적인 도덕이론으로서 수용하게 될 경우 그것은 의무의 윤리와는 또 다른 내부적 문제가 제기될 뿐만 아니라 인간의 도덕생활과 윤리관에 대해 놀라운 함축을 지니게 된다는 사실에 주목할 필요가 있다.

특히 덕의 윤리가 갖는 내적 문제는 덕의 윤리가 개인의 성품형성이나 덕성함양에 크게 의존할 경우, 이것이 개인의 자기수양을 향한 도덕적 노력의 결과를 전적으로 지배할 수 없다는 도덕운(moral luck)의 문제에 봉착하게 된다는 점이다. 그럴 경우 의무의 윤리에서 기본 개념을 구성하는 책임의 문제가 덕의 윤리에서는 약화 내지 완화될 수밖에 없다는 함축을 지니게 된다. 이같이 도덕운 내지 운명에 대한 공감적 이해는 엄정한 책임보다는 불교에서 도덕생활에 있어 강조되는 자비(mercy)의 관점에 대한 긍정적 수용의 계기가 된다는 점에 주목하게 된다.

최근 일련의 윤리학자들은 도덕운의 문제에 대해 특별한 관심을 보이고 있다. 이들에 따르면 인간은 태어날 때 일정한 유전인자 등 두더적 성품과 관련된 서로 상이한 소인들을 타고나는 운, 즉 구성적 운(constitutive luck)을 갖는다. 나아가 이 같은 태생적 요인들이 이를 발전시키거나 억제하게 될 갖가지 환경적 변수들을 만나게 될 운, 즉 발달의 운(developmental luck)을 갖게 된다. 또한 타고난 소인이 발달의 변수들을 만나 일정한 성품을 형성하게 될지라도 그런 성품에 의거한 행위가 어떤 결과를 가져올지는 행위자 자신이 전적으로 좌우할 수 없다는 결과운(resultant luck) 등이 있다는 것이다.

어떻든 우리가 자기수양을 통해 유덕한 인격형성을 위해 최선의 도덕적 노력을 한다 할지라도 앞서 열거한바, 우리가 좌우할 수 없는 갖가지 운들에 의해 그같은 노력이 좌절되거나 한계에 부딪치게 된다는 것은 인간이 갖는 비극적 운명인지 모른다. 그러므로 도덕적 행위와 관련해서 행위 주체가 좌우할 수 있는 영역에 한계가 있으며 따라서 행위 결과에 대해 도덕적 행위자에게 전적으로 책임을 묻는다는 것은 불합리하고 부당하다. 덕의 윤리는 바로 이 같은 도덕운의 문제를 어떻게 이해하는가에 따라 도덕적 책임관에 중대한 변화가 불가피한 결과에 이르게 되는 것이다.

덕의 윤리가 자기수양(self-cultivation)에 비중을 두어 행위자의 자율적인 도덕적 노력을 격려하는 것은 합당한 일이라 하겠으나 도덕운과 같이 우연적이고 운명적인 변수의 개입을 부정할 수 없는 이상 도덕적 행위자의 책임은 일정한 한계를 지닐 수밖에 없다. 물론 도덕적 행위에 있어서 책임소재를 밝히고 책임을 묻는 일은 도덕적 질서를 정립하고 유지하는 데 있어 더없이 중요한 것이 사실이나 불가피한 요인을 감안한 정상참작 또한 지극히 합당한 처사가 아닐 수 없다.

이 같이 행위자의 운명에 공감하고 그에 의거한 정상참작을 시행하는 조처의 연장선에서 우리는 인간 세상에 대한 불교적 이해의 일단과 마주하게 된다. 불교는 중생들이 무명으로 인해 업을 짓고 그 인과적 사슬에 묶여 고통을 당하는 것을 공감적으로 이해하는 가운데 그들의 책임을 추궁하기 보다는 그들에게 자비를 베풀어 죄상을 용서하고 용납하는 입장을 취한다. 자비의 윤리는 인간만사가 뜻대로 되지 않고 운명의 그물망에 이끌리는 모습에 대해 연민과 동정의 시선으로 바라보는 것을 함축한다.

그러나 자비만으로는 인간사회의 도덕적 질서를 지탱할 수 있는 대책이 서지 않는다. 모든 위반과 비행의 불가항력에 대해서 운명론적 요소를 명분으로 용서하고 자비를 베푼다면 사회는 하루아침에 도덕적 카오스로 돌변하게 될 것이다. 그래서 불교에 있어서도 이 같은 문제에 있어 두 가지 입장으로 나누어 이원적으로 대처하고 있는 듯하다. 하나는 세속적(secular) 입장으로서 행위자의 자유의지를 전제하여 책임을 묻고 그에 따라 징벌하는 일상적 태도이다. 다른 하나는 궁극적(fundamental) 입장으로서 모든 것을 운명론이나 인과적 관점에서 용납하고 자비를 통해 용서하는 태도이다.

물론 인간세에 있어서는 세속적 입장이 요청되고 불가피하기는 하나 보다 궁극적 관점에서 바라보게 되면 자비의 윤리가 들어설 여지가 있게 된다. 어떤 의미에서 궁극적 입장은 우주를 전체적으로 내려다보는 신의 관점(God's point of view)이라고도 할 수 있을 것이다. 물론 섣사

신의 관점이 진실에 가깝고 옳다 할지라도 인간세에 있어서는 세속적 입장이 현실적으로, 실천적으로 요청되지 않을 수 없다. 그래서 유교에서는 이 양자를 조정하여 인간으로서 최선의 노력을 다한 다음 운명을 기다리라(盡人事 待天命)라고 했는지 모를 일이다.

정의론이건 덕윤리이건 그 궁극적인 뿌리에 가서 우리는 운명애와 조우하게 된다. 진정 정의에 대한 관심과 실현의 의지가 있다면 우리는 모든 인간의 공동 운명체에 대한 애정과 헌신이 요구된다. 또한 덕윤리에 있어서도 우리는 결국 인간의 운명에 대한 연민과 동정으로 인해 자비의 윤리에 다다르게 된다. 설사 니체의 운명애(amor fati) 개념과 꼭 같은 것은 아닐지라도 우리는 모든 인간의 운명을 있는 그대로 받아들이고 그것에 공감하고 수용하는 운명애에서 출발하게 된다고 생각한다.

정의가 일차적으로 객체적이고 구조적인 윤리라면 덕윤리는 주체적인 성품의 윤리이다. 구조적 윤리이건 주체적 윤리이건 간에 그 모두가 궁극에 가서 운명애에 맞닥뜨리는 일은 흥미롭지 아니한가? 운명에 대해 집착하는 필자도 결국 나이를 먹을 만큼 먹어 퇴임할 시간이 되었음을 함축하는 듯하다. 한 인간이 등장하는 일은 엄청난 일이라 한다. 단지 한 인간에 그치는 것이 아니고 그의 일생이 한꺼번에 나타나기 때문이다. 한 인간이 무대를 내려가는 것 역시 엄청난 일일 수밖에 없지 아니한가.

2. 세기의 정의론자 존 롤스[*]

존 롤스(John Rawls, 1921-2002)는 단일주제의 철학자(one-theme philosopher)라는 별명이 붙을 정도로 평생 정의(justice)라는 한 우물을 팠던 철학자요, 그러면서도 당대의 영미는 물론 유럽 대륙의 전역에, 그것도 철학계 만이 아니라 인문·사회과학계 전반에 걸쳐 큰 획을 그은 금세기 최고의 철학자로 평가받고 있다. 1958년 「공정의로서의 정의」라는 논문을 발표한 뒤 그의 관심은 사회정의 개념에 대한 현대적 해석문제에 집중되어 '분배적 정의', '시민불복종', '정의감'등 여러 논문들을 발표하여 주목을 끌기 시작했고, 그러한 글들에서 제시된 생각들의 요지를 체계적으로 정리함으로써 그야말로 20여 년에 걸친 탐구의 결실로서 대저『정의론』(A Theory of Justice)을 펴냈다.

---

[*] 2002년 롤스가 서거했을 때 그에 대한 추모의 글로 《일간그신》에 연재했던 글이다.

1971년 출간된 이래 이 저서가 받게 된 광범위한 관심과 명성은 타의 추종을 불허하며 영미 철학계는 이를 세기적 대작으로 평가하면서 최고의 찬사를 아끼지 않았다. 윤리학자 햄프셔와 워노크는 각각 이를 "대전 이후 도덕철학에 있어서 가장 중요하고 의의 있는 기여"요, "정치이론에 있어 비교의 대상이 없는 공헌"으로 단정하였으며, 경제학자 애로우는 "이것이야말로 현대에 있어 정의 개념에 대한 가장 심오한 연구"라 하였고, 철학자 파인버그는 이 저서에 철학적 고전의 위치를 부여하는 데 인색하지 않았다.

롤스의 정의론이 던진 파문은 단지 학계에만 국한된 것이 아니었다. 영미의 철학적 전통 속에서 아무리 학계의 대단한 평가를 받은 자일지라도 롤스처럼 《뉴욕 타임즈》 및 《런던 타임즈》를 위시하여, 《이코노미스트》, 《네이션》, 《스펙테이터》, 《뉴 리퍼블릭》 등 일반 잡지와 신문들이 경쟁하듯 서평과 특집을 싣는 등 그와 같은 실로 파격적인 반응을 불러일으킨 자는 없을 것이다. 《뉴욕 타임즈》 서평은 롤스 정의론에 내재해 있는 정치적 함의는 결국 우리의 일상생활 양식마저 바꾸어 놓으리라는 극찬을 아끼지 않았다.

'정의론' 등장의 지적 배경

롤스의 대표 저작인 『정의론』의 기본 구상을 담은 최초의 논문 「공정으로서의 정의(Justice as Fairness, 1958)」를 발표했던 1950년대에 대부분의 철학자들은 정치 및 사회철학 등 규범학의 종언을 노래하는 데 여념이 없었다. 도덕은 한갓 감정표현이나 주관적 소견에 불과하다는 정의주의(emotivism)가 기세를 올렸고 학계에서 다소간 지지자를 가진 정치철학은 기껏해야 사회복지의 극대화 원리를 내세우는 공리주의가 전부였다. 이 같이 사회 및 정치 철학 불모의 시대에 『정의론』의 출간은 규범철학의 복권(normative turn)을 예고하는 일대 사건이었다.

물론 공리주의(utilitarianism)는 학계 바깥에서는 상당한 영향력을 행사하고 있었다. 그것은 공공 정책 담당자들이 어려운 정치적 문제를 해결하는 데 이용할 수 있는 간명하고 엄정한 방법을 제공하는 것으로 생각되었기 때문이다. 모든 정책 대안들 가운데서 그 각각이 가져올 이득을 합산하고 유발하게 될 비용을 제외함으로써(cost-benefit analysis) 순수 이득을 최대로 결과하는 대안을 선택해서 정책으로 구체화 할 수가 있는 것이다. 그러나 공리주의가 이 같이 복지 정책에 유용한 길잡이를 제공하는 것이기는 하나 자본주의의 지배이념으로서 그것이 갖는 전체주의적 함축으로 인해 권리론자들(right-theorists)의 비판이 점증하게 되었다.

개인의 권리(individual rights)는 사회복지를 명분으로 해서도 희생될 수 없다는 일반인의 도덕적 신념은 공리주의의 규범적 정당성을 끈질기게 위협하는 원동력이 되었다. 그러나 권리 신봉자들은 권리(rights)란 근거 없는 공허한 헛소리에 불과하다는 벤담주의의 경험적 반론을 제압할 만한 체계적인 철학적 논변을 제시하지 못하고 있는 형편이었다. 나아가 권리주장자들은 권리란 자본주의적 발상에서 생겨나 비밀에 붙과하며, 인간의 보편적 이해관계를 명분으로 부르주아의 계급 이익을 호도하는 것이라는 마르크스주의적 비판에 설득력 있게 대응할 방책도 제시하지 못하고 있었다.

그런데 이 같은 정황에서 공방하던 정치 및 사회 철학계는 1950년대부터 1960년대 초반에 걸쳐 적어도 세 가지 점에서 중대한 변화를 보이기 시작했다.

첫째, 대부분의 권리 주장자들은 마르크스주의적 비판의 일부를 수용함으로써 시민적, 정치적 자유에 대한 전통적 목록들을 옹호할 뿐만 아니라, 사회적으로 혜택 받지 못한 계층들의 복지와 존엄을 보장하기 위해 필수적으로 요구되는 소득, 부, 교육 및 취업의 기회, 의료 및 여타 재화들에 대한 좀 더 평등한 분배를 옹호하게 되었다.

둘째, 학계의 판세는 대체로 공리주의자들로부터 권리론자들에게 유리하게 돌아갔으며, 체계적인 정치이론에 대한 대부분의 대표적 주장자들이 권리론자들로 바뀌어 갔다. 따라서 지금까지 학계를 주도해 온 공리주의자들은 이제 곳곳에서 수세적인 위치로 전락하게 되었다.

셋째, 규범학의 불모지로 간주 되었던 정치 및 사회철학계에서 다시 규범철학의 복권이 주창되면서 거대이론(grand theory)의 전통이 소생하기 시작했다. 그런데 이상과 같은 세 가지 변화가 모두 결국에는 롤스의 '정의론'이 가져온 영향력으로 귀착된다고 해도 과언이 아닐 것이다.

자유주의적 평등의 이념

정치철학적으로 롤스의 정의론이 갖는 실질적 내용을 평가하기 위해서는 그로부터 유래된 일차적이고도 가장 특징적인 변화로서 자유주의적 이론체계 속에 사회주의적 요구를 통합했다는 점에 주목하는 것이 가장 좋은 출발점이라 생각된다. 롤스가 내세운 정의의 제1원칙, 즉 평등한 자유(equal liberties)의 원칙은 사상, 양심, 언론, 집회의 자유, 보통 선거의 자유, 공직 및 개인 재산을 소지할 자유 등 자유주의가 내세우는 가장 기본적인 자유들을 보장하는 것에 우선성을 두고 있다.

그런데 이러한 기본적인 자유의 목록들 가운데 뚜렷하게 제외되어 있는 부분에 주목할 필요가 있는데, 그것은 자본주의적 시장의 자유라 할 수 있는 것으로서 여기에는 생산재의 사유 및 생산물의 점유, 소유물의 상속 및 증여의 자유가 포함된다. 기본적인 자유의 목록에서 이 같은 자유를 배제시킨 것은 롤스 정의론의 과오나 비일관성이 아니라, 그 핵심적 주장의 하나라 할 수 있다. 로크(John Locke)의 사회계약에 등장하는 당사자들과는 달리, 롤스의 계약 당사자들은 자신의 상대적 부나 소속된 사회 계층을 모르는 가운데 분배적 정의의 원칙들을 선택해야 한다. 자신이 자본가인지 노동자인지 알지 못하는 상태에서 그들은 재산 소유자의 이득을 보호하는 일보다 자신과 후손들이 인간으로서 품위 있는 삶(decent life)을 보장하는 데 더 큰 배려를 한다.

롤스 정의론의 두 번째 원칙은 두 부분으로 이루어진다. 가장 유명한 첫 번째 부분은 차등의 원칙(difference principle)으로, 최소수혜(the least advantaged) 시민들에게 최대의 이익을 가져다 줄 사회적, 경제적 불평등을 정당화하며, 그렇지 못할 경우 평등 분배를 내세우고 있다. 제2원칙의 두 번째 부분은 모든 이에게 '공정한 기회의 균등'을 요구하는 것으로서 단지 직업이나 직책의 기회만이 아니라 삶의 기회들까지 평등화하자는 원리이다. 다시 말하면 유사한 능력과 기능을 가진 사람이라면 누구나 그들이 태어난 사회적 지위와 무관하게 유사한 삶의 기회를 보장 받아야 한다는 것이다.

이상과 같이 볼 때, 롤스의 정의론은 최소수혜자를 우선적으로 고려하는 자유주의라 할 수 있고 사회주의적 비판의 도덕적 의미를 충분히 참작한 자유주의라 할 수 있다. 차등의 원칙으로 인해 빈곤한 계층은 그들의 인생 전망을 고양시킬 여지가 더 이상 남아 있어서는 안 될 정도까지 가능한 한 최고의 인생전망을 보장할 것이 요구된다. 마찬가지로 공정한 기회 균등은 "재능이 있으면 출세할 수 있다"는 식의 고전적 자유주의의 이념을 능가하는 것으로서, 그것은 보상적 교육의 실시와 경제적 불평등에 한계를 요구함으로써 사회의 모든 부문에 걸쳐 유사한 동기와 자질을 가진 모든 이에게 교양과 성취를 위한 거의 평등한 전망이 주어져야 한다는 것이다.

지금까지 살핀 바와 같이 정의의 제1원칙은 평등한 시민의 기본적 자유를 희생하는 일을 거부하는 롤스 이론의 자유주의적 핵심을 나타낸다. 제2원칙은 자유주의적 자유들이 사회적으로 불리한 처지에 있는 자들에게 유명무실한 빈말이 되지 않게 하는바, 롤스 정의론에 있어 사회주의적 핵심을 대변하고 있다. 물론 롤스가 고전적 자유주의와 사회주의 간의 간격을 좁히는 방식을 제시한 첫 번째 철학자는 아니다. 롤스는 밀, 그린, 홉하우스, 듀이 등 자유주의 철학의 오랜 전통의 연장선에서 로크보다 더 평등주의적이고 마르크스보다 더 자유주의적인, 그야말로 자유주의적 평등(liberal equality)의 이념을 옹호하고 있다. 롤스의 정의관은 자유주의적 이념과 사회주의적 이념을 가장 체계적이고도 정합적으로 통합한 것으로서, 그 누구와도 견주기 어려운 위치를 점하는 것으로 평가되고 있다.

그런데 자유주의와 사회주의의 이 같은 통합은 두 진영으로부터 많은 동조자를 이끌어 내는 매력을 갖는 동시에 대부분의 중도적 입장이 그러하듯, 두 진영으로부터의 공격 또한 면하기 어렵다. 우파를 대변하는 자유지상주의자(libertarian) 노직(R. Nozick)은 자신의 노동 산물을 점유할 자유가 롤스의 자유목록 속에서 제외되고 있음을 비판하면서, 이는 인간의 개체성을 중요하게 보지 못한 결과임을 지적했고 사회주의자들은 롤스가 생산수단에 대한 사적 소유 및 집단 소유(collective ownership) 간의 선택 문제를 도덕적 논리에 의해 결정하기보다 정치사회학의 문제로서 경험적으로 결정 되어야 한다고 주장하는 데 대해 반론을 제기했다.

계약론적 논변과 '정의론'

롤스의 정의론이 높이 평가되고 있는 이유는 그게 두 가지 측면으로 나누어 생각해볼 수 있다. 그 하나는 이미 앞서 살핀 바와 같이 그가 제시한 정의 원칙의 실질적 내용과 관련되어 있으며, 다른 하나는 이 같은 정의 원칙을 도출하기 위한 방법론적 논의와 관련되어 있다. 앞서 언급한 바와 같이 롤스는 당시 지배적인 도덕 이론이었던 공리주의를 실질적 내용에 있어서 뿐만이 아니라, 그 방법론적 함축에 있어서도 비판했다. 결국 롤스는 공리주의에 대한 대안으로서 권리론 및 정의론의 기초로서 공리주의와 대립적 전통을 이루면서도, 그 만큼 발전을 보지 못한 자연권 이론의 바탕이 된 계약이론(contract theory)을 보다 일반적인 논변 형식으로 발전시켜, 이를 최근 경제학의 성과 중 하나인 합리적 의사결정론(rational decision-making theory)과 연관해서 설명하고 있다.

결국 롤스 정의론의 방법론적 특징은 이른바 '공정으로서의 정의관'에 있다. 그는 정의가 무엇이냐는 물음에 직접 대답하기 보다는 공정한 절차에 의해 합의된 것이면 정의로운 것이라는 소위 순수한 절차적 정의관(pure procedural justice)을 내세운다. 정의의 원칙을 도출하기 위한, 공정성을 보증해 줄 전제들의 집합으로서 소위 그의 원초적 입장(original position)이라는 개념은 전통적 사회계약설의 자연상태(state of nature)에 해당하는 것이기는 하나, 결코 현실에 실재하는 역사적 상황이 아니고 정의 원칙의 선택을 위해서 공정한 절차가 될 계약 조건들을 통합하여 구성한, 순수하게 가설적인 입장이며 자유롭고 합리적이며 평등한 계약 당사자가 정의의 원칙에 합의하기 위해 받아들여야 할 도덕적 관점이라 할 수 있다.

롤스에 따르면, 원초적 입장을 구성하는 조건은 크게 두 가지로 설명될 수 있다. 그 하나는 계약 당사자가 인간 사회에 관한 일반적 사실을 알고 있으나, 자신의 자연적 재능과 사회적 지위, 그리고 인생 계획의 세목과 더불어 자신의 가치관, 소속된 세대 등 특수한 사정들을 알 수 없다는 무지의 베일(veil of ignorance)을 쓰고 정의의 원칙을 숙고하게 된다는 인지적 조건이다. 다른 하나는 당사자들이 합리적 존재로서 자신의 이익은 극대화 하고자 하나, 타인의 이해관계에 대해서는 상호 무관심한 합리성(mutually disinterested rationality)의 주체이며 서로 간에 시기심(envy) 같은 부정적 관심도 동정과 같은 긍정적 관심도 없다고 가정하는 동기상의 가정이다.

그런데 앞서 지적한 바와 같이 롤스에게 있어 원초적 입장의 당사자가 구체적으로 정의의 원칙을 선택하는 문제는 합리적 의사결정의 문제가 된다. 그에 따르면, 불확실한 상황 아래서의 합리적 선택 전략에는 여러 가지가 있으나 원초적 입장이 갖는 특유한 성격으로 인해 당사자들은 최소 극대화(maximin)라는 지극히 보수적 전략에 의거해서 선택하게 된다고 한다. 다시 말하면, 당사자들은 가능한 대안들 중 각 대안이 가져올 최악의 결과(minimorum) 중 가장 최선의 여건(maximum)을 보장하는 대안을 택함으로써 그 선택의 결과가 각자의 인생 계획 실현에 필요 불가결한 기본적 자유나 품위 있는 삶을 위한 최소한의 사회 경제적 조건까지도 상실하는 모험을 기피하고자 한다. 이는 결국 우리가 사회의 최소수혜자가 될 가능성으로부터 정의의 원칙을 숙고하는 경우라 할 수 있을 것이다.

나아가서 롤스는 이 같은 절차에 의해 도출된 정의 원칙이 정의에 대한 우리의 상식적 신념, 혹은 숙고된 도덕 판단들과도 합치할 것으로 생각한다. 그의 정의 원칙은 역사적 체험을 통해 누적된 정치적 지혜로서 우리의 숙고된 도덕 판단에 합치한다는 정합논증(coherence argument)뿐만 아니라, 공정한 도덕적 관점인 원초적 입장으로부터 준-연역적인 계약논증(contract argument)에 의해서도 도출된 결론이라는 점에서 그 정당화의 힘이 이중으로 강화된다는 것이다. 그의 방법은 한마디로 정의의 원칙들과 우리의 숙고된 도덕 판단들, 그리고 계약 논증과 관련된 인간관, 사회관, 도덕관 등의 배경적 이론들 간의 정합성을 추구하는, 넓은 의미의 반성적 평형(reflective equilibrium)이라 할 수 있을 것이다.

롤스는 정의 원칙의 실질적 내용에서 뿐만 아니라 원칙 도출의 방법론과 관련해서도 갖가지 비판에 봉착한다. 계약론에 동조하는 자들 가운데도 계약의 조건에 대해 비판과 이견이 분분할 뿐만 아니라 마이클 샌들(M. Sandel), 맥킨타이어(A. MacIntyre) 등으로 대변되는 공동체주의자들은 롤스의 방법론 속에 암암리에 함축된 개인주의적 인간관 및 사회관을 비판하며, 이로 인해 공동선을 위시한 인간의 공동체주의적 측면을 간과함으로써 추상적 보편주의에 빠져있다고 비판한다. 여하튼 롤스는 계약론적 방법을 통해 권리론에 대한 설득력 있는 방법적 기초를 제시한 것으로 평가되고 있으며, 오늘날 사회 및 정치철학 등 규범적 관심을 갖는 대부분의 학자들은 일단 롤스의 방법론을 논의의 출발점으로 한다는 의미에서 오늘날의 학도들을 롤스 이후의 세대(post-Rawlsian)라 부를 정도이다.

공유자산으로서의 천부적 재능

롤스 정의론의 핵심은 천부적 재능과 같이 우리 스스로 생산한 것이 아닌, 어떤 점에서 우리에게 운명적으로 주어진, 그래서 우리가 그것에 대해 책임이 없는 어떤 것에 대한 그의 해석에서 비롯되며 바로 이 점이 다른 정의론자 특히 노직과 같은 소유권적 정의론자와 차별화되는 분기점이 된다. 그에 따르면 천부적 재능의 배정은 단지 자연적 사실로서 도덕적 관점에서 볼 때 정당근거가 없으며 정의는 그러한 자연적이고 운명적인 것을 처리하는 인간적 방식과 관련되는 것이다.

이로부터 롤스는 분배적 정의란 우리의 천부적 재능을 마치 공유자산(common asset)인 듯이 간주하는 관점에서 도출될 수 있는 것으로 본다. 물론 천부적 재능이 곧바로 공유자산이라 하는 것은 그 또한 어떤 형이상학적 입장일 수 있겠지만 그는 우리의 정의감이 이 같은 천부적 재능의 공유관을 기조로 함이 합당한 것으로 보고자 한다. 이렇게 말한다 해서 롤스가 곧바로 평등주의자가 되는 것은 아니며 최소수혜자를 위시한 사회성원들의 이득에 기여하는 바에 따라 차등적 배분의 근거를 찾고자 한다.

차등의 원칙이란 결국, 천부적 재능을 어떤 측면에서는 공동의 자산으로 간주한다는 합의를 의미한다고 할 수 있다. … 자연에 의해 혜택을 받은 자는 그렇지 못한 자의 상태를 향상시킨다는 조건 하에서만 자신의 행운으로부터 이익을 얻을 수 있다. … 아무도 자신이 우수한 천부적 능력을 당연시

할 수 없고 사회적으로 유리한 출발 지점의 덕을 보아서는 안 된다.

(John Rawls : 1999, 87쪽)

정당하지 않은 불평등에 대해서는 시정조치가 필요하다. 출생의 불평등, 천부된 자질의 불평등은 정당하지 않으므로 이런 불평등은 어떤 식으로든 보상을 하여야 한다. 그리하여, 모든 사람을 평등하게 대하고 진정한 기회 균등을 실현하기 위해서는, 천부적 재능이나 사회적 지위에서 불리하게 태어난 사람들을 위해 사회가 더 많은 배려를 하여야 한다는 원칙이 성립하게 된다. 즉 우연에 의해 발생한 편향을 평등의 방향으로 시정해야 한다는 것이다.

(John Rawls, 앞의 책, 86쪽)

위의 인용문에서 알 수 있듯이 롤스는 선천적 자질은 "어떤 측면에서는 공동의 자산"이라고 보고 있으며 따라서 천부적인 재능에서 나오는 이익을 그 소유자만이 차지할 수는 없다고 본다. 그리하여 생래적 불평등에 대해서는 어떤 보상조치가 필요하며 천부적 재능이나 타고난 사회적 지위가 불리한 자에 대한 배려가 필요하다고 한다.

흔히 인간이 타고난 육체, 정신, 능력은 자기 자신의 고유의 영역이고 따라서 자신의 심신의 작용에 의한 결과물은 당연히 자신이 소유할 수 있다고 생각하는 경우가 많다. 그런데 롤스는 천부적 재능을, "어떤 측면에서는"이라는 수식어가 있기는 하나, "공동의 자산"이라고 규정하고 생래적 불평등에 의한 결과적 불평등은 예방은 못하더라도, 어떤 보상방법을 통해 시정되어야 한다고 생각한다는 점이 특이하다.

천부적 재능과 같이 수혜자가 생산하지 않은 것이라는 점에서 공통점을 가진 상속재산에 대한 롤스의 견해도 참고할만하다고 생각된다.

> 부의 불평등한 상속은 지능의 불평등한 상속과 마찬가지로 본질적으로 부정의한 것은 아니다. 부의 상속은 지능의 상속보다 사회적 통제 대상이 더 쉽게 되겠지만, 어느 것에 의한 불평등이든지 차등의 원칙에 부합해야 한다는 점이 중요하다. 그리하여 상속으로 인한 불평등이 최소수혜 계층에게 이익이 되고 또 자유 및 공정한 기회균등에 위배되지 않을 경우에 국한하여 상속이 허용될 수 있다.
>
> (John Rawls, 앞의 책, 245쪽)

위에서 알 수 있듯이 롤스는 부를 불평등하게 물려받는 것이 그 자체로 정의롭지 못한 것은 아니지만, 부든 지능이든 상속은 차등의 원칙에 부합해야 한다고 하였다.

이상을 종합하면 롤스는 선천적 자질, 타고난 사회적 지위, 상속재산을 수혜자가 아무런 시정조치 없이 차지하는 것은 대체로 부정의한 것으로 파악하며, 이를 허용한다면 모두 차등의 원칙에 부합할 것을 요구한다. 즉 그 "불평등이 최소수혜 계층에게 이익이 되고 또 자유 및 공정한 기회균등에 위배되지 않을 경우에 국한하여 허용"해야 한다는 것이다.

'정의론'과 그 후속 연구

『정의론』의 출간 이후 한때 롤스는 그의 저술을 겨냥한 예상 외의 관심과 찬반양론들에 대해 응수하느라 여념이 없었다. 그러는 가운데 롤스는 정의론과 상관된 후속 연구를 통해 두 권의 저술을 남겼다. 그중 하나는 자신의 정의론에 대한 명료화인 동시에 자유주의의 이념에 대한 자신의 입장을 해명하는 『정치적 자유주의(Political Liberalism)』(1993)와 한 국가를 모형으로 한 자신의 정의론을 국제사회에 확대 적용한 『만민법(The Law of Peoples,)』(1999)이 그것이다.

롤스는 그의 두 번째 저서 『정치적 자유주의』에서 '공정으로서의 정의관'은 절대적인 진리를 추구하는 보편적인 도덕이론이 아니라 다원주의(pluralism)의 현실 속에서 사회적 통합의 기반을 확립하고자 하는 현대적 과제를 다룬다는 점에서 실천적인 정치이론(practical, political theory)이라는 것이다. 다시 말하면 종교, 철학, 도덕, 가치관(롤스는 이를 포괄적 교설이라 함)에 있어 심각하게 갈등과 이견을 보이는 현실에서 자유롭고 평등한 시민들에 의한 안정되고 정의로운 사회를 오랜 기간 유지하는 방도를 찾는 현대적 문제를 다루는 정치이론을 제시하고자 했다고 한다. 그에 따르면 가치관의 다원성과 인간 이성이 갖는 한계로 인해 합당한 안정성이 달성될 수 있는 길은 오직 자유주의가 합의되기 어려운 가치관 등 포괄적 교설로부터 분리되어 그 적용범위를 공적이고 정치적인 영역에 한정하는 일, 즉 정치적 자유주의를 지향하는 일이라고 한다.

바로 이 같이 삶 전체와 관련되는 철학으로서의 넓은 의미의 자유주의(칸트나 밀의 포괄적 자유주의)로부터 오직 정치적 영역과 관련되는 철학으로서의 협의의 자유주의로 이행하는 것이 최대의 수용가능성을 위한 최소화 전략에 의거한 정치적 자유주의의 프로젝트라 할 수 있다. 자유주의적인 공적 문화를 배경으로 하는 다원주의 사회에서 자유주의가 공적이고 정치적인 영역에 한정될 경우 자유주의는 더 이상 이견의 여지가 분분한 포괄적 교설이 아니라 포괄적인 가치관들 간의 중첩적 합의(overlapping consensus)의 대상이 될 수 있다는 게 롤스의 생각이다.

롤스는 마지막 저서 『만민법』에서 국내적 형태의 정치적 자유주의를 국제사회에 적용, 세계화된 정의론을 전개하고 있으며 이점에서 정치적 자유주의의 기본이념을 특히 관용의 관점에서 논의하고 있다고 할 수 있다. 『만민법』의 서문에서 롤스는 정치적 자유주의의 확장 프로젝트를 요약적으로 말해주고 있다. "자유주의 사회에서 시민들이 다른 개인의 포괄적인 종교적, 철학적 교설들을, 그것이 합당한 정치적 정의관에 부합되게 추구되는 한, 존중해야 하듯 자유주의 사회들은 포괄적 교설들에 의해 조직된 다른 사회가, 그들의 정치적, 사회적 제도들이 그 사회로 하여금 합당한 만민법을 준수하게 하는 일정한 조건을 만족시키는 한 그 사회를 존중해야 한다."는 것이다.

롤스에 따르면 확장의 첫 번째 단계에서 자유주의 국가들의 대표자들은 지구촌적 정의 원칙에 합의하기 위해 전 지구적인 원초적 입장(original position)에 참여하게 된다. 지구촌적 프로젝트의 두 번째 단계는 비자유주의적(illiberal) 국가들이 대표자들 역시 기본 인권 및 인간다운 삶의 조건과 관련된 만민법의 원칙들에 자발적으로 동의하리라는 것이다. 물론 호전적인 국가나 그 주민들의 기본권마저 유린하는 전제적인 국가와 같이 무법적인 국가도 있겠지만, 지구촌적 원칙을 준수하는 한에 있어서 비자유주의적 계층사회도 품위 있는 지위를 갖춘 국가로서 대우해야 하며 따라서 자유주의 국가 편에서 이러한 사회를 무력으로 공격하거나 그들의 제도 개혁을 위해 경제적 제재 등을 가할 정치적 정당근거가 없다는 것이다.

이상에서 살핀 바와 같이 롤스의 정의론이 남긴 유산은 그 실질적 내용이나 방법론적 접근 모두에 있어 국내적 정의는 물론 국제적 정의 문제를 풀어가는 데 있어 소중한 자산임에 틀림없다. 특히 우리의 경우 통일 한국의 정치적 이념을 구상함에 있어 계약론적 접근에 기반을 둔 자유주의적 평등의 이념은 매우 시사적인 참고자료가 될 것으로 생각하는 것이 필자만의 추정만은 아닌 듯싶다.

3. 공정한 경기와 운의 중립화*

인생이라는 불공정한 경기

샌델(M. Sandel)의 『정의란 무엇인가』라는 책이 한국의 독서계를 마치 쓰나미처럼 훑고 지나갔다. 출간된 지 몇 개월 되지도 않아 한국 판매 백만 부를 넘겼다니 저자도 놀랄 한국적 신드롬이라 할만하다. 진정 한국 사회의 정의에 대한 목마름이 이다지도 심각했던 것이 사실이라면 샌델의 정의론은 한국사회가 정의사회로 변화하는 데 있어 크게 기여할 것으로 기대되는 천재일우의 기회가 아닐까.

그러나 이 같은 야단법석은 내공이 부족한 우리 지성계의 지적 천박성을 보이는 징표로 해석하고자 하는 이들도 있으니 그리 간단한 문제

---

* 이 글은 황경식 편, 『공정과 정의사회』(조선뉴스프레스, 2013)의 긴두논문이다.

137

는 아닐 듯싶다. 하버드 대학이라는 미국의 명문대 교수이고 보면 샌델의 정의론에 대한 관심이 마치 명품 구매와도 같은 지적 허영에 그치는 것이 아니길 바랄 뿐이다. 논술에 행여 도움이 될까 싶어 많은 수험생들이 구매했다면 그것도 그리 나쁜 일만은 아니라는 안도감이 들기도 한다.

정의사회만큼 강력한 정치이념이 아닐지는 모르나 정의사회로 가는 데 있어서 해결되어야 할 최소한의 필요조건으로서 공정사회는 우리의 노력 여하에 따라 실현가능할 뿐만 아니라 시의적절한 현실개혁의 가이드라인이 될 수 있을 것이다. 더욱이 최고 지도자가 반복, 강조하고 있어 그 파장은 공직사회만이 아니라 기업문화에 이르기까지 영향을 미치고 있음이 감지된다. 단지 이 같은 이념은 시장경제적 입장에 부합하는 바, 신자유주의적 정치경제학과 유관하다는 태생적 한계가 있음을 앞으로 논구해가고자 한다.

우리의 인생을 100미터 경주에 비유해 보자. 문제는 우리가 이 경주에서 모두 원점에서 동시에 출발하지 않는다는 점에 있다. 많은 사람들이 원점 가까이에서 출발하기는 하나 일부는 50미터 전방에서 출발하는가 하면 소수의 사람은 90미터 혹은 95미터 전방에서 출발하기도 한다. 그래서 인생이라는 경기는 원천적으로 불평등한 경기라 할 수 있다. 그러나 이 같은 원천적 불평등은 자연적 사실일 뿐 그것이 부정의하거나 불공정하다고 할 수는 없다. 정의나 공정과 같은 언어는 우리가 그 같은 불평등을 인간적으로 처리하고 관리하는 방식에 부여할 수 있는 용어이기 때문이다.

그런데 우리 사회는 이 같은 원천적 불평등을 어떤 방식으로 처리 혹은 관리하고 있는가? 물론 우리 사회도 이 같은 불평등이나 격차를 다소간 약화 내지 완화시키고자 노력하고 있는 것을 부인하기는 어려우나 그 성과 또한 미미한 것임이 사실이다. 더욱이 가슴 아픈 사실은 이 같은 불평등을 대물림하고 있다는 점이다. 부모의 경제적, 사회적 조건이 자녀의 학업성취, 입학, 취업에 이르기까지 광범위하게 상속되어 가난을 대물림하고 불평등을 구조적으로 고착화하고 있다는 것이다.

1970년~2003년 사이에 입학한 서울대 사회대생 1만여 명을 대상으로 분석한 자료를 보면 전문직, 관리직으로 이루어진 고소득 직군 자녀들의 입학률이 저소득 직군의 자녀보다 무려 16배(2003년)나 높았다. 2004년~2010년 서울대 신입생의 아버지 직업변천을 보면 전문직, 경영관리직의 아버지를 둔 신입생이 2004년에 전체 신입생의 60%를 차지했는데 2010년에는 64.8%로 늘어난 반면 농축수산업, 미숙련 노동에 종사하는 아버지를 둔 신입생 비율은 2004년 3.3%에서 2010년 1.6%로 더욱 줄어들었다. '개천에서 용나는 일'은 시간이 갈수록 불가능한 것으로 평가된다.

한 논문에 따르면 한 달에 사교육비로 평균 50만원을 지출하는 고등학생이 내신 성적 3등급 이상에 속할 확률은 사교육을 전혀 받지 않았을 경우보다 2배 이상 높다. (김민성, 「고등학교 내신성적에 대한 사교육비 지출의 효과」) 부모의 소득수준에 따라 아이들의 꿈인 장래희망도 큰 차이가 있었다. 부모의 소득이 높고 특목고에 다니는 학생일수록 고소득 전문직을 희망하는 반면, 부모의 소득이 낮은 특성화고 (옛 전문계고)

학생일수록 저소득층 직업군을 희망했다. 가난이 젊은이들의 꿈마저 가난하게 만들고 있는 것이다.

취업을 비롯해서 일생을 살아가는 동안 우리 사회에서 겪어야할 학벌, 지연 등에 따른 혹독한 차별을 생각하면 부모의 사회경제적 조건이 자녀 세대로 세습되고 이로 인해 신분의 양극화가 더욱 심해지는 세습적 불평등 구조를 깨는 것은 공정사회로 가기 위해 가장 먼저 타파 되어야 할 절박한 과제가 아닐 수 없다.(정연주: 2010)

공정성과 절차주의적 정의

전통적으로 정의론자들은 정의를 결과주의적 관점에서 접근해 왔다. 그런데 결과의 정의를 평가하기가 어려운 까닭은 그 결과가 다양한 요소들의 복합적인 성과라는 점, 따라서 결과의 정의를 평가하기 위해서는 경쟁적인 다원적 기준들이 갈등하게 되며 그 같은 갈등을 해결해 줄 단일한 우선의 원칙을 발견하기 어렵기 때문이다.

업적, 노력, 능력, 필요 등이 대립하고 있으며, 이들의 비중을 계산하여 모두가 합의할 수 있는 단일한 기준의 제시가 쉽지 않은 것이다. 이 같은 결과주의적 정의관은 "각자에게 그의 X에 따라서"와 같은 정형적 정의관(patterned conception of justice)과 쉽사리 연결되며 마르크스의 "각자로부터 그의 능력에 따라서, 각자에게 그의 필요에 따라서"라는 기준 역시 이 같은 기준의 하나로 간주된다.

이상과 같은 이유 때문에 현재의 정의론자들은 결과주의적 관점에서가 아니라 결과보다는 과정을 중요시하는 절차주의적(proceduralist) 관점에서 정의에 접근하는 것이 보다 합당하다는 생각에 이르게 된다. 결과의 정의를 분석, 평가하기는 쉽지 않지만 절차의 공정성이 보장될 경우 결과는 어떤 것이든 공정하고 정의롭다는 생각에 이르렀기 때문이다. 이 같은 절차주의적 정의관은 절차를 중요시하는 민주주의(democracy as procedure) 정치의 보편화 경향과도 무관하지 않다.

플라톤의 철인왕 사상은 선(善)이 무엇이고 정의가 무엇인지에 대한 지혜를 지닌 현자, 즉 철인에 전적으로 의존해 있다. 하지만 현재의 민주주의 사상은 그 누구도 타인 위에 군림할 정도로 현자는 아니며 보통 사람들이 자유로운 대화와 토론을 통해 중지(衆智)를 모으고 정책에 반영해 나가는 과정을 중시하며 그에 기반을 둔 점진적 개선주의에 기대를 거는 사상이다. 이런 점에서 절차로서의 민주주의와 절차주의적 정의관은 상호 친화성을 갖는다 하겠다.

자유지상주의자(libertarian) 노직(R. Nozick)도 그러하지만 자유주의적 평등을 내세우는 정의론자 롤스는 전형적인 절차주의적 정의론자라 할 수 있다. 롤스는 정의를 공정성(公正性, Fairness)으로 이해하고 당사자들을 공정하게 대우하는 절차를 구상, 그로부터 합의를 도출하는, 계약론적 토대 위에 정의론을 세우고자 한다.

그러기 위해서 롤스는 합의 당사자 모두를 공정하게 대우하는 합당한 조건들을 하나로 묶어 계약의 전제로 삼고 그로부터 합리적 추론을 통해 그들 간의 합의 결과로서 정의의 원칙들을 도출하고자 한다. 여기서 롤스가 가장 주목하고자 하는 것은 정의의 원칙을 선택함에 있어 도덕적 관점에서 볼 때 부당하거나 편파적이고 편향적으로 작용할 요인들을 배제함으로써 당사자들을 모두 공정하게 대우하는 전제들을 구성해야 한다는 점이다.

원초적 입장(original position)으로 불리는 바, 정의원칙의 도출을 위한 전제조건들 중 특히 인지적 요건들을 묶어 롤스는 무지의 베일(veil of ignorance)이라는 이름 아래 다루고 있다.(John Rawls, 앞의 책, 3장 참조) 무지의 베일은 심리적, 사회적, 경제적 일반원칙을 가리지 않을 정도로 충분히 엷은(thin) 베일이여야 하고 편향과 편파의 소인이 될 지식들은 가릴 정도로 충분히 짙은(thick) 베일이어야 한다고 본다.

이같이 편향적, 편파적 원칙을 선택하게 할 요소로서 배제되는 지식은 개인들의 타고난 천부적 재능과 사회적 지위, 소속된 세대, 개인의 가치관 등과 관련된 지식이다. 이 중에서 특히 천부적 능력과 사회적 지위는 태생적 행운과 불운으로서 롤스에 따르면 도덕적 관점에서 볼 때 정당근거가 없다(arbitrary from moral point of view)는 것이다. 따라서 롤스는 정의의 출발점을 운의 중립화(neutralizing luck)에서 찾고자 한다.

무지의 베일과 운의 중립화

자연적 운이건 사회적 운이건 간에 운의 지배를 그대로 방치하고서는 정의와 관련해서 우리는 어떤 합의에도 이르기 어렵다. 이를테면 천재와 천치 사이에 어떤 합의가 가능할 것인가. 또한 재벌 2세와 거지 2세 간에는 어떤 합의점에 이를 것인가. 재벌 2세는 가능한 한 기득권을 챙기려 안간힘을 쓸 것이며 쪽박밖에 깨질 것이 없는 거지 2세는 나름의 배짱을 부리게 될 것이다. 결국 어떤 합의도 결렬될 것임이 명약관화하다. 실질적 합의를 위해서는 일정한 형태의, 이를테면 이 같은 자연적, 사회적 운을 괄호로 묶는 무지의 베일이 불가피한 것이다.

이 같은 운의 요소가 아니고서도, 정의에 대한 실질적 합의를 위해서는 특히 다원주의(pluralism) 사회를 살아가는 현대인들에게는 일정한 무지의 베일이 절실히 요구된다. 자유주의 사회가 전개된 이래 가치관을 중심으로 한 다원주의적 불일치는 불가피한 사회적 사실이 되었으며 이것이 정의사회를 향한 합의 도출에 있어 어떠한 걸림돌이 되어서는 안 될 것이다. 우리는 인생관, 가치관 등에 있어 견해를 달리할지라도 그 같은 다양성이 평화 공존할 수 있는 사회의 기본구조를 보장해줄 정의의 원칙에 합의할 필요가 있기 때문이다.

또한 분배적 정의의 문제는 단지 당대인들 개인 간의 문제일 뿐만 아니라 세대 간에 있어서도 제기될 수 있다. 따라서 무지의 베일은 개인만이 아니고 세대 간의 정의(justice between generations) 문제에 있어서도 확대, 적용될 필요가 있다. 우리는 사회발전의 초기 자수성가한 세대에 속하건 상당한 발전이 이루어진 유복한 세대에 속하건 간에 모두가 자원을 적절히 소비하고 차세대를 위해 적정한 자원을 비축할 정의의 의무를 지게 된다. 다시 말하면 세대 간의 정의 문제에 있어 모든 세대는 정의로운 절약과 저축의 원칙에 따라 삶을 영위할 의무가 있다 할 것이다.

인생을 살아가면서 우리는 갖가지 문제에 부딪치게 되고 그럴 때면 우리는 숙고를 통해 크고 작은 선택(choose)을 수 없이 행하게 된다. 그러나 사실상 우리는 자율적으로 선택할 수 있는 나이에 이르기 전에 여러 가지 관점에서 이미 선택된(chosen) 존재라 할 수 있다. '자유의지와 결정론' 등의 전문적 논의를 끌어들이지 않더라도 우리는 이미 유전적으로나 기질적으로 혹은 사회경제적 여건에 있어 이미 선택된 기반 위에서 우리의 성격과 정체성이 형성되며 그런 기반 위에서 형성된 주체로서 어떤 선택을 하게 되는 것이다. 그런 의미에서 우리의 선택은 실존철학자들의 용어를 빌리면 피투(被投)된 기투(企投, projected projection)라 할 수 있을 것이다. 이로 인해 우리의 소위 자유로운 선택이 갖는 성격상의 한계는 불가피하다.

최근 일부 윤리학자들은 인간의 성품과 관련하여 운명적인 요소, 즉 도덕운(moral luck)에 주목하고 있다.(Bernard Williams : 1981) 이들에 따르면 인간의 모든 자율적이고 자유로운 선택은 사실 각종의 도덕운에 의해 조건화되고 제약되어 있다. 그중 하나는 우리가 타고난 유전적, 기질적 소인 등 이른바 태생적 운(constitutive luck)이라는 것으로 존재한다. 그리고 이 같은 초기조건이 갖가지 여건과 환경을 만나 다양하게 발전, 전개되는 개발운(developmental luck)이 있다.

이 같은 운들에 의해 성취된 성격이나 성품이라 할지라도 갖가지 변수들과 얽히고 섥히는 가운데 성공과 실패가 가려지는바, 결과운

(resultant luck) 도 존재한다. 사실상 우리는 흔히 운칠기삼(運七技三), 즉 70%의 운과 30%의 능력이 성공의 조건이라 하나 이 같은 능력 또한 갖가지 운에 기반하고 있다고 보면 인생을 좌우하는 운의 비중이 어느 정도인지는 분명하지 않다.

그런데 이와 같은 운의 영향력이 그대로 방치된 사회는 인간다운 사회로 보기 어렵고, 그야말로 약육강식의 정글의 법칙이 지배하는 동물의 왕국이라 할 것이다. 문화나 도의가 지배하는 것이 아니라 원색적인 자연이 모든 것을 결정하는 복불복의 사회임에 틀림없다. 여기에서 운이나 복을 타고나지 못한 사람은 억울하기 짝이 없을 것이나 그 같은 울분을 해소할 방도가 없는 셈이다.

이런 관점에서 볼 때 우리는 앞서 언급한 롤스의 정의론에 따라 정의란 운의 중립화(neutralizing luck)에서 시작된다는 입장에 가까이 이르게된다. 운이란 천부적, 사회적 우연이며 그것에 대해 우리는 아무런 책임이 없는 것이다. 그런 의미에서 그것은 우연적이고 운명적인 것이며 도덕적 관점에서 볼 때 정당근거가 없다 할 것이다. 이는 행운을 타고난 사람이나 불운을 타고난 사람 모두에 있어 동일하다. 바로 그 점에 있어서 어느 쪽에 서든 간에 우리는 운명공동체의 일원으로서 그런 공동체에 가담하고 있다고 할 수 있다.

만일 우리가 이 같은 운명들의 배정을 공동의 운명으로 받아들일 수 있다면 바로 그 지점에서 정의의 실마리가 풀릴 수 있다는 게 롤스의 구상이다. 타고난 원천적 불평등은 단지 자연적 사실일 뿐 그를 두고 정의 여부를 논할 수는 없을 것이다. 정의는 우리가 이 같은 자연적 사실을 인간적 관점에서 처리하고 관리하는 방식에 대해 평가할 경우 문제되는 가치이다. 그럴 경우 정의로운 처리가 있고 부정의한 관리가 있다 할 것이다.

기회균등, 자유방임, 자유주의

과거 미국은 기회의 땅(the land of opportunity)이라 하여 'American Dream'의 꿈을 준 적이 있다. 미국은 사회적 지위가 아니라 능력, 성취, 성과가 성공을 보장하는 나라로 간주되었고 가난한 자도 부자가 될 수 있고 하층민도 대통령이 될 수 있는 것으로 생각되었다. 그야말로 개천에서 용이 날 수 있는 나라라는 기대로 인해 세계 각국으로부터 이민이 몰려들었다.

그러나 사실상 기회균등의 이념은 평등주의적 외양과는 달리 다소 보수적인 함축을 지니고 있다. 기회균등은 사실상 인간의 인격이 갖는 평등한 가치(equal worth) 보다는 사회적 게임에 있어 각자가 지닌 경쟁력을 최우선 기준으로 선별하는 원리이다. 이로 인해 경쟁력이 없는 자는 소외되기 마련이며 사회적 불평등이 증대할 가능성을 가짐으로써 업적주의적 계층구조를 강화하고 영속화할 소지를 갖게 된다.

나아가 인종차별이나 남녀차별의 관행이 오랜 세월 누적된 사회에 있어서 기회균등의 원리는 공허한 형식적 평등을 조장할 우려가 있다. 이를테면 남녀차별의 관행이 사회 곳곳에 잔존하고 있을 경우 "여성들이여 용기를 가지고 도전하세요. 남녀는 평등합니다"라는 선언은 무의미한 평등주의에 불과할 뿐이다. 진정한 평등사회를 위해서는 보다 적극적인 차별시정조치 (affirmative action)가 요구된다 할 것이다.

여성들에게 일정한 비율을 배정하거나 적정한 가점을 더해주는 역차별(reverse discrimination) 내지 특혜차별 정책만이 기존의 차별을 상쇄함으로써 실질적인 평등을 보장할 수도 있다. 결국 현재 우리가 지향하는 공정사회가 단지 이와 같은 기회균등을 겨냥하는 것이라면 그것은 진정한 의미에 있어서 평등을 보장하는 것이 아니며 정의로운 사회로 나아감에 있어서 유력한 전략이 되기 어렵다. 그러나 기회균등이나 공정사회는 정의사회로 가기 위해 우리가 반드시 짚고 넘어가야 할 징검다리임을 놓쳐서는 안 된다.

우리는 타고난 재능 등 천부적 운(우연)과 사회적 지위 등 사회적 운(우연)의 영향을 그대로 방임하고서도 기회 균등의 원칙(principle of equal opportunity)을 내세울 수가 있다. 한때 상전의 자식은 상전이 되고 노비의 자식은 노비가 될 수밖에 없었던, 엄격한 계급세습이 시행되던 사회에 비하면 오늘날 우리가 살고 있는 사회에서 "재능 있으면 출세하라(careers open to talents)"는 식의 기회균등은 다소 진일보된 체제라 할 수 있다.

그러나 천부적 운과 사회적 운의 영향력이 그대로 방치된 채 내세워진 기회균등의 원칙은 원초적 불평등을 기정사실화 하는 가운데 운용되는 형식적 기회균등에 불과하다. 이런 체제 아래에서 제시되는 최소한의 국가로서 경찰국가는 결국 가진 자의 재산을 못가진 자들로부터 보호하는 경비국가에 지나지 않는 것으로 보인다.

재능이 있으면 출세할 수 있다는, 이른바 자연적 자유체제(system of natural liberty)는 평등한 자유를 전제로 한 자유시장 경제를 기반으로 하고 있으며 이는 적어도 모든 사람들이 유리한 사회적 지위에 오를 수 있는 동등한 법적 권리를 갖는 형식적 기회균등을 내세운다.(John Rawls: 앞의 책 12장) 그러나 사회적 여건의 평등 내지 유사성을 보장하기 위한 노력이 없기 때문에 자산분배는 일정 기간 자연적, 사회적 우연성에 의해 강력한 영향을 받게 된다.

다시 말하면 현존하는 소득과 부의 분배는 천부적 재능과 능력의 선행적 분배가 사회적 여건 및 행운과 불운 등 우연적 변수들에 의해 개발되거나 되지 못했거나 일정 기간 동안 그것이 유리하게 혹은 불리하게 이용됨으로써 나타난 누적된 결과다. 롤스에 따르면 직감적으로 생각할 때 자연적 자유체제가 갖는 가장 뚜렷한 부정의는 도덕적 관점에서 볼 때 정당근거가 없는 임의적인 이런 요인들로 인해서 배분의 몫이 부당하게 좌우되는 것을 허용하고 있다는 점에 있다.

롤스에 따르면 자유주의적(liberal) 체제는 재능이 있으면 출세할 수 있다는 요구조건에 공정한(fair) 기회균등 이라는 조건을 부가시킴으로써 자유방임 체제의 부정의를 시정하기 위해 노력하는 진일보된 체제다. 그 주요 사상은 직위가 단지 형식적 의미에서만 개방되어서는 안 되고 모든 사람이 그것을 획득할 수 있는 공정한 기회를 가져야만 한다.

보다 분명히 말하면 동일한 수준의 천부적 재능과 능력을 가진 사람으로서 그것을 사용할 동일한 의향을 가진 사람들은 그들의 최초의 사회적 지위에 상관없이 동일한 성공의 전망을 가져야 한다. 사회의 모든 계층에 있어서 유사한 동기와 능력을 가진 사람들은 대체로 교양이나 기술에 있어서 동등한 전망을 가져야 하며, 동일한 능력과 포부를 가진 사람들의 기대치가 그들이 처한 사회적 계층에 영향을 받아서는 안 된다.

그런데 롤스에 따르면 자유주의 체제가 분명히 자유방임 체제보다 나은 것으로 생각되긴 하지만 거기에도 아직 결함이 있다는 것을 직감적으로 알 수 있다고 한다. 이 체제가 사회적 우연성의 영향을 감소시키는 작용을 하는 한 가지 장점이 있긴 하지만 아직도 능력과 재능의 천부적 배분에 의해 부나 소득의 분배가 결정되는 점을 허용하고 있으며 이는 도덕적 관점에서 볼 때 자의성이 일부 용납되고 있기 때문이다.(John Rawls, 앞의 책, 12장) 소득과 부의 분배가 역사적, 사회적 행운에 의해 이루어지는 것을 허용할 이유가 없는 것과 매한가지로 천부적 능력의 분배에 의해 소득과 부의 분배가 이루어지는 것도 용납할 이유가 없다. 따라서 우리는 천부적인 운수 자체가 갖는 부당한 자의적 영향을 완화시키는 체제로 나아가야 하는 것이다.

귀족주의와 민주적 평등체제

롤스는 자신의 정의원칙을 구현할 체제가 민주적 평등(democratic equality) 체제임을 해명하기에 앞서 자연적 귀족주의(natural aristocracy)

체제에 주목하면서 귀족주의가 갖는 나름의 강점을 언급하고 있다. 물론 귀족주의에도 형식적 기회균등이 요구하는 이상으로 사회적 우연을 규제하기 위한 노력이 이루어지는 것은 아니다.

그러나 보다 큰 천부적 재능을 가진 사람들에게 이익과 특권을 주는 것이 사회의 가난한 부류의 처지를 증진시킨다는 조건으로 정당화된다는 점, 상층에 있는 사람들에게 보다 적게 주어지면 하층에 있는 사람들에게도 불이익이 될 경우에만 유리한 사람들의 보다 나은 처지가 정의로운 것으로 간주된다는 점에서 귀족주의에 주목할 필요가 있다. 그래서 롤스에 이르면 바로 이 같은 논리에 의거해서 귀족에게는 귀족으로서의 의무가 있다(noblesse oblige)는 관념이 자연적 귀족주의 입장 속에 형성된다는 것이다.(John Rawls, 앞의 책, 12장)

그런데 롤스에 따르면 자유주의 체제나 귀족주의 체제는 모두 불안정한(unstable) 것이라 한다. 왜냐하면 우리가 분배의 몫을 결정함에 있어서 사회적 우연성이나 자연적 운수 중 어느 하나에 영향을 받게 될 경우에는 반사적으로 반드시 다른 하나의 영향도 받게 마련이기 때문이다. 그리고 도덕적 관점에서 볼 때 그 두 가지는 마찬가지로 자의적인 요소이며, 정당근거가 없는 것이다.

이 같은 연유로 해서 롤스는 자유주의적 체제나 귀족주의를 넘어서 자신의 정의원칙을 가장 잘 실현하는 민주주의적 평등체제로 나아가고자 한다. 롤스에 따르면 모든 사람을 도덕적 인격으로서 동등하게 대우하고 사회적 협동체제의 이득과 부담에 있어 사람들의 몫을 그들의 사회적 운수나 천부적 행운에 따라 평가하지 않는 한 민주주의적 평등체제는 최선의 선택이라는 것이다.

롤스에 따르면 민주주의적 평등체제는 공정한 기회균등의 원칙과 차등 원칙의 결합에 의해 이루어진다. 나아가 차등의 원칙은 기본구조의 사회적, 경제적 불평등을 판정할 특정한 입장을 선정함으로써 효율성 원칙의 불확정성을 배제하고자 한다. 따라서 만일 평등한 자유와 공정한 기회균등이 요구하는 체제를 전제할 경우 처지가 나은 자들의 보다 높은 기대치가 정당한 것으로 인정될 수 있는 유일한 조건은 그것이 사회의 최소수혜자들의 기대치를 향상시키는 체제의 일부로서 작용하는 경우로 규정한다. 롤스에 따르면 직감적으로 생각되는 것은 혜택을 받은 사람들에게 보다 매력적인 전망을 허용함으로써 보다 혜택받지 못한 사람들의 전망이 상향되지 않는 한 사회체제는 그러한 전망을 설정하거나 보장해서는 안 된다는 것이다.

그런데 롤스는 각종 체제에 대한 이 같은 설명을 끝낸 뒤 자신의 공정한 기회균등의 원칙이 순수 절차적 정의(pure procedural justice)의 이념을 구현한 것이라고 해명한다. 정의가 무엇인가를 평가할 독립적 기준도 존재하고 거기에 이르는 절차도 구상할 수 있는 완전한 절차적 정의나, 정의의 독립적 기준은 존재하지만 그것에 이를 절차는 부실한 불완전한 절차적 정의와는 달리 순수 절차적 정의는 정의를 판정할 독립적 기준은 없지만 공정한 절차가 있어서 그 절차만 따르면 내용에 상관없이 도달된 어떤 결과든 공정하고 따라서 정의임을 보장할 수 있다는 것이다.

물론 여기에서 중요한 것은 순수 절차적 정의라는 개념이 분배적 몫에 적용되기 위해서는 정의로운 제도체제가 확립되고 그것이 공평하게 운영될 것을 선결요건으로 한다. 따라서 정의로운 정치적 조직이나 사회경제적 제도의 정의로운 체제를 포함하는, 정의로운 사회의 기본구조(basic structure of society)를 배경으로 해서만 정의로운 절차가 존재한다고 할 수 있다.(John Rawls, 앞의 책, 43장)

절차와 결과의 조정과 공유자산

결국 롤스의 정의관은 정의의 제1원칙인 평등한 자유의 원칙과 제2원칙의 첫 번째 부분인 공정한 기회균등을 통해서 사회적 게임을 위한 공정한 절차를 마련하고 제2원칙의 두 번째 부분인 차등의 원칙에 의해 최소수혜자의 관점에서 조정함으로써 절차적 공정성의 현실적 한계를 보완하는 입장으로 요약된다. 그런데 여기에서 우리는 논의의 결론 삼아 두 가지 의문을 제기함으로써 정의에 대한 성찰의 화두로 삼고자 한다. 그중 하나는 롤스의 정의론이 과연 순수 절차적 정의인가 하는 의문이고, 다른 하나는 그의 정의론에 있어서 천부적 능력과 사회적 지위를 공유자산으로 간주한다는 기본적 직관과 관련된다.

첫째, 롤스는 그의 정의론이 공정한 기회균등을 기반으로 하는 순수 절차적 정의관이라 말한다. 그러나 그의 공정한 기회균등의 이념이 개념적으로는 이해되지만 그것을 현실에 구현하는 데 있어서는 갖가지 장애와 한계가 있음을 스스로 인정하고 있다. 우선 우리가 사회적 행운을 최대한 약화 내지 완화하는 제도적 장치를 확립하는 데 성공한다 할지라도 나아가 그 같은 사회적 행운이 자연적 행운에 영향을 미치는 부분을 보완할 수 있다는 점을 감안한다 할지라도 자연적 행운에 대해 우리가 손을 쓸 수 없는 여지는 남게 마련이다. 롤스 자신도 이점과 관련하여 우리가 우생학적 접근을 하는 점에 대해서는 회의적이며 또한 현실적으로 그 같은 자연적 불평등의 모태인 가정(family)은 해체되기보다 존치되는 것이 보다 이롭다고 가정하는 한 자연적 우연을 완벽하게 배제할 방도는 없다는 데 동의한다.(John Rawls, 앞의 책, 12장)

또한 다른 측면에서 롤스는 이른바 자유경쟁시장은 조만간 자유롭지도 경쟁적이지도 않을 가능성 즉, 시장의 실패에 대해서 보완적인 각종 장치를 마련하고 있으며 비록 시장이 글자 그대로 자유롭고 경쟁적으로 운용된다 할지라도 그것이 정의를 보장하지 못한다는 정의의 실패를 인정하는 한에 있어서 롤스는 순수 절차적 정의관을 끝까지 견지하기 어려운 한계에 이르게 되는 것은 아닌지 하는 의문을 갖는다.(Rex Martin : 1985)

이 같은 관점에서 볼 때 정의의 제2원칙의 두 번째 부분인 차등의 원칙에 있어서 최소수혜자 최우선 고려는 순수 절차적 정의의 소산이기보다는 순수 절차적 정의의 한계에 대한 결과적 정의의 조정 내지 보완이 아닌가 하는 의문이 든다. 물론, 롤스가 차등의 원칙 또한 원초적 입장의 당사자들에 의한 공정한 합의의 산물이라고 강변할 여지가 전혀 차단된 것은 아니다.

다른 한 가지 의문은 최소수혜자 최우선 배려를 중심으로 한 차등원칙의 직관적 배경을 이루고 있는바, 천부적 능력과 사회적 지위가 도덕적 관점에서 볼 때 정당근거가 없으며 결국, 이 같은 자연적 운과 사회적 운 양자를 공유자산(common assets)으로 간주하는 것이 정의에 대한 올바른 접근을 가능케 한다는 점과 관련된다. 우리의 의문은 우리들 중 얼마나 많은 사람들이 롤스의 이 같은 직관을 공유하는지 나아가 현실적으로 공유하지 않는다면 철학적으로 설득시킬만한 정당화 논변이 어느 정도 강력한지 등이다.(John Rawls, 앞의 책, 17장)

우선 롤스와 다른 정의관을 제시하는 자들은 롤스와는 다른 직관적 토대 위에 서 있다고 할 수 있다. 특히 자유지상주의적 정의관을 제시하는 노직은 롤스의 이 같은 직관의 정당성에 의문을 제기한다. 우리에게 주어진 천부적 재능과 사회적 지위는 공유자산이라 하기 보다는 우리 자신의 사적 자산이라 함이 보다 직관적으로 설득력이 있다고 주장한다.

여하튼 롤스의 정의론이 비록 이상적 정의관으로서는 상당한 가치를 갖는 것이 사실이기는 하나 이는 현실에서 수용하기에는 지나치게 문턱이 높아서 그 이후 많은 정의론자, 특히 고티에(D. Gauthier) 같은 학자들은 그의 저서 『합의도덕론(*Morals by Agreement*)』(1987)에서 롤스 정의론의 문턱을 낮추는 과정에서 나름의 정의관을 제시한다. 여기에서 우리의 관심은 롤스의 정의관이 갖는 눈높이가 너무 높은 것인지 아니면 우리들이 갖는 눈높이가 너무 낮아 그것을 대폭 끌어 올려야 할지에 대해 성찰의 여지가 있다는 점이다.

공정, 공평과 정의로운 사회

우리 사회에서 공정사회 담론이 시작된 이래 가족유사성을 가진 일군의 개념들이 혼용되고 있어 다소 교통정리가, 담론의 명료성과 효율성을 위해 요긴한 듯하다. 우선 정의라는 말은 공정이라는 개념보다 정확한 규정이 어려울 것으로 보인다. 정의는 형사적 정의(criminal justice)와 같은 법적 정의와 더불어 분배적 정의(distributive justice)와 같은 사회정의까지 함축하는 개념이다. 형사적 정의의 정당화를 위해서도 여러 측면으로부터의 고려가 요구되며, 따라서 양형의 기준 또한 애매할 수밖에 없다. 분배적 정의 또한 결과주의적 관점만이 아니라 절차주의적 관점에서 접근할 수 있으며, 결과의 정의 여부를 평가하는 데 있어서도 다원적 기준들이 상충한다.

앞서 우리가 살핀 롤스의 입장은 정의의 여러 분류들 중 분배적 정의의 문제에 국한되며 또한 이 같은 분배적 정의를 결과주의가 아니라 절차주의적 입장에서 접근하는 것으로 제한하고 있다. 그런 의미에서 정의의 문제를 공정으로 해석(공정으로서의 정의관, justice as fairness)하고자 한다. 결과에 대한 평가기준이 아니라 절차의 공정성을 다룸으로써 정의의 문제를 단순화하고 합당하게 접근할 수 있는 길을 선택했다고 볼 수 있다. 그러나 이 같은 접근방식을 통해 정의의 문제가 모두 해결되는 것이 아님은 위에서도 간단히 언급된 바 있다.

이미 앞에서도 지적된 바 있지만 롤스의 '공정으로서의 정의관'은 표면상 순수 절차적 정의관으로 출발하지만 이 같은 절차의 현실적 구성에 있어서는 자연적 능력과 사회적 지위의 배정 등 운의 문제를 공유자산으로 간주하는 우리의 기본적 직관을 전제하고 있다.

그런데 이같이 정의에 대한 도덕적 직관이 과연 모든 사람이 공유하고 있다고 할만큼 기본적인 것인지 아니면 모든 이를 설득시킬만큼 철학적 정당화가 가능한지 의문의 여지가 있음도 지적되었다. 또한 이 같은 우연적, 운명적 변수들을 완화하고 중립화하는 일 역시 현실적 제약 내지 한계에 부딪치게 됨도 지적되었다. 이 같은 과제들은 바로 순수절차적 정의관의 이론적, 현실적 한계로 해석될 수 있을 것으로 보인다.

롤스는 이 같은, 공정한 기회균등의 현실적 구현과정에서 만나는 절차상의 제약 내지 한계를 결과의 조정을 통해서 보완하고자 한듯이 보인다. 그것은 바로 정의의 두 번째 원칙, 즉 차등의 원칙에 있어서 최소수혜자 최우선 고려를 통해 표현되고 있으며, 이 또한 그가 전제하고 있는 기본적 직관인 공유자산론에 근거한 운명공동체관과 관련된다 할 것이다.

물론 롤스는 최소수혜자 최우선 고려가 순수절차를 통한 합의의 소산이기에 그의 정의관은 순수절차적 정의관으로 족하다는 강변을 할지 모르나 이는 설득의 근거가 다소 부족한, 무리한 논변이라 생각된다. 그것은 공정한 절차를 통한 합의의 산물이기 보다는 그의 정의론이 기반하고 있는 기본적 직관으로 해석하는 것이 보다 자연스러울 것으로 보인다.

만일 이 같은 해석이 나름의 정당성을 가질 수 있다고 한다면 순수절차적 정의관으로서 롤스의 정의론은 한계를 갖게 되며 이는 동시에 공정으로서의 정의관의 한계로 해석될 수 있을 것으로 생각된다.(Plato, *Republic*, 359c–362c) 그렇다면 정의를 공정성으로 환원하는 절차주의적 정의관의 영역 바깥에 있는 지분 즉 최소수혜자 최우선 고려점을, 절차주의적 공정보다는 결과주의적 조정으로 보는 것이 자연스러워 보이며, 이는 우리의 일상 용어법상 공정보다는 오히려 평등주의적 함의를 갖는 형평 내지 공평으로 부르는 것이 보다 합당하지 않을까 생각된다.

공정과 공평은 모두가 영어로 'fairness'로 번역될 수 밖에 없는 것이긴 하나 우리말 용법상 공정은 보다 절차주의적 어감을 띠고, 공평은 평등을 함축하는바, 보다 결과주의적 어감을 갖는 말이라 하겠다. 그런 맥락에서 우리에게는 공정과세보다는 형평과세나 공평과세가 자연스러우며 공평한 게임이나 게임의 룰보다 공정한 게임이나 게임의 룰이 보다 편하게 들린다.

공정은 글자 그 자체로서도 공적 정당성(rightness) 내지 공적 올바름을 의미한다면 공평은 공적 형평(equity) 내지 공적 평등(equality)을 가리킨다. 또한 공정은 자칫 형식적 평등에 그칠 우려가 있으며, 공평은 실질적 평등의 요구로 기울 가능성이 있다. 이렇게 본다면 롤스의 정의론은 평등한 자유원칙이나 기회균등의 원칙에 의해 출발선(start line)에서의 공정과 최소수혜자 최우선 고려라는 차등원칙에 의해 종착선(finish line)에서의 공평을 요구하는 입장으로 해석될 수 있다.

오늘날 우리 사회가 진정으로 정의사회를 지향한다면 공정성에 함축된 절차적 정의를 추구하면서도 그것이 갖는 형식적 정의를 지양해야 할 것이며, 이를 위해서는 공평성에 함축된 평등주의적 요수를 보완한으로써 실질적 정의를 구현해야 할 것이다. 그런 의미에서 우리가 추구하는 사회는 절차상의 공정성과 아울러 결과적 공평성이 보완된 명실상부한 정의사회여야 한다. 그런 사회야말로 절차상 최대의 자유와 기회가 개방되어 있는 동시에 결과적인 형평과 복지가 고려되는 사회라 할 수 있다.

정의와 사랑, 그리고 운명애

정의는 올바른 사회로 가기 위해서 기본적으로 요구되는바, 개인적으로 뿐만이 아니라 사회구조적 측면에서 필수적으로 갖추어야 할 엄격하고 엄정한 덕목이다. 그러나 정의가 이다지 절실하고도 긴요하게 요청되는 덕목임에도 불구하고 현실적으로 그 실현이 어려운 까닭은 어디에 있는 것인가?

플라톤이 비유한 기게스(Gyges)의 반지가 보여주듯, 인간이 자신의 이익을 갈망하는 존재이고 또한 이익추구의 과정이 투명하지 않은 관계로 정의와 같이 자신의 이익을 다소간 희생할 것을 요구하는 행위수행은 동기부여에 있어 구속력이 없기 때문이다. 그래서 성인들이 정의롭기를 기대하기 보다는 어린 시절부터 정의로운 행위를 반복적으로 수행하도록 가르쳐 정의로운 행위에 습관화되도록 훈련함으로써 정의의 덕을 내면화하고 내재화하는 교육이 필요한 것이다.

맹자는 자신의 저서『맹자』의 서두에서 양나라 혜왕이 나라를 이롭게 하는 방법을 물었을 때 이에 대한 대답 대신에, 그대는 어찌 나라를 의롭게 하는 방법을 묻지 않고 이롭게 하는 방법을 묻는가 라고 반문한다. 모두가 이익만을 추구하게 되면 서로 경쟁하게 되고 갈등과 불화가 양산된다. 이에 비해 모두가 '인의'를 지향하게 되면 서로 협조와 화합이 가능해 진다는 게 맹자의 논리이다.

물론 우리는 여기에서 '이'와 '의'를 지나치게 2원적으로 대립시킬 필요는 없다. 사실상 각자가 자신의 정당한 이득이나 몫에 만족한다면 어떤 의미에서 그것이 '의'에 부합하는 것일 수도 있다. 이런 관점에서 주역에서는 "이는 의에 화하는 것이다(利, 義之和也)"라 했으며 이를 다소 원용하면 "의는 이에 화하는 것이다(義, 利之和也)"라고도 할 수 있다. 다시 말하면 각자의 이익이 조화를 이루면 그것이 바로 정의와 일치한다. 같은 관점에서 서구에서도 정의의 고전적인 정의는 "각자에게 그의 몫을 주는 것"이라 했을 것으로 보인다.(『맹자』, 「양혜왕장구 상(梁惠王章句 上)」 참조)

그런데 앞서 지적한 바와 같이 롤스는 이 같은 정의감의 근저에, 천부적 재능과 사회적 지위의 배정이 도덕적 관점에서 볼 때 정당근거가 없으며 이러한 배정을 우리 모두의 공유자산으로 보는 것이 정의의 문제에 대한 올바른 접근이라는 직관이 깔려 있음을 지적했다. 이는 롤스가 정의감의 뿌리를, 인류의 운명을 공동운명으로 보고 운명공동체에 동참하고자 하는, 이른바 일종의 공동 운명애에서 찾고자 함을 의미하는 것으로 보인다. 그래서 롤스는 그의 정의론에서 자신의 정의관은 프랑스혁명의 3대 이념이 자유, 평등, 박애 중 그가 가장 그 정치경제적 함의가 논의되지 않은 박애의 함축과 관련된다고 말한다. 이는 그의 정의관이 근세 이후 서구에 있어서 지배적이었던바, 개인이 자신의 이익에 집착하는 개인주의적 인간관이 아니라 인간과 그의 운명에 대한 공감 혹은 사랑과 관련해서만 의미를 갖는다는 것을 천명한 셈이다. (John Rawls, 앞의 책, 17장)

기독교 윤리신학자들 중에도 정의와 사랑의 관계를 이같이 해석하고자 하는 입장을 공유하면서 "정의는 최소한의 사랑이고 사랑은 정의의 완성"이라는 견해를 제시하는 학자들이 있다. 나아가 일부 윤리 신학자들은 정의에 대한 관심과 배려의 동기는 바로 사랑이며 이는 정의를 실현하고자 하는 실천의지와 상관된 것이기도 하다는 견해를 표명한다.

우리가 친구의 술잔에 술을 가득 채우고자 할 경우 가능한 유일한 방법은 그의 술잔이 넘치도록 따르는 길만이 있을 뿐이다. 넘치게 따르지 않고서야 잔을 가득 채우기는커녕 그에 못 미치게 따를 수 있을 뿐이다. 이런 의미에서 각종 종교에서는 정의보다는 그것을 능가하는 사랑, 자비, 인애를 실천적 지침으로 내세우는 것이다. 바로 이 같은 맥락에서 사랑이 정의의 완성이라는 말이 갖는 깊은 실천적 의미를 실감하게 된다.(Emil Brunner: 2002, 15장)

정의의 현실적 구현을 위해서는 이상과 같은 정의감이나 인류애 혹은 실천적 의지와 같은 동기상의 조건도 필요하지만 현실의 부정의와 그 잠재적 매커니즘을 통찰하고 분석할 수 있는 사회과학적 식견 또한 필수적이라 생각된다. 현실 인식에 기반을 두지 않는 막연한 열정이나 실천의지는 때때로 맹목적일 가능성도 배제하기 어렵다. 더욱이 맹목적인 현실개혁은 자칫 현실의 부정의를 호도하거나 강화할 가능성도 있을 수 있기 때문이다.

전통적으로 부정의한 현실로부터 정의로운 세계를 꿈꾸는 방식에는 여러 가지 유형이 제시되었다. 그중 하나는 종교적인 방식으로서 이를테면 기독교처럼 현실의 부정의로 고통당하는 자들에게 내세의 보상을 약속함으로써 심리적 위로를 도모하는 방식이다. "의에 주린 자 천국이 저희 것"이라는 산상수훈 식의 위로는 내세를 믿는 이들에게나 유효한 방식일 것이며 현실의 부정의는 그대로 방치됨으로써 오히려 이를 방조하는 어용사상이 될 우려도 있다. 물론 진정한 기독교 이념은 '지금 여기에' 지상천국을 건설하는 것이라고 해석될 여지가 다분히 있지만 말이다.

또 하나 정의사회를 꿈꾸는 오도된 방식은 현실의 부정의로 인해 유린당한 원혼들이 죽어도 눈을 감지 못하고 구천을 헤매다가 음습한 야밤에 원귀로 나타나 복수전을 벌이는 '전설의 고향식' 방법이다. 원귀가 십중팔구 소복한 여성이고 보면 과거 우리의 현실이 여인네들을 얼마나 학대하고 유린해 왔는지 여실히 보여주고 있다. 여하튼 이 같은 방식 또한 권선징악적 메시지가 있고 심리적 위안을 다소간 줄 수 있을지 모르나 부정의한 현실의 개혁과 변화에 별다른 영향력은 없을 것이다. 이상에서 말한 종교적 방식이건 무속적 방식이건 간에 이들은 모두 정의에 대한 갈망을 나타내고 있긴 하나 정의실현의 처방에 있어 오도되거나 왜곡된 것이라 할 수 있다. 현실의 강고한 부정의는 심리적 위안으로 인해 처결될 수 있는 것이 아니고 현실 그 자체의 변혁을 통해서만 청산될 수 있을 뿐이다.

진정한 의미의 정의실현은 현실개혁, 그것도 구조적 변혁을 통해서만 가능하다고 생각된다. "땅에 걸려 넘어진 자는 땅을 짚고서야 일어날 수 있다"는 말이 있듯 현실의 부정의는 그 부정의한 현실의 변화를 통해서만 성취될 수 있다. 물론 현실변혁의 방법론에 있어서는 점진적 개혁과 급진적 혁명론 간에 합의하기 어려운 이견이 있을 수 있을 것이다.

또한 개혁의 방법론과 관련해서 종래 의식개조와 구조개혁 간에 논쟁도 있었다. 그러나 이 같은 논쟁은 닭이 먼저냐 달걀이 먼저냐의 논쟁과도 같이 공허한 것일 수도 있다. 의식개혁에 바탕을 두지 않은 구조개혁은 공허하거나 현실성이 없으며 구조개혁에 의해 주도되지 못한 의식개혁 또한 지속적이거나 구속력이 없을 것이기 때문이다.

참고문헌

김 균, 「행복 경제학과 복지」, 자유주의 연구모임 (화요발표), 2012.
서은국, 「행복의 조건」, 《동아일보》(2013. 7. 26일자 인터뷰 내용).
정연주 칼럼, 「세습과 공정사회」, 《한겨레신문》 (2010년 11월 1일자).
황경식, "공정한 경기와 운의 중립화", 「공정과 정의사회」, 《조선뉴스프레스》, 2012.

John Rawls, *A Theory of Justice*, Belknap Press(Revised edition), 1999.
Bernard Williams(ed) *Moral Luck*, Cambridge, Cambridge University Press, 1981.
Rex Martin, *Rawls and Right*, University Press of Kansas, 1985.
Emil Brunner, *Justice and The Social Order*, Lutterworth Press, 2002.

4. '행복한 나라'의 철학적 기초*

현금 우리나라 정부의 국정 지표는 '행복한 나라 만들기'이다. 행복 후
진국이라 그런지 대통령이 입만 열면 몇 번이고 '행복한 나라'를 되뇌인
다. 이런 말을 들어서 기분 나쁜 일이야 없겠지만 사실상 그것은 정치
적 레토릭에 불과하다. 행복은 그 누구도 남에게 줄 수가 없으며 그런
뜻에서 '행복한 나라 만들기' 프로젝트는 현실적으로 불가능한 약속일
수 있기 때문이다. 단지 정치가 할 수 있는 것은 민생을 걱정하고 그래
서 '복지국가'를 만드는 데 매진할 수 있을 뿐, '행복한 나라 만들기'는
그 자체가 실질적 국정 목표가 되기는 어렵다.

그 내밀한 이유는 이러하다. 복지(welfare)는 행복의 한 중요 수단이
고, 특히 물질적, 경제적 수단일 뿐, 행복 그 자체는 아니다. 행복(well

---

* 이 글은 동시철학회 정기학술대회 기고강연(2013)을 수정한 글이다.

being 혹은 happiness)은 물질적 조건뿐만 아니라 다른 여러 가지 보완적인 조건들의 충족을 요구하며 그러면서도 지극히 주관적인 평가에 의존하는 까닭에 아무도 타인의 행복을 보장할 수는 없는 일이다. 그래서 주지하다시피 행복지수는 그 나라의 물질적, 경제적 여건, 즉 복지수준과는 상관없이 열악한 경제적 여건에 있는 나라들도 행복지수에 있어서는 세계적으로 1, 2위를 다투고 있음이 사실이다.

행복심리학에서는 먼 옛날부터 인간의 목표였던 생존을 위한 수단이자 자극제가 바로 행복이라고 강조 하면서 진화론적 관점에서 행복을 설명한다. 이에 따르면 인간은 생존을 위해 행복의 감정, 즉 쾌감과 즐거움을 느끼도록 진화했다. 행복은 생존을 응원하는 일종의 치어리더라는 것이다. 생존하려면 첫째 먹어야 한다. 인간이 먹을 때 쾌감(행복)을 느끼는 것은 그 쾌감이 식사를 유도하기 때문이다. 둘째 짝짓기와 사회적 유대관계가 필수이다. 원시시대 야생에선 혼자 있는 것이 가장 위험했다. 외톨이는 살아남지 못했고 주위에 사람이 많은 인간만이 유전자를 남겼다. 실제로 행복심리학에서 꼽는 행복한 사람의 가장 큰 특징은 주위의 많은 사람들과 교유한다는 점이다.

철학적으로 말하면 적어도 근세 이후 인생의 목표는 행복이라고 말할 수 있고 행복한(즐거운) 인생 이상으로 설득력을 가진 현실적 대안을 찾기 어렵다. 청교도주의적 오해를 배제하고 쾌락주의(hedonism)를 보다 중립적으로 이해한다면 그것은 '즐거운 인생주의'라 할 수 있고 철학적이거나 신학적인 행복이 아니라 세속적 행복을 쾌락이라고 부를수 있다. 쾌락주의를 흔히 오해되고 있듯 저급한 말초적, 관능적 행복을 추구하라는 입장이 아니라 천상이 아닌 지상에서 일상의 현실적 행복을 권장하는 입장으로 이해한다면 오늘날 쾌락주의를 능가할 대안을 쉽사리 찾기는 어렵다고 본다.

우리는 이 글에서 일반인이건 정치가이건 간에 행복주의를 내세우는 사람들이 오해하거나 지나치기 쉬운 논점들을 철학적으로 성찰하는 가운데 현실 정치를 제대로 평가하고 비판할 수 있는 안목을 모색해 보고자 한다. 전통적으로 행복주의 내지 쾌락주의를 정면으로 표방한 윤리설을 공리주의(utilitarianism)라 부른다.

따라서 공리주의가 범하기 쉬운 오류들을 제대로 간파하는 것이 바로 행복주의 내지 쾌락주의의 과오를 이해하는 일과 상통한다고 할 수 있다. 어떤 입장이 가진 논리적 결함은 비록 그러한 입장을 가진 자의 현실적 의도는 아닐지라도 그 입장에 잠재된 치명적 결함으로 발전할 가능성이 있음을 간과해서는 안 될 것이다. 이 같은 행복주의적 공리주의에 대한 성찰을 통해 결국 우리는 보다 바람직하고 새로운 복지 개념의 모색에 어떤 시사를 얻는 일에 목적을 두고자 한다.

정의롭고 행복한 나라

사회윤리로서 공리주의(公利主義)는 공공(公共)의 복리(福利)라는 의미에서 천상의 행복이 아니라 지상의 일상적 행복을 선언함으로써 근세 이후 제시된 설득력 있는 철학으로 자리매김 했다고 볼 수 있다. 그러나 행복의 극대화에 집착했던 공리주의가 가진 치명적 약점은 정의에 대한 배려가 부족할 가능성이 있다는 것이었다. 개인의 현실적 행복의 배려에서 출발했지만 공리주의에 잠재된, 행복 총량의 극대화라는 전체주의적 함의로 인해서 공리주의가 자칫하면 정의를 유린한 행복 극대화 이론이 될 위험이 있다는 것이다.

정의론자 롤스가 지적한 바, "노예제는 언제나 부정의하다(Slavery is always unjust)"는 지적은 설사 노예들의 노역이 다른 시민의 행복 극대화에 기여한다 할지라도 노예제는 도덕적 관점에서 용납할 수 없다는 것으로서 정의를 저버릴 논리적, 잠재적 가능성을 지닌 공리주의를 비판한 것이다. 하지만 공리주의가 단순한 유용성이나 효용을 넘어 사회적 효용(social utility)을 강조한다는 점에서 그것이 갖는 윤리사상적 기여가치가 폄하되어서는 안되며 그런 의미에서 공리주의는 공공의 복리주의를 뜻하는 '公利主義'로 의역하는 것이 합당하다는 생각이다.

그런데 공리주의는 정치적 강령으로서 '최대 다수의 최대 행복'을 내세운다. 사실상 이 강령은 '최대 다수의 원리와 최대 행복의 원리'라는 이원적 원리의 복합으로 구성되어 있다. 공리주의는 현실적으로 이 두 원리가 조화지향적일 것으로 가정하나 만에 하나 두 원리가 상호 갈등할 경우 공리주의는 원리상 '최대 다수의 원리' 보다는 '최대 행복의 원리'를 택해야 한다. 이런 한에서 최대 다수는 최대 행복에 기여하는 한 유용한 보조 원리로 이해된다. 따라서 공리주의는 논리적으로 최대 행복, 즉 행복 총량의 극대화를 위해서 다수자를 포기할 가능성을 배제하지 못한다는 결론에 이를 수가 있다.

이같이 행복 총량을 극대화 한다는 논리의 연장선에서 공리주의는 다수자뿐만 아니라 소수자 차별 내지는 개인의 인권을 유린할 가능성을 다분히 함축하게 된다. 다수의 행복을 극대화 한다는 명분 아래 소수자를 차별하거나 특정 개인의 인권까지도 희생할 논리적, 현실적 가능성을 배제하기 어렵다. 바로 여기에서 최근 권리론자들이 공리주의에 대한 비판적 칼날을 겨누고 있는 것이다. 우리의 도덕적 직관에 따르면 정의로운 나라는 행복한 나라로 가기 위해 거쳐야 할 최소한의 필수요건을 갖춘 나라로서 정의를 유린하고서 행복한 나라 건설은 어불성설이라 할 것이다.

우리의 도덕감은 행복 총량의 극대화가 실현되는 것을 시인함과 더불어 행복의 공정한 배분 역시 시인하고자 한다. 행복의 총합(aggregation)도 중요하지만 그에 못지않게 행복의 배분(distribution) 역시 중요한 것이다. 비록 공리주의가 이 중 한 가지를 강조하고 있는 것은 나름의 강점이기는 하나 다른 하나에 대한 배려를 희생할 경우 우리의 도덕감은 반대사례들로 인해 갈등을 느끼게 되고 분배정의를 충족시키는 한에서 행복 총량의 극대화를 보다 선호할 가능성에 직면하게 될 것이다.

정의와 공정 개념의 관련에 대해서도 한 가지 논점에 주목할 필요가 있다. 공정한 사회는 정의로운 사회로 가기 위해 거쳐야 할 필수적 단계로서 공정성이나 기회균등은 정의 사회가 갖추어야 할 중대한 절차적 요건이다. 그러나 절차상의 공정성이나 기회의 균등이 정의사회 그 자체의 충분조건으로 오해되어서는 안 된다.

공정이라는 절차적 요건은 시장의 실패(market failure)를 시정하여 경쟁력에 대한 합당한 평가와 선별을 보장하는 것일 뿐 애초부터 경쟁력을 갖추지 못했거나 경쟁시장의 진입 장벽을 넘지 못하는 최소수혜자들은 그대로 방치되는 까닭에 정의의 실패(justice failure)는 시정되지 못하는 셈이다. 정의의 완성은 절차적 정의가 결과적 정의에 의해 보완됨으로써 성립하는 것이며 따라서 공정하고(fairness) 공평한(equity) 사회야 말로 진정 정의로운 사회가 아닐까 생각해 본다.

행복주의적 공리주의

행복주의를 기조로 하면서 다수자의 최대 행복을 도모하고자 하는 입장을 행복주의적 공리주의라 할 수 있다. 그런데 행복주의적 공리주의를 국정 철학으로 채택하고자 할 경우 흔히 염려되는 몇가지 문제를 유념할 필요가 있다. 우선 앞 장에서 지적한 바와 같이 행복 총량의 극대화를 명분으로 해서 소수자의 차별이나 개인권의 유린이 정당화될 가능성을 함축함으로써 정의라는 기본 가치에 배치될 우려를 갖는다는 점이다. 이 밖에도 행복주의적 공리주의는 철학자들이 창도한 이래 경제학자들에 의해 보다 세밀하게 검토되는 과정에서 다음과 같은 문제점들을 노정하기도 했다.

행복주의적 공리주의에서는 모든 의사결정 내지 정책 결정이 행복 총량의 극대화에 의거해서 이루어지기 마련이며 이 같은 계산에 있어 행복 총량은 정책 대안들이 결과할 기대 행복에서 기대 고통을 뺀 행복 잔여분에 의해 도출된다. 자칫 행복과 고통은 서로 상대되는 대칭적 가치를 갖는 것으로 가정된다.

그러나 이 같은 행복주의적 공리주의의 가정에 대해서는 공리주의 외부에서 뿐만이 아니라 내부에서도 비판이 제기되고 있다. 내부 비판 가운데서도 J. S. 밀의 질적 행복주의와 같은 온건한 비판이 있는가 하면, 행복 증대보다 고통의 감소에 훨씬 큰 비중을 두는 K. 포퍼 등의 고통 우선 공리주의(negative utilitarianism)같은 강한 비판이 제기되고 있음에도 주목할 필요가 있을 것이다. 그리고 행복의 측정과 관련하여 행복의 절대가에 의거한 기수적(cardinal) 비교는 가능하지 않으며 행복의 서수적(ordinal) 비교를 통해 행복 상호간의 상대적 비교 내지 선호의 우선을 가릴 수 있을 뿐이라는 점에도 유념할 필요가 있다.

또한 양적 공리주의자들은 행복 총량을 계산함에 있어 관련 당사자들의 효용함수(utility function)가 대체로 동일함을 전제하고 있다. 물론 사람들의 효용함수가 다소 다르긴 하나 평균인을 설정하여 그러한 차이를 상쇄할 수 있다고 가정(standard assumption)하는 셈이다. 그러나 이는 경험상 비현실적인 무리한 가정이라는 지적도 있다. 사람들의 효용함수는 천차만별이어서 한계효용 체감의 법칙마저도 무색하게 하는 일이 현실적으로 얼마든지 일어날 수 있기 때문이다. 재화에 대한 인간의 욕심은 거의 무한정하여 벼 99섬을 가진 자가 벼 1섬 가진 자에게 "그 한 섬 날 주면 내가 백석꾼이 될 텐데"라고 한 이야기는 단지 항간의 속설만은 아닐 것이다.

나아가 어떤 선택이 우리의 일생에 어느 정도 행복과 고통을 결과할 것인지를 계산하기 위해 어느 시점(time span)까지 고려할 것인지도 행복주의적 공리주의의 고민이다. "인간만사 새옹지마"라는 말이 있듯 특정 선택이 우리의 인생에 가져올 행불행의 계산은 계산 시점의 선택에 따라 상대적일 수 있기 때문이다. 어떤 시점에서 보면 그릇된 선택인 듯하나 그것이 전화위복이 되어 다른 시점에서는 다행한 선택일 수 있는 경우도 적지 않다는 사실이 결과주의로서 공리주의에 대한 신뢰를 실추시키는 문제일 수도 있다.

행복의 역설과 상대성

유전적으로 남보다 행복감을 더 잘 느끼는 사람이 있는가 하면 잘 못 느끼는 사람도 있다. 이는 유전적으로 100% 동일한 일란성 쌍생아를 비교한 연구에서도 입증되었다. 어릴 때 각기 다른 나라로 입양돼 서로 다른 환경에서 자라온 쌍둥이를 성인이 된 뒤 조사해 보니 행복 수준이 거의 동일했다고 한다. 물론 행복이 전적으로 유전자에 의해 좌우된다는 말은 아니다. 행복도는 키크는 것에 비유할 수가 있는데 태어날 때부터 유전적으로 키가 어느 정도 클지 정해져 있지만 치즈나 우유 같이 특정 음식을 열심히 먹으면 좀 더 클 수 있는 것과 같은 이치이다.

어떻든 행복을 향유할 수 있는 역량은 사람마다 천차만별이다. 유전학적으로 타고난 기질과 환경으로 조장된 성향에 따라 어떤 이는 늘 명랑한 편이고 사소한 일에도 행복을 쉽사리 느끼는 기질이 있는가 하면 항상 우울하고 툭하면 실망하고 슬픔에 젖기 쉬운 성향도 있다. 성격적으로 행복한 사람이 있고 우울한 사람이 있으며 그런 의미에서 각자에 있어 행복도는 마치 운명과도 같다. 심리학에서는 이를 설정값(set-point) 이론으로 설명한다. 그에 따르면 각 개인은 유전적 요인이나 환경으로 형성된 성향에 의해 행복을 느끼는 정도가 처음부터 이미 설정되어 있다고 한다.

행복 설정값이 불행(행복) 쪽으로 치우쳐 태어난 사람은 아무리 삶의 객관적 조건이 좋아도(나빠도) 자신은 불행(행복)하다고 느낀다. 이런 이유 때문에 살아가면서 누구나 거치게 될 삶의 사건들, 예컨대 결혼, 실직, 부상, 질병 등을 겪으면 그의 행복 수준은 미리 주어진 행복 설정값에서 일시적으로 이탈하게 되겠지만 쾌락적응(hedonic adaptation) 메커니즘이 작동하여 조만간 원래의 설정값으로 되돌아가게 된다. 이 같은 현상을 쾌락 쳇바퀴(hedonic treadmill)라 부르기도 한다. 이는 트레드밀 위에서 계속 뛰지만 트레드 밀이 같은 속도로 반대 방향으로 돌기 때문에 뛰는 사람은 그 자리에서 제자리 뛰기를 하고 있다는 점에 비유한 것이다.

또한 행복경제학에는 상대적 지위 가설 내지 상대 소득 가설이라는 게 있다. 행복은 소득의 절대적 수준뿐만이 아니라 상대적 수준에 의해서도 영향을 받는다는 이론이다. 이에 따르면 사람들은 자신의 행복을 평가함에 있어서 자기 소득의 절대적 크기만을 고려하는 것이 아니라 자신이 소득은 다른 사람들과 비교해서 만약 자신의 소득이 상대적으로 높다면(낮다면) 자신이 보다 더(덜) 행복하다고 느낀다. 그러므로 일반적으로 소득과 행복 간에는 비례적 상관관계가 있지만 다른 사람의 경제 여건(소득)이 함께 개선된다면 나의 소득이 설사 증가했을지라도 나의 소득 분포상의 상대적 지위가 그대로이기 때문에 나의 행복 수준은 변하지 않게 된다는 것이다.

한편 행복지수가 비슷한 수준에 있는 타인들과의 상대적 비교에 보다 큰 영향을 받게 되며 전혀 다른 수준에 있는 자와의 격차는 보다 적은 영향을 받게 된다는 점이다. 이를테면 거지가 재벌의 부유함과 호사 때문에 불행해지기 보다는 다른 거지의 형편이 자신보다 사소하게 나을 경우 더욱 불행을 느낀다는 것이다. 우리의 옛 속언에 "사촌이 논을 사면 배아프다"는 말이 있다. 이는 형제를 넘어서 사촌지간은 또래집단에 속하면서 다소 거리를 갖는 까닭에 라이벌 의식을 보다 강하게 느낄 수 있기 때문이다. 프로이트가 지적했듯 평등은 시기심(envy)의 산물이라는 통찰은 깊은 의미를 갖는다. 우리 국민들이 비록 이유 있는 차등의 경우에도 강한 형식적 평등을 요구하는 배경에는 이 같은 심리적 기제가 깔려 있는 것이 아닌가 생각된다.

이런 관점에서 볼 때 앞서 지적한 것처럼 결국 행복을 좌우하는 가장 큰 요인은 선천적 기질이나 타고난 성향이고 다음은 문화적 환경이다. 사회의 전반적인 분위기와 가치관, 규범 등이 사회 구성원의 행복감에 큰 영향을 미친다고 할 수 있다. 한국처럼 어느 대학에 가고 몇 평짜리 아파트에 사느냐와 같은 획일적 잣대로 개인을 평가하는 사회에선 행복도가 낮을 수밖에 없다. 덴마크가 이혼율이 83%나 되지만 여러 행복지수 조사에서 최상위권을 유지해온 이유는 이혼자를 이해해주고 간섭이나 험담을 하지 않는 사회 분위기 덕분이라 할 수 있다. 우리 문화의 전반적 틀이 물량중심적, 시장적 문화가 아니라 공동체적이면서도 다원주의적 문화로 변해가야 할 것이다.

유족과 유덕, 진정한 행복

2014년 우리의 1인당 GNP는 대략 2만8천불 정도라고 한다. 이 같은 물질적, 경제적 지표에 비하면 한국인의 행복지수는 아주 낮은 편이다. 한국인은 자신의 생활에 별로 만족하지 못하고 그다지 행복하다고 생각하지 않는 듯하다. 실상 우리의 현대 생활이 조선시대 왕자나 공주보다 호사스러운데도 불구하고 만족하지 못하고 있으니 어인 연유일까. 왕가에서도 보거나 듣지 못했던 냉장고, 에어콘, 세탁기, 전자레인지, 스마트 폰이 있어도 우리가 우울하고 불행하기만 한 이유는 무엇인가. 2만8천불인데도 이러하니 설사 3만불이 된다 한들 현 정부가 어떻게 국민들을 행복하게 만들고 그래서 행복한 나라를 만들 수 있을 것인가.

요즘 행복경제학에서 이스털린 패더독스(Esterlin Paradox)라는 이론이 있다. 앞서 언급한 행복의 역설과 상관있는 이론이다. 인간의 삶에 있어서 처음에는 물질적, 경제적 조건이 향상되면 그에 비례해서 행복지수가 상승하지만 일정한 수준의 문턱(threshold)을 넘어가게 되면 그 때부터는 경제적, 물질적 수준이 향상해도 그에 비례해서 행복의 수준이 증대하지 않는다는 이야기다.

이는 결국 인간의 행복이 물질적, 경제적 조건으로만 성취되는 것이 아님을 보여준다. 그래처 철학자들은 단지 일상의 행복, 즉 'happiness'를 넘어서 보다 깊고 지속적인 진정한 행복 즉 'well-being'이 있다고 생각했으며 기독교에서도 세속적, 현세적 행복을 넘어 천년지복을 예찬했고 축복(blessedness)과 이를 향유할 수 있는 진복자가 따로 있다고 했던 것이다.

아리스토텔레스는 일상의 행복을 넘어 인간이 누릴만한, 인간다운 진정한 행복이 있음을 지적하면서 이는 물질적으로 구족한, 유족함을 넘어 그리고 우정이나 명예는 물론 유덕함(virtuousness) 이야말로 진정한 행복의 핵심조건으로 보았다. 아리스토텔레스의 사유방식을 따라 네 가지 유형의 삶으로 나누어 평가해보면 진정한 행복은 유족하고 유덕할 경우에 주어지는 것이며 유족하나 부덕할 경우에는 일상의 행복을 누릴지 모르나 내적으로 공허할 수 있다. 유덕하지만 물질적으로 빈한할 경우 다소 불편할 뿐이고 부덕하고 빈한할 경우는 비참한 지경에 이르게 된다.

아리스토텔레스와 마찬가지로 인간다운 행복한 삶에 덕이 필수적이라 생각한 유학(儒學)에서는 아리스토텔레스를 능가하는 일면을 보이고 있다. 동양에서는 청렴한 가난, 즉 청빈(淸貧, clean poverty)을 공인의 미덕으로 간주했다. 나아가 물질적으로 빈한할지라도 불편해하지 않을 뿐 아니라 선비로서 자부심을 잃지 않고 안분지족(安分知足)하며 오히려 가난에 만족하고 기꺼이 진리를 추구하는(安貧樂道) 것을 선비로서 최고의 고귀한 삶으로 높이 평가하였다.

차제에 우리는 진정 현 정부가 '행복한 나라 만들기'를 국정 지표로 삼고자 한다면 지금까지와는 다른, 복지에 대한 새로운 인식, 새로운 복지관의 구상이 필수적임을 충언하고 싶다. 이대로라면, 경제가 회복되어 GNP가 3만불을 넘는다 해도 우리 국민의 행복이나 행복한 나라는 도래하지 않을 것으로 보인다. 우리가 행복한 나라의 거주민이고자 한다면 우리의 안목을 바꾸어 내적 성찰을 통해 내면적 가치를 드높이고 덕을 닦아 내공을 쌓아야 할 것이다. 이러한 전환에 필요한 것은 보다 깊은 인문학적 소양과 더불어 내면적 자기수양(self-cultivation)이다. 그야말로 도를 닦고 덕을 쌓는 피나는 노력이 전제되어야 할 것이다.

복불복과 운의 중립화

즐거운 인생, 행복한 삶을 산다는 것은 상당한 정도 운과 복에 달려 있다고 할 수 있다. 명랑하거나 우울한 기질을 타고나는 것도 그러려니와 행복의 물질적 조건에 있어 유족하거나 빈한한 것도 우리의 노력 여하에 따라 마음대로 되는 것이 아니다. 많은 것이 태생적으로 좌우되기도 하거니와 혼신을 다해 노력해도 빈한한 자가 있고 대충 애써도 넉넉한 자가 있음은 재물운이나 재복의 소관사이기도 하기 때문이다. 또한 자기 수양에 의해 성취되는 유덕함도 좋은 기질을 타고난 자가 보다 수월히게 성취하게 되고 비루한 기질일 경우 배전(倍前)의 노력은 기운여

도 실패하게 된다.

항간에는 '운칠기삼(運七技三)'이라는 속언도 회자되지만 사실상 '기'(技), 즉 내가 가진 능력도 실상은 '운(運)7노(勞)3'으로 얻어진 것인 만큼 인생의 성공에서 순수한 나의 노력에 의해 좌우되는 지분은 0.3×0.3=0.09, 즉 9%에 지나지 않는 셈이다. 결국 인생의 성공은 운이 91%이고 나의 노력이 9% 정도에 지나지 않는 것이 아닌가? 그런데 문제는 우리가 주목하고 진력할 부분은 바로 이 9%에 달려 있다 해도 과언이 아니라는 점이다. 운의 부분 즉 91%는 우리의 생애 중 그 정체를 쉽게 알아보기가 어렵고 우리가 좌우할 수 있는 영역이 전혀 아니라는 점이다. '진인사대천명(盡人事 待天命)'이라는 말이 있듯이 우리는 최선을 다하고 운명을 기다리는 길 이외에 다른 대안이 없는 셈이다.

우리네 인생을 100m 경주에 비유한다면 우리는 이 경주에 있어서 모두가 동일하게 출발하지 않는다는 점에 주목할 필요가 있다. 대부분의 사람들이 원점에서 출발하기는 하나 일부의 사람은 50미터 전방에서 출발하기도 하고 소수의 사람은 90미터 전방에서 출발한다. 또한 경기 능력도 천차만별이라 우사인 볼트처럼 번개같이 빨리 달릴 수 있는 능력을 타고난 자도 있고 종일 혹은 평생 달려도 피니쉬 라인에 이르지 못하는 장애우도 있다. 출발지점이 다른 것을 사회적, 환경적 운(social luck)이라 한다면 경기능력이 다른 것을 천부적, 자연적 운(natural luck)이라고 할 수 있다. 이같이 인생은 처음부터 불평등한 경기를 하는 것인데 이를 원천적 불평등(original in equality)이라 할 수 있다.

그런데 원천적 불평등은 운명적이고 우연적으로 주어진 자연적 사실

(natural fact)로서 그 자체로서는 정의롭거나 부정의하다고 할 수 없다. 정의 여부를 따지는 가치판단은 그 같은 자연적 사실을 인간적으로 시정 내지 수정하는 방식에 대해서 말할 수 있다. 그것을 있는 그대로 방치하여 우리 사회가 전적으로 운이 지배하는 '복불복'의 사회라 한다면 그 사회는 부정의한 사회라 할 수 있고 좀 더 인간다운 사회로 시정되고 인간적인 방식으로 운을 나눌 수 있다면 정의로운 사회라 할 수 있다. 다시 말하면 운은 도덕적 관점에서 볼 때 정당 근거가 없는 까닭에 보다 도덕적으로 정당화 가능한 사회질서를 모색하는 것이 정의론의 과제라 할 수 있다.

재벌 2세와 거지 2세로 태어나는 사회적 운과, 천재와 천치로 태어나는 자연적 운을 완화하고 중립화하여 인간다운 정당화가 가능한 사회질서로 재편하고 시정하는 부단한 노력 속에서 정의로운 사회를 모색할 수 있다. 운을 평준화(equalizing luck) 하는 것만이 능사는 아니고 운을 타고나 그것을 선용하는 자들에게 보상을 하면서도 이를 최소수혜자를 위시한 다른 사회성원들과 나눌 수 있는 운의 중립화(neutralizing luck) 과정 어딘가에 우리가 염원하는 정의의 잣대가 존재하는 것이 아닌가 생각해 본다.

새로운 복지 개념의 모색

앞서 논의한 바와 같이 현 정부의 국정 지표가 행복주의저 공리주이라는 우리의 이해가 맞다면 현 정부는 진정으로 행복한 나라의 구축을 위해, 언급한 몇 가지 유념할 과제들과 더불어 그와 관련된 복지 정책에 있어 어느 정도 궤도 수정이 불가피할 것으로 사료된다. 2만불 시대에 행복하지 않는 사람이 3만불 시대에 과연 행복할 수 있을 것인가.

생활수준이 일정 문턱을 넘어설 경우 행복이 더 이상 물질적 수준에 비례하지 않는다는 행복의 역설이 맞고, 더욱이 상대 소득 가설에 일리가 있다면 모든 이의 소득 수준이 평행 이동할 경우 세상이 변한 게 없거늘 무엇으로 행복을 실감할 수 있을까. 그렇다면 결국 행복을 바라보는 주체들의 관점 변화가 절실히 요구되는 지점에서 새로운 복지개념과 그에 따른 정책개발이 요구된다는 생각에 이르게 된다.

철학자들의 행복론인 '유다이모니아론'에 따르면 잘사는 것, 좋은 삶, 또는 진정한 행복이란 우정, 사랑 등 다른 사람들과 좋은 관계를 유지하고 또 공동체적 삶에 충실함으로써 인간의 잠재력을 충실히 실현하는 삶(flourishing)이며 물질적 부는 좋은 삶을 구성하는 조건의 일부일 뿐이다. 물질적 조건과 더불어 친구, 연인, 가족, 친지 등 좋은 교유관계가 인간을 행복하게 만든다.

이런 관점에서 볼 때 높은 소득은 시장경제에서 생산되고 구매되는 물질적 재화는 과잉소비하게 하지만 그 대신 관계재(relational good)를 과소소비하게 만드는 삶을 초래할 수 있다. 관계재란 다른 사람들과의 상호교류에서 획득되고 또 다른 사람들과 함께할 때만 향유할 수 있는, 그러기에 개인 혼자서는 그 생산과 소비가 불가능한 재화이다. 예컨대 휴일 저녁 혼자만의 식사가 아니라 가족과 함께하는 저녁식사가 주는 즐거움이 관계재이다.

　시장참여를 통해 높은 소득을 올리기 위해서는 부득불 가족이나 친구 또는 이웃과의 교류에 들어야 할 시간을 줄일 수밖에 없고 이 후자의 희생, 즉 관계재의 과소소비는 전자 즉, 소득과 물질재화의 증대가 주는 즐거움을 상쇄시킨다. 이런 관점에서 보면 시장경제의 확대가 인간 행복의 중요 요소인 인간과의 상호교류 혹은 공동체적 삶을 위한 필요시간을 감소시키고 구축한다는 것을 의미하므로 이 같은 설명은 자본주의 시장경제에 대한 근본적 차원의 비판을 내포한다. 또한 이는 시장경제가 물적 성장을 견인하는 것이 사실이기는 하나 동시에 인간사회의 공동체성을 파괴한다는 상식적 차원의 시장비판과 맞닿는 이론이라 할 수 있을 것이다.

　이상과 같은 관점에서 볼 때 우리는 시장경제를 넘어서는 복지사회에 대한 이해에 주목하게 된다. 지금까지 경제성장은 최고의 복지정책으로 과대평가되어 왔으며 GNP가 곧바로 GNH(Gross National Happiness)와 연결되는 것으로 생각해왔다. 이제 우리는 직접적인 행복 결정요인인 건강과 보건, 육아, 부부와 가족 등을 강조하는 복지 서비스 정책개발이 필요하며 좋은 공동체, 좋은 시장경제를 만드는 노력 등이 요청되는데 예컨대 사회적 경제구축, 동반성장 이념 등이 그 사례들이다. 이런 뜻에서 복지 만능주의를 경계하면서 과거의 복지정책 전반의 한계에 대한 분명한 인식과 더불어 새로운 복지이념에 대한 구상과 모색이 필요하다는 것을 각성해야 할 것이다.

　가난한 나라의 기본 의식주를 해결하는 데 국가가 도움을 줄 수는 있다. 하지만 인간은 의식주가 해결되면 정서적인 혹은 정신적인 영역에서 행복을 찾는다. 이를 국가가 해결해주기에는 한계가 있다. 문제는 많은 국가가 여전히 경제적 인프라 개선을 통해 국민의 행복을 높이려 한다는 점이다. 그러나 북유럽 국가가 행복한 이유를, 사회보장제도와 경제력에서만 찾을 수 없다. 그에 못지않게 잘사는 일본이 전반적으로 우울하고 한국, 대만, 홍콩, 싱가포르 같은 아시아 신흥제국이 경제력에 비해 행복도가 떨어지는 이유는 강압적이고 수직적인 문화패턴에서도 찾을 수 있을 것이다.

인생의 많은 사건들이 행복에 영향을 주는 시간은 아주 짧다. 좋은 일도 그러하지만 나쁜 사건으로 인해 생긴 부정적 감정은 3개월 안에 사라진다. 인간의 적응력은 대단하고 행복의 약발은 짧다. 더욱이 물질로 얻는 기쁨은 일시적이고 그로 인한 만족도는 점점 떨어진다. 기존의 행복심리학적 연구의 공통된 결론은 인간이 사회적 교류를 할 때 행복이라는 불이 가장 잘 켜진다는 것이다. 친구가 많으면 그만큼 행복의 빈도가 잦다는 것이다. 각 개인이 선천적으로 지닌 행복 유전자의 폭 내에서 행복도를 최대화하는 방법은 사람과의 교류이며 국가도 이런 공동체적 유대를 증진할 수 있는 문화적 프로그램에 간접적인 그러나 보다 적극적 지원을 할 필요가 있다.

5. 성숙한 시민사회를 향한 공공의 철학*
– 공공성, 공익과 사익의 지양

1970년대 말 '정의론'으로 학위논문을 쓰고 하버드 대학에서 롤스 교수를 만났을 때 필자는 주역에 나오는 다음과 같은 구절을 족자 (caligraphy)로 만들어 선물하였다. 그것은 "利, 義之和也"란 말이었고 "이롭도다, 각자의 몫(義)이 고루 나누어짐이여"라고 풀이해 주었다. 롤스 교수도 이 같은 해석에 매우 흡족해 했던 모습이 새삼 기억이 난다.

그 이후 필자는 이 구절을 이루는 주요개념의 위치를 바꾸어 "義, 利 之和也"로 써도 원래의 뜻이 크게 손상되지 않음을 동양철학자들로부 터 들어 알게 되었다. 그럴 경우 "정의로움, 이해관계의 고루 나눔이로 다"로 해석될 수 있을 것이다. 이 같은 해석과 관련하여 시민사회의 기

* 이 글은 《동아일보》 주최 심포지엄, "선진사회의 기반, 공공성을 확보하자" 기조 발표 (2013년 2월)를 수정한 글이다.

반이 될 공공철학을 논구해 볼 수 있겠다.

서구의 근대는 개인의 발견과 더불어 이기심의 해방에서 시작되었으며 사회적으로 용납될 수 있는 합리적 이기주의자들(rational egoists) 간의 신사협정에 의거한 시민사회의 확립에서 그 해법을 찾았다. 이로부터 공적 영역과 사적 영역이 구분되고 공적 영역의 엄정한 수호와 공공성을 공유함으로써 다양한 사적 영역과 개인의 자유도 보호받을 수 있게 되었다.

물론 시민사회의 전개는 합리적 이기주의자들 간의 신사협정에서 멈추지 않았다. 시민사회의 이념은 자본주의의 발달과 더불어 진화해 왔으며 따라서 시민사회는 이해타산에 기반한 단순한 시장사회를 넘어 경쟁의 진입장벽에 이르지 못하는 사회적 약자들에게도 시야를 넓힘으로써 복지와 정의사회로 진화해 왔다.

우리 사회도 이미 근대적 현상이 전개된 지 오래지만 아직 근세적 경험이 부족한 나머지 시민사회의 구성이 부실하고 공공성에 대한 이해가 천박하며 따라서 사적 영역의 보호 또한 충분하지 않아 갖가지 갈등요인이 증폭되고 있는 실정이다. 차제에 우리는 서구의 시민사회가 공익과 사익의 어떤 조정 원리에 기반하고 있는지 살피고 그런 원리에 이르기 위한 정치적 과정과 민주적 절차가 무엇인지, 그리고 끝으로 한국사회에서 필요한 시민윤리 학습(學習)에 있어 핵심과제가 무엇인지도 살펴볼 필요가 있다.

사실상 사회에 있어서 공적 영역과 사적 영역이 구획된 것은 근세 이후이다. 그러나 이 같은 영역구분은 절대적인 것이기 보다는 시대적 여건과 요청에 따라 조정 내지 재조정을 통해 진화하고 있다고 할 수 있다. 공익과 사익의 구분 또한 공공성에 대한 이해의 폭과 깊이에 따라 긴장관계 속에서 발전해가고 있다.

이 같은 발전과정의 역동성은 역사 변증법(dialectic)의 지양(aufheben) 개념에 의해 보다 잘 해명될 수 있을지 모른다. 일반적으로 지양은 버림, 가짐, 들어올림의 세 가지 계기를 갖는 것으로 설명되며 역사의 발전은 상호 모순적인 요인의 갈등과 긴장이 지양을 통해 변증법적으로 발전한다고 해석한다. 그래서 이 글의 부제를 '공공성, 공익과 사익의 지양'이라 붙여보았다.

의로움은 사적 이해의 화합

선공후사는 위선인가

윤리나 도덕과 같은 규범체계도 일정한 역사적, 사회적 맥락을 떠나서는 성립할 수가 없다. 규범체계가 당대의 사회경제적 토대에 의존하는 상부구조라는 마르크스의 단순논리를 수용하지는 않는다 할지라도 윤리나 도덕이 특정한 사회적 여건과 상관적(interconnective)이라는 사실을 부인하기 어렵다. 이런 의미에서 도덕철학이 사회학과 상호 관련적이라는 입론은 나름의 타당성을 갖는다.

한때 사리보다는 공익을 앞세워야 한다는 '선공후사(先公後私)'의 정신을 저항 없이 받아들이고 당연시한 시대가 있었다. 개인의 권익에 대한 자각이 싹트기 전 공동체주의적 의식에 길들여져 살던 다소 전체주의적이고 집단주의적 시대정신이 지배하던 시절에는 그 같은 규범체계를 거역할 대항논리가 없었다. 더욱이 공적 세계에 투신한 사대부 등의 공인들에 있어서는 선공후사가 적어도 이념적으로는 금과옥조였다. 더욱이 국가위기 상황에서는 그 같은 성공후사는 절실했다 해도 과언이 아니다.

그러나 오늘날 시대정신은 선공후사라는 규범에 대해 냉담함은 물론 냉소적이기까지 하다. 이러한 사회적 여건 속에서 선공후사를 지나치게 강요하다 보면 그것은 공허하고 위선적인 구두선에 그치고 만다. 선공후사가 당연한 규범체계로 통하던 시절, 그러한 정신에 더욱 투철했던 도덕론자들에게는 멸사봉공(滅私奉公)이란 충정도 서슴지 않고 나왔다. 국가위기 상황에서는 상당한 설득력이 있었을지 모르나 시대가 달라진 요즘은 멸사봉공이란 말은 위선을 넘어 광기에 가까운 소리로 인식되곤 한다.

우리는 보다 냉정하게 우리 사회가 비로소 체험하기 시작한 근세적 현상을 세심하게 분석하고 이를 토대로 아직도 미숙하기 짝이 없는 시민사회의 성숙을 향한 공공철학에 대한 성찰을 해야 할 시점에 서 있다. 이제 우리는 드디어 '우리'에서 벗어나 '나'라는 개인의 존재를 발견하고 나의 권리와 이익이 개인적 정체성의 핵심임을 자각하기 시작한 것이다. 아직 우리는 개인으로서 나의 권리와 이익이 어디까지인지 그리고 그 한계를 찾기 위해 타인과 어떤 방식으로 협상하고 조정할지에 대해서 매우 서툴다.

사익우선과 갈등사회

오늘날 한국사회를 좀 더 자세히 들여다 보자. 오랜 세월 길들여져 왔던 '우리'라는 이데올로기적 미망에서 갓 깨어난 수많은 개인들이 각기 저마다의 권리와 이익을 내세우며 서로 협상하고 조정하는 합리적 대화에도 서툰 채 우리 사회는 그야말로 원색적 이기주의(primitive egoism)의 수라장을 방불케 하고 있다. 아무도 승자가 될 수 없는 이 게임으로 날이 지새면서 우리는 '저마다 잘난 바보들의 행진'을 매일같이 계속하고 있다.

우리는 흔히 우리 사회를 위험사회, 갈등사회, 피로사회로 서술하고 있다. 예측하기도 어렵고 출구도 보이지 않고 갈등에 갈등이 포개져 증폭되는 사회에서 우리는 생존의 위협을 느끼며 모두가 한결같이 피로감에 찌들어 있다. 이 사회적 게임에서 아무도 승자가 없으며 서로 손해보고 손해를 입히면서 지나친 사회적 코스트(social cost)를 치르고 있다. 갈등의 조정자 역할을 할 정치도, 시민사회도 없으며 정치나 시민사회단체가 오히려 갈등을 확대 재생산 하고 있는 실정이다.

멸사봉공이 전 근대적 보수꼴통이라면 사리우선(私利優先)은 근대 초두의 원색적 이기주의이다. 우리는 자신의 진정한 이득을 계산하는 셈에도 어둡고 서로의 이득을 조정하고 화합하는 소통에도 서툴고 촌스럽다. 물론 서구도 중세 이후 근대화가 시작되고 그 해법을 터득하기까지 200여 년이 걸렸으니 우리가 그것을 50여 년 만에 체득할 것으로 기대하는 것은 무리이다. 우리도 근세적 갈등에 시달리다 보면 서서히 그 해법도 터득히는 날이 오겠기만 그러ㅏ 매일같이 전개되는 시민전쟁,

시가전을 방불케 하는 일상이 당장 안타깝고 아쉬운 상태라 마음이 조급해진다.

맹자의 의(義)·이(利) 사상의 진실

4서3경중 『맹자』는 그 서두에서 당대의 큰스승 맹자를 정치적 멘토로 초대한 제후국 양나라 혜왕과 맹자 간의 다음과 같은 대화로 시작된다. 우선 혜왕이 "나라를 이롭게 하는 방법이 무엇인지"를 묻는다. 이에 대해 맹자는 즉답을 피하면서 "어찌 왕께서는 나라를 의(義)롭게 하는 방법을 묻지 않고 나라를 이롭게 하는 방법부터 묻는가?"라고 반문한다.

계속되는 맹자의 멘토링은 다음과 같다. 나라를 다스리는 방법은 오직 '인'과 '의'가 있을 뿐이라 하면서 그 이유로서 '이'를 우선적으로 내세우면 '이'는 불화와 갈등의 원리로서, 다스리는 사대부가 서로 반목, 갈등하게 되고 백성들 또한 서로 반목하고 갈등하게 됨으로써 온 나라가 전쟁터를 방불하게 한다는 것이다. 이에 비해 '인'과 '의'는 조정과 화평의 원리로써 이를 내세울 경우 사대부가 서로 화합하고 백성들이 서로 화합함으로써 나라가 평화스럽게 다스려지게 된다는 것이다.

그런데 여기에서 보다 중요한 것은 이상의 이야기에서 맹자의 '의'와 '이' 사상에 숨겨진 핵심을 오해하지 않는 일이다. 만일 우리가 맹자의 주장을 '의'와 '이'를 대립적으로 놓고 맹자가 '의'의 편을 든 것으로 해석한다면 이는 맹자의 사상에 대한 오해를 불러일으킬 수 있다는 점이다. 맹자는 결코 '이' 대신에 '의'를 일방적으로 내세운 사상가는 결코 아니며 이는 맹자 집주(集註)에 나온 주희의 주석에서도 경계하고 있다. 물론 현실적으로 인간들이 '이'에 지나치게 집착한 점을 경고하기 위해 '의'를 상대적으로 강하게 부각시키고 싶은 점도 있을 것이나 그것은 레토릭에 불과한 것이라 생각된다.

맹자도 매우 현실적이고 합리적인 정치 사상가이고 윤리도덕 못지않게 사회경제적 토대를 중시한 철학자이다. 그는 "곳간이 차야 인심이 난다"는 논리를 너무나 잘 알았으며 그래서 "무항산이면 무항심"이라 했던 것이다. 지속가능한 먹거리가 없으면 지속가능한 도덕심이 유지될 수가 없다고 생각했다.

결국 맹자의 진정한 속내는 '이'와 '의'를 대립적으로 생각할 경우 결코 현실적이고 합리적인 해결은 기대할 수가 없으며 각자의 이해관계를 적절히 조정하여 화합할 경우 그것이 '의'로운 일이고 분배정의에 부합하며 사회를 화평하게 이끌어 가는 길이라 생각한 데 있다. 이것은 앞서 말한 주역에서 인용한 "이롭도다, 각자의 몫을 잘 화합함이여" 내지 "각자의 이해관계가 잘 화합하는 것이 바로 정의이다"라는 사상과 크게 다를 바 없다.

합리적 이기주의자들의 신사협정

이기주의 길들이기(合理化)

중세 봉건사회가 혈연이나 지연으로 얽힌 자연 공동체였다면 근대 시민사회는 자율적 개인의 출현과 더불어 생겨난 인위적 이해집단이었다. 시민사회의 윤리는 바로 이러한 이익사회를 구성하는 시민 계급의 윤리이다. 시민사회가 영리를 위한 생산 활동이 이루어지는 사회라 할 경우 가장 먼저 문제되는 것은 인간의 이기심(self-interest)이다. 특히 중세 사회에서는 악덕으로 간주되던 이기심이 시민사회에서는 덕성으로 생각되기에 이르렀다는 사실에 주목할 필요가 있다.

흔히 우리 사회의 병증 중 하나로서 이기주의를 가장 먼저 떠올리게 된다. 그러나 이상에서 살핀 바와 같이 전통 사회가 무너질 경우 개인의 출현과 더불어 가장 먼저 문제가 되는 것은 이기심이다. 개인의 존재는 그 원초적인 행태가 바로 이기심의 주체로서 나타나기 때문이다. 이 같은 이기심이 사회적으로 용인될 수 있는 형태로 합리화되고 길들여질 경우 그것이 바로 권리의 실질적 내용이 되고 시민적 덕성의 근간을 이룬다.

각자가 이기심에 의해 자신의 이익을 추구할 경우 이를 위해 각자는 또한 상호 결합이 불가피하게 된다. 이기심은 원래 비사교적인 것이지만 그러한 비사교성은 타인과 결합할 경우, 칸트의 말을 빌리자면 '비사교적인 사교성'으로 나타나게 된다. 이기심을 실현하기 위해 타인과 결합하는 것은 이기심의 자기 한정을 의미하며 이기심을 보장하기 위해 이기심의 억제가 불가피하다는 점에서 시민으로서의 덕성이 강조된다. 이러한 시민적 덕성은 타인들 간에 계약이 이루어질 경우 그 계약을 준수하는 페어플레이 정신을 뜻하기도 한다.

이기심이 악덕이 아니라 덕성으로 간주되는 과정이 근대화의 근간을 이루고 있다. 따라서 만일 우리가 진정한 근대화, 현대화를 위한다면 결코 이기심 그 자체를 매도해서는 안 된다. 역사상 우리는 아직 한 번도 진정한 개인으로서 살아본 적이 없으며 이는 결국 우리가 아직 한 번도 이기심의 주체로서 행세한 적이 없음을 뜻한다. 진솔한 이기심의 표출이 없는 곳에 진정한 권리와 의무의 주체도 없으며 건전한 시민 윤리나 시민 의식의 성숙도 기대할 수 없다. 권리나 의무의 체계로서 법체계나 시민 윤리는 결국 이기적 개인들 간의 신사협정이요, 조정 원리이며 공존의 윤리이다.

결국 우리는 이기심을 억압하거나 전통적 도덕심으로 대체하려고 해서는 안 된다. 그것은 바람직하지도 않고 가능하지도 않다. 우리는 각자의 이익을 주장하고 그것들이 상충하며 갈등하는 가운데 조정의 원리를 찾아내야 하고 그 조정의 원리가 보다 합리적인 것이 되게 함으로써 새로운 윤리의 바탕이 되게 해야 한다. 이기심은 포기되거나 억압되어서는 안 되고 정면에서 돌파되고 극복되어야 한다. 새로운 조정 원리에 따라 이기심을 길들이고 합리적으로 세련화 하는 길만이 근대화, 현대화 원리에 부합하는 일이다.

다원적인 시민사회에서 개인이나 집단의 다양한 이해 갈등을 조정하는 것이 법체계이고 정치의 일차적 과제이며 또한 시민운동의 목표이다. 정당한 법체계가 긴요할 뿐만 아니라 법체계의 엄정하고 일관된 시행이 요청된다. 다양한 이해관계를 조정, 수렴하여 국가적 통합을 도모하는 일에 정치의 일차적 기능이 있으며 당리와 정파를 우선하는 정치는 역기능만 더할 뿐이다. 시민단체 역시 다양한 이해 집단의 형성과 더불어 그 조정자로서 역할을 다함으로써 시민사회의 활성화에 기여해야 할 것이다.

저마다 잘난 바보들의 행진

사회 조직 원리로 인해 생겨나는 사회적 딜레마는 흔히 수인의 딜레마(prisoner's dilemma)로 알려져 있다. 그런데 일반적으로 수인의 딜레마란, 상호 불신하는 이기주의자들 간의 게임에서는 비록 각 개인이 자신의 이익을 최대한 증진시키는 전략을 택한다 할지라도 전체적으로 보면 불이익을 당하게 되고 모두가 최선의 이익을 보게 되는 전략은 구조적으로 선택될 수가 없다는 것이다. 결국 개인적으로는 합리적으로 선택해도 전체적으로는 비합리적 선택일 수밖에 없는 데 이 딜레마의 곤경이 있다. 그런데 이러한 딜레마는 이타주의자들 간에도 성립할 수 있어 흔히 '성인의 딜레마'라 부르기도 한다.

보다 중요한 것은, 집단 행위에서 최선의 결과 유무는 그 성원들의 선의지 유무가 아니라 집단 조직의 형태에서 비롯된다는 점이다. 사회적 선택에서의 문제점은 각 개인이 고립된 개인으로서 선택을 하고 있다는 사실, 그리고 타인들이 어떻게 선택하는지에 대한 확신이 없는 상태에서 선택하게 된다는 데 있다. 이를 각각 고립(isolation)의 문제, 확신(assurance)의 문제라 할 수 있다. 개인들을 묶어줄 연대나 유대의 원리 없이 각 개인이 고립된 상태에서 어떤 선택을 할 경우, 또 타인이 어떤 선택을 할 것인지에 대한 확신이나 보증 없이 어떤 선택을 할 경우 개인들의 최선의 선택이 사회 전체에서 최선의 선택이 될 보장이 없다.

이 같은 사회 조직에서의 딜레마를 가장 분명하게 통찰한 사람은 홉스(T. Hobbes)이다. 그는 절대 군주의 설정을 통해 해결책을 모색했다. 우리가 인간을 홉스처럼 비관적으로 보지 않을 경우 홉스의 해결책은 지나치다. 근대 이후 민주주의 전통은 홉스의 절대군주 대신에 공법 체계를 상정했다. 성원들의 합의에 의한 정당한 법이 공정하고 엄정하게 그리고 일관성 있게 시행될 경우 우리는 서로 고립된 상황에서 선택을 할 필요도, 또한 타인에 대한 불신 속에서 선택할 이유도 없다. 정당한 법의 공정하고 엄정한 시행이 없고 금권에 바탕한 관행만이 횡행하는 곳에는 언제나 딜레마적 낭비와 비합리만이 존재할 뿐이다.

정당한 법의 엄정한 시행으로 인한 법의 지배 혹은 법치주의가 정착되지 않을 경우 어떤 사태가 벌어질까. 설사 다수가 법을 지킬지라도 소수자들은 호시탐탐 무임편승자(free rider)가 되고자 하는 유혹을 받게 될 것이며 대부분이 준법을 하지 않을 경우 준법을 하는 소수자는 크게 불이익을 당할 수가 있다. 이러한 상황에서는 결국 준법의 관행은 정착될 수가 없으며 편법의 관행만이 횡행하고 편법은 금권의 손아귀에 장악되고 말 것이다. 우리 사회는 결국 이 같은 딜레마 속에서 꼬여만 가고 선순환으로 전환되지 못한 채 악순환을 거듭하고 있다할 것이다.

원색적 이기주의는 자멸적

앞서 언급한 바와 같이 중세의 공동체주의적 전통사회가 무너지고 각자의 이해관계에 따라 이합집산하는 근대의 이익사회가 전개되었을 때 문제상황과 그 해결책을 모색하는데 있어서 수인이 딜레마 모형은 실질적 도움을 준다. 원색적 이기주의자들 간의 갈등상황은 곧바로 딜레마적 상황을 연출하게 되고 결국 이기주의자들은 이 같은 상황이 '저마다 잘난 바보들의 행진'임을 파악하고 그것이 그 누구에게도 이득이 되지 않으며, 이 게임에서 모두가 패자일 수밖에 없음을 알게 된다. 그렇다면 이 같은 사회적 딜레마를 벗어날 해법은 무엇인가?

원천적 이기주의, 적나라한 이기주의는 자멸적이라 생각된다. 자신에게 이로운 결과를 성취하기 위해서 이기주의자는 시야를 보다 멀리 두는 계명된 이기주의자(enlightened egoist)가 될 필요가 있다. 이기주의자가 목전의 이익에만 집착할 경우 결국 그는 자신에게 당연히 주어진 몫까지도 잃게 될 위기에 빠질 수밖에 없다. 침팬지도 바나나를 제 손에 넣기 위해 갖가지 위해요소를 피하면서 참고 기다리는 인내를 보인다. 그렇다면 우리에게 필요한 것은 이기심의 합리화, 세련화를 통해 더 슬기로운 이기주의자가 되는 게 아닐까? 아직 우리가 갈등으로 사회적 비용을 지나치게 치르는 것은 우리가 자신에게 진정 이득이 되는 것을 기대한 셈법에 어둡거나 그것을 성취하기 위한 인내가 부족하거나, 타인과의 협상에 지혜롭지 못하기 때문이다.

결국 근대 시민사회의 기반은 수인의 딜레마에 대한 자각과 이에 대한 솔루션에서 발견한 '합리적 이기주의자들 간의 신사협정'에서 주어진다. 이는 합리적 이기주의자들 각자의 이해관계가 화합하는 선에서 찾아지며 그것을 공법체계의 일관된 시행을 통해 개인의 권익을 보장함으로써 성립한다. 물론 이는 시민사회의 성립을 위한 최소한의 조건이며 시민사회의 성공적인 영위를 위해서는 이해관계의 화합을 넘어 최소수혜자를 위시한 사회적 약자에 대한 배려 등 사회정의의 요청을 통해 완성된다.

운(運)의 중립화와 정의 공동체

인생은 원초적 불평등

근세 이후 서구에서 확립된 시민사회는 합리적 이기주의에 기반하고 있다. 근세 초두의 원색적 이기주의는 상호불신과 더불어 갈등사회로 귀결되었다. 상호불신과 이기주의를 바탕으로 하는 갈등사회는 '저마다 잘난 바보들의 행진'을 반복하는 가운데 수인의 딜레마에 갇히게 되었고 이 같은 상황에서는 아무도 승자가 될 수 없었다. 개별적으로 합리적인 듯하나 전체적으로 불합리한 이 같은 딜레마로부터 벗어나는 솔루션은 합리적 이기주의자들 간의 신사협정으로서 공법체계에 합의하고 그에 의한 일관되고 권위 있는 집행에 기반을 둔 시민사회의 확립이었던 것이다. 그래서 시민사회를 지탱하는 최소 조건은 합리적 이기주의자들 간의 협정으로서 합리적 이해관계의 화합이라 할 수 있다.

그러나 시민사회는 이 같은 최소한의 존립 조건에 만족할 수 없었다. 시민사회는 기본적으로 자유 경쟁시장을 모델로 해서 이해할 수 있으나 자유시장은 조만간 자유롭지도 경쟁적이지도 않은 '시장의 실패'에 직면하게 된다. 또한 성원들 중에는 경쟁시장의 진입장벽으로 인해 경쟁게임에 침여조차 할 수 없는 자들도 있다. 이 같은 사회적 약자들에 있어 기회균등이나 경쟁의 공정성은 무의미한 원리일 뿐이다. 여기에서 우리는 시장의 실패를 넘어 '정의의 실패'까지도 생각하기에 이른다. 비록 경쟁시장이 공정하게 작동된다 할지라도 일부의 성원들은 경쟁시장으로부터 외면당한다. 이로부터 우리는 시민사회적 게임에 있어서 공정성(fairness)과 더불어 형평성이나 공평성(equity) 문제에 이르게 된다. 다시 말하면 공정은 정의의 필요조건일 뿐 정의의 완성을 위해서는 또 다른 원리의 보완이 요구된다는 것이다.

인생도 결국 하나의 게임이라 생각된다. 인생을 100미터 경주에 비유해 보기로 하자. 모든 인간들이 동일한 시발점에서 출발하지 않는다는 데 문제가 있다. 물론 대부분의 사람들이 원점에서 출발하고 있다는 것은 사실이지만 각자의 형편에 따라서 출발점이 천차만별이다. 어떤 사람들은 중산층 가정에 태어나 50미터 전방에서 출발하는가 하면 어떤 이는 재벌가문에 태어나 95미터 전방에서 출발하기도 한다. 또한 100미터 경주에 있어 경기력도 각양각색이다. 우사인 볼트와 같이 번개처럼 100미터를 주파하는 자도 있고 하루 종일 움직여야 종착점에 이르는 장애우도 있으며 평생 뛰어도 결코 종착점에 도달하지 못하는 사람도 있다. 이같이 인간은 인생이라는 경기의 시발점이나 경기력에 있어서 결코 동등하지 않으며 이 같은 불평등을 원초적 불평등이라 할만하다.

원초적 불평등은 단지 주어진 사실일 뿐 그것이 정의롭거나 부정의하다는 평가의 대상이 될 수 없다. 정의 여부는 가치판단과 관련된 것으로서 이러한 원초적 불평등을 인간적인 방식으로 시정하고 재조정하는 방식을 두고 정의롭다거나 부정의하다는 평가를 할 수가 있다. 그런데 원초적 불평등과 같이 주어진 사실은 우연히 주어진 것으로서 이런 의미에서 운이고 또한 운명적인 것이라 할 수 있다. 여기에서 우리는 앞서 언급한 원초적 불평등을 운(luck)의 관점에서 두 가지로 분석할 수가 있다. 하나는 경기력과 같은 타고난 천부적 능력으로서 자연적 운이라 할 수 있다. 다른 하나는 경기의 시발점같이 사회적 지위와 관련된 것으로서 사회적 운이라 할 수 있다.

정의는 운의 중립화

그런데 문제는 이 같은 운의 배정이 도덕적 관점에서 볼 때 '정당근거가 없는' 우연히 주어진 운명일 뿐이라는 점이다. 따라서 우리가 도덕적 정당화를 묻게 될 경우 우리는 이 같은 운을 약화 내지 완화시키면서 중립화의 길을 가야 한다. 물론 이는 운을 모든 사람에게 꼭 같이 나누라는 평등화 내지 평준화와 다르다. 결국 정의는 운을 어떤 방식으로 어느 정도 완화하고 중립화시킬 것인가라는 물음으로 귀착된다. 여하튼 주어진 운을 그대로 받아들이고 운명에 순종하는 복불복의 사회, 타고난 운이 모든 사회적 현실을 지배하는 사회는 부정의한 사회임에 틀림없다.

주어진 운을 인간적으로 시정하고 재조정하는 정의사회는 어떤 사회라 할 수 있는가. 자연적 운과 사회적 운 등 운을 중립화 하는 데는 여러 종류의 사회체제가 서로 다른 정도와 방식으로 수행하게 된다. 두 가지 운을 시정하지 않고 주어진 그대로 방치하는 체제를 우리는 흔히 자유방임체제라 부른다. 이는 자연적 자유체제 혹은 자유지상주의적

(libertarian) 체제라 부르기도 한다. 우리 사회가 지향하는 자유주의적 복지체제(welfare liberalism)는 두 가지 운 중 사회적 운을 완화 내지 약화시키려는 체제이다. 타고난 지위나 계층에 상관없이 무상으로 의무교육을 실시하고 의료 등 기본적인 복지문제를 해결하고자 한다. 보편적 복지이건 선별적 복지이건 간에 우리 사회가 추구하는 것은 모두가 이 같은 자유주의적 복지체제 내에서 이루어 진다고 볼 수 있다.

롤스와 같은 학자는 이 같은 자유주의적 복지이념에 만족하지 않고 운의 중립화 입장을 단지 사회적 운뿐만 아니라 자연적 운에까지 확대 적용하고자 한다. 그러나 자연적 운은 사회적 운과 마찬가지로 직접적으로 중립화하기 어려운 까닭에 자연적 운에 의거한 영향력을 그대로 용납하되 그 결과를 자연적으로나 사회적으로 불운한 사회적 약자 즉 최소수혜자의 입장에서 우선적으로 조정하고자 한다. 우리가 가정(family)을 파기하지 않고 우생학적 정책에 의해 출산문제에 개입하지 않는 한 자연적 행운을 직접 중립화할 수 있는 방법은 없을 것이기 때문이다. 롤스의 최소극대화(maximin) 전략은 바로 이같이 직접 관리하기 어려운 운의 영향을 용납하면서 그 결과를 최소수혜자의 관점을 중심으로 재조정하고자 하는 전략이라 할 수 있을 것이다.

공유자산과 정의공동체

롤스의 정의론은 결국 절대적 평등이 아니라 조건부 차등(conditional difference)의 윤리이다. 또한 최소수혜자를 위시한 모든 성원에게 이득이 된다는 조건 아래 차등을 용납하고자 하며 그런 조건이 충족되지 않을 경우에는 평등분배를 내세우고자 한다. 따라서 롤스의 정의론은 상당한 정도로 평등주의적 함의를 갖는다고 할 수 있다. 그러나 절대적 평등주의자가 아닌 이유는 평등의 가치와 더불어 차등이 갖는 유인(incentive)의 효과와 효율성(efficiency)의 가치를 조정하여 그 균형점에서 정의 여부를 모색하고자 하기 때문이다.

롤스는 자신의 저서에서 정의론을 다음과 같이 설명한다. 즉 프랑스혁명의 정치강령, 자유, 평등, 박애 중에서 자유와 평등에 대해서는 종래의 정치철학이 많이 논의해 왔으나 박애(fraternity)에 대해서는 비교적 등한시 되어온 것이 사실이라고 하면서 자신의 정의론은 바로 이같은 박애사상에 내재된 사회철학적 함축을 전개하기 위한 것이라 한다. 롤스는 인간의 천부적, 사회적 운의 배정을 집단 공유자산(common asset)으로 보고 사회적 결과를 그런 관점에서 조정하고자 하는 것으로서 최소수혜자를 위시한 사회의 모든 성원을 운명공동체의 일원으로 간주하고 정의의 원리를 공동운명애를 기반으로 해서 추론하고자 한다. 이런 관점에서 보면 롤스는 마르크스보다 더 공동체주의적 요소를 갖는 사상가이며 롤스의 자유주의를 원자론적 개인주의의 정치철학이라 비판한 마이클 샌델의 해석은 크게 빗나간 오해에서 비롯되었다고 할 수 있다.

경제학자 장하준은 한국사회가 외환위기 이후 원천적 소득 불평등이 증가하고 있어 이는 장차 경제성장에도 악영향을 끼칠 것으로 우려한 바 있다. 그에 따르면 불평등이 지나치게 높아지면 계층 간 갈등이 깊어지고, 높은 불평등은 가난한 사람들에게 과도한 스트레스를 주어 육체적, 정신적 건강을 악화시킬 뿐만 아니라 계층이동을 정체시키고 그를 통해 장기적으로는 경제성장에도 엄청난 악영향을 미친다고 한다. 따라서 시장을 억제해 불평등을 줄이는 과거의 모델이 아니더라도 하루빨리 복지국가 확대를 통해 불평등을 줄이는 새로운 모델로 나아가는 것이 절실하다는 그의 조언을 뼈아프게 되새길 필요가 있다.

공적 이성과 심의민주주의

논술의 시대와 민주역량

한국인은 대체로 이성적, 이지적이기 보다 감정적, 정서적 기질을 지니고 있다. 그래서 서구인들이 잘 따지고 논리적, 논변적인데 비해 한국인들은 기분이나 감정에 좌우되고 정서적으로 기우는 경우가 많다. 이러한 DNA를 바꾸기 위해 대학입시를 중심으로 논리 논술을 익히느라 전 국민적으로 야단법석이다. 이 기회에 우리가 좀 더 이성적이고 이지적으로 거듭날 수 있다면 여러 측면에서 더없이 다행스러울 것이라 생각된다. 이제는 "한국인은 아규먼트는 할 줄 모르고 아귀다툼에는 능하다" 느니 한국에서는 "똑똑한 놈이 아니라 목소리 큰 놈이 최고다" 는 등의 농은 더 이상 듣지 않았으면 좋으련만!

한국인들이 합리적으로 대화하고 이성적으로 협상하는 능력이나 역량이 부족하다는 점과 공공성에 대한 인식이나 시민사회적인 의식이 부족하다는 점은 상관관계가 있다. 이 같은 능력들이 모두가 이성이나 합리성이라는 하나의 뿌리에서 연유하기 때문이다. 여하튼 시발은 어디에서 이루어졌든 간에 우리가 논리, 논술, 논변의 시대를 살고 있다는 것은 우리의 공공의식이나 시민정신의 기초역량을 한 차원 업그레이드 할 수 있는 호기를 맞고 있음에 틀림없다. 논변(argument)이란 이유(reason)있는 주장(claim)을 의미하며 그 이유가 여러 증거들(evidence)에 힘입어 설득력을 갖추게 된다는 뜻이다. 인간은 생각할 수 있을 때 비로소 인간다워질 수 있으며 논변은 자신에게 확신을, 타인에게 설득을 이끌어내는 이성적 생각의 토대가 될 것이다.

플라톤은 철인정치를 내세웠다. 인지가 미개했던 그 옛날에는 먼저 깨친 1인 혹은 소수의 현자들에 의해 선(善)이 무엇이고 정의가 무엇인지에 대해 깨달은 지혜에 의거해서 다수의 민중을 이끌어가는 전제정치가 최상의 이상이라 생각했다. 동양도 마찬가지였다. 소수의 선각자에 의한 내성외왕(內聖外王)에 기대를 걸었고 백성들은 경연을 통해 임금이 성군이 되기를 바라는 게 전부였다. 그러나 오늘날 우리는 절대적 지혜를 갖춘 현자는 존재하지 않다고 생각하기에 보통사람들에 의거한 민주주의가 보편화되기에 이른 것이다.

우리는 일인이나 소수의 지혜에 기대하기보다 다수의 보통사람들에 의한 자유로운 대화와 토론을 통해 지혜를 모으는 집단지성을 신뢰하며 설사 당장에 최선의 합의라는 귀결에 이르지 못할 지라도 차선을 개선해서 점차 최선의 결과에 집근해가는 길을 택하고자 한다. 우리에게는 '선험적 이성'이 아니라 상대적이긴 하지만 '대화적 이성'을 통해 진리에 점진저으로 집근해가는 열린사회가 최선이 대안이라 생각한다.

민주주의는 비록 비능률적이고 더딜지 모르나 우리에게 가능한 최선의 대안이라 생각하며 전제군주는 '열린사회의 적들'로 간주된다.

오늘날 우리는 1인 혹은 소수의 탁월한 철인을 고대하기보다 성찰하고 숙고할 능력을 지닌 다수의 시민들이 대화와 토론을 통해 합의에 이르고 이를 정책으로 구현하며 그 결과에 대한 피드백을 통해 점진적 개혁을 모색하고자 한다. 우리는 철인과 같이 절대적 지혜를 가진 자는 없으나 보통시민들 모두가 자신의 권익과 관련된 공적 사안에 대해 숙고하고 성찰할 수 있는 최소한의 철학적 소양을 갖기를 기대하는 것이다.

이성의 공적 사용

우리나라와 같은 자유민주주의 사회는 통상적으로 상호 화해하기 어려운, 대립하고 있는 종교적, 윤리적, 정치적 견해들, 묶어서 말하면 다원적인 가치관들로 분열되어 있다. 이 같은 상황에서 사회적 안정성을 확보하고 사회의 통합(integration)을 이루려면 어떤 조건과 절차가 요청된다. 물론 이들 견해들 중에는 결코 용납하기 어려운 극단적인 비합리적 입장도 있을 것이나 대체로 이들이 나름의 합당성을 갖는 것이라 가정할 경우 우리 사회는 합당한 다원주의(reasonable pluralism) 사회라 할 수 있을 것이다. 사실상 이 같은 합당한 다원주의는 국가권력에 의한 강제가 없는 자유주의 사회에 있어서 자연스럽게 등장하는, 그리고 피하기 어려운 사회적 사실(social fact)이라 할 수 있다.

만일 이 같은 상황에서 다원적 입장들 대부분의 지지와 동의를 얻을 수 있는 공적 가치체계(공공성)의 구성이 가능하고 그 정당성이 충분히 인증되어 공적인 논변과 공권적 행사의 토대가 된다면 극단적이고 비합리적인 입장들의 공격으로부터도 우리 공동체를 방어할 수 있다. 물론 다원적 입장들이 모든 사안에 있어서 합의하는 것은 아니지만 각자의 관점과 입장에서 나름의 근본가치들에 의해 받아들일 수 있는 최소한의 공적인 가치들(정치적 정의 및 헌법적 권리 등)에 합의한다는 의미에서 이를 중첩적 합의(overlapping consensus)라 이를 수 있을 것이다. 이러한 합의가 이루어지고 중요한 공적인 사안에 대한 논증이 이를 바탕으로 행해진다면 사회적 안정성과 통합은 공고해질 수 있을 것이라 생각된다.

이상과 같은 관점에서 우리는 이성의 공적 사용 혹은 공적이성(public use of reason, public reason)의 문제를 제기할 수 있다. 근세 이후 홉스, 루소, 칸트 등에 의해 옹호되어 왔던 공적 정당화 혹은 공적이성의 이상을 정의론자 롤스는 다음과 같이 풀이한다. 공적 이성은 "사회의 기본구조의 설계와 운영에 대하여 충분히 좋은 정보와 숙고 아래서 주권자로서 민주적 시민들이 신의, 성실의 의지를 가지고서 논의를 하고 합의에 도달할 때 기반이 될 공통된 목표와 전제들, 가치들, 논리들, 논증 규칙들 그리고 그에 기반을 둔 이성의 사용이다." 또한 공적 정당화란 우리와 생각이 다른 들에게 논증과정을 통해 자신의 입장을 설득하는 것이라 할 수 있다.

공적 이성은 두 가지 조건들을 통해 구성된다. 첫 번째 조건은 논증과 정당화의 형식적, 절차적 규칙으로서 공적 논증의 지침들이다. 증거의 제시 및 조사의 원칙과 기준들, 추론의 원칙과 기준들, 타당한 논리들의 식별기준들, 올바른 판단의 기준들과 같은 것들이 이에 속한다. 두 번째 조건은 실질적인 정치도덕의 원리와 가치들이다. 다양한 원리와 가치들 중 어떤 것들이 공적 이성에 속하는 것인지 판별할 수 있는 기준은 자유롭고 평등한 민주시민이라는 지위의 실현과 보장에 관련성을 갖느냐의 여부다. 요약하면 공적 이성이란 공권력을 행사할 경우 민주적인 공동의 숙고, 논의, 판단과 의사결정 과정에서 공직자와 시민들이 적절하게 활용할 수 있는 추론규칙과 입증원칙들, 그리고 자유롭고 평등한 시민들이 합당하게 승인할 것으로 기대할 만한 고려사항 및 가치(평등한 정치적, 시민적 자유와 권리, 자존심과 신체적 기반, 그 실현에 필수 구조조건 등)로 이루어진 공적 근거들이라 할 수 있다.

철인왕과 심의민주주의

공적 이성에 대한 이 같은 논의의 연장선에서 우리는 심의정치 내지 심의민주주의(deliberative democracy)라는 개념을 만나게 된다. 정치란 원래 갈등하는 이해관심을 조정하여 바른 길을 찾는 것이라면 공적 이성은 그 같은 모색의 과정 내지 절차와 관련된 것이며 그것이 공적 이성을 중심으로 한 심의 내지 숙의 혹은 이성적 토의의 과정과 절차를 거치게 된다. 심의민주주의는 이해관계의 상충이나 갈등이 힘의 우위나 세력 균형에 의해 결정되는 것이 아니라 안건에 대한 합리적 토의를 거쳐 그 속에서 서로의 선호를 이해하고 절충함으로써 이해관계의 합리적 조정을 도모하고자 하는 것이다.

심의민주주의는 고전적인 자유민주주의 모델만으로는 부족하다는 문제의식에서 출발해 민주주의를 심화시키기 위한 대안적 조건을 모색하고자 한다. 이것이 해결하고자 하는 핵심 질문은 여타의 민주주의와 마찬가지로 인간들에게 근본적인 불일치(fundamental disagreement)가 존재하는 사회 내에서 어떤 식으로 하나의 정당한 집단적 결정을 도출함으로써 사회적 안정과 통합에 이를 것인가이다. 따라서 심의민주주의에서 정당성의 기반은 자유롭고 평등한 시민들 간의 심의 내지 숙의(deliberation)에서 나온다. 여기에서 심의란 어떤 집단적인 결정을 내리기에 앞서 각자가 가진 선호나 선택에 대해 서로 합당한 이유를 제시하는 정당한 과정을 거쳐야 함을 의미한다. 이 과정에서 제시하는 이유는 모든 시민들이 이해가능하고 받아들일 수 있는 원칙에 기반하고 있어야 하며 또한 이유를 제시하는 과정은 결정에 영향을 받게 될 모든 이들에게 공개적으로 열려 있어야 한다.

고전적인 자유민주주의에 있어서는 정당성이 선호의 집합이라고 할 수 있는데 문제는 이 같은 선호를 이미 주어진 것으로 간주한다는 점에 있다. 따라서 이 같은 총합적 민주주의(aggregative democracy)에서는 주어진 선호의 집합에만 관심을 갖게 되며 그럴 경우 선호의 양적 비교만이 가능할 뿐 정당성이나 공공선의 관점에서 선호에 대한 질적 비교는 불가능하다.

반면 심의민주주의는 선호에 대한 정당화 과정을 요구함으로써 선호의 변화가능성과 상호 이해의 가능성을 열어놓고 있다. 그렇다고 해서 다수의 결정을 부정하는 것은 아니며 비록 다수결을 수용한다 할지라도 심의를 통해 서로 차이를 분명히 하고 그 차이점을 상호 조정하며 나아가 다시 개선할 수 있는 가능성을 열어두고자 하는 것이다. 물론 심의민주주의도 다양한 현실적 장애를 넘어야 할 과제를 안고 있기는 하나 구조적 힘의 불평등이나 그에 의거한 사안의 왜곡 문제 또한 심의 과정을 통해 해결할 수밖에 없는 것이 아닌가 생각된다.

학습에 의한 공덕심의 체득과 함양

우리는 공공의 장, 공적 영역에서 아직 '공공 유아'의 단계를 크게 벗어나지 못하고 공론장에서 철부지 아이처럼 떼를 쓰고 응석을 부리려 하고 있다. 우리는 공적 영역에서 자신의 책임을 지려하지 않고 책임전가의 구실을 찾기에 바쁘며 결국 아무도 책임지지 않는 책임의 공동현상을 자주 목격하게 된다. 약간의 희생으로 타인을 배려하는 데 인색하며 남이 자신과 다른 것을 용납하고 관용할 줄 모른다. 한 눈 팔지 않고 자신만의 성공을 위해 질주하며 봉사를 통해 인생의 보람과 여유를 누리는 일에 서툴다. 그러나 책임과 배려, 관용과 봉사 등의 덕목들은 사적 영역과 공적 영역이 갈라지는 경계에서 공공성을 지키고 지탱하는 현대 사회의 미덕이고 공덕심이다.

모든 공부가 그러하듯 시민의식이나 시민윤리도 하루아침에 체화, 체득되기는 어렵다. 한국 사회도 근세적 갈등을 체험하기는 시작했지만 서구가 200여 년에 걸쳐 터득한 시민윤리를 100년도 채 안 되는 시간에 우리 것으로 만들기가 쉬운 일은 아니다. 우리는 서구 근세의 시민사회를 간접적으로 보고 듣고 배우기는 했으나 아직도 외면적으로 흉내내기의 수준에 그치고 있다. 우리가 근세 시민사회적 삶의 방식에 어설프고 서툴지 모르나 그것은 불가피한 일일 수도 있다. 그에 대해 우리가 지나치게 실망하거나 낙담할 이유는 없다. 아직 우리는 근세 시민사회적 학습에 있어서 학(學)의 단계에 있을 뿐 오랜 습(習)을 통해 그것을 우리화, 생활화하지 못하고 있다. 날갯짓을 해보지만 아직도 익숙하지 못해 비효율, 비능률, 비합리적 수준에 머물고 있다.

그래서 우리의 시민윤리나 시민교육은 '학'과 더불어 '습'의 과정에 대한 프로그램을 강화할 필요가 있다. 다양한 상황과 관련된 케이스를 발굴하고 갖가지 갈등상황 속에서 합리적 해결책을 찾고 상호 이해를 조정하는 구체적 연습이 필요한 것이다. 이를테면 시민윤리의 축소판이라 할 수 있는 교통윤리에 있어 한국인들은 지극히 조급하고 사소한 양보에도 인색하며 쉽사리 흥분하는 경향을 보이고 있어 한국의 도로는 살벌하기만 하다. 불필요한 경쟁과 다툼 속에 우리는 서로 스트레스를 주고받으며 그러는 가운데 안전사고는 급증하게 된다. 사소한 것일지는 모르나 간단한 양보운전을 통해 우리는 마음의 여유를 얻게 되고 보다 만족스런 삶을 체험할 수 있다는 사실을 알지 못하며 마치 나비효과와도 같이 사소한 양보운전을 통해 하루 종일 여유로워지고 흐뭇한 삶이 전개될 수 있다는 비밀을 알지 못한다.(제1부 「덕윤리」 참조)

3

실행론

인성교육 프로젝트

글머리에

인성교육이나 도덕교육에 있어서 일차적으로 중요한 것은 '사고교육'이다. "잡은 고기를 주는 것 보다는 고기 잡는 법을 가르쳐 주는 것"이 보다 중요하다는 말이 있다. 고기가 있으면 하루를 살 수 있을지 모르나 고기 잡는 법을 아는 것은 평생을 살 수 있는 기술을 갖는 것이기 때문이다.

물론 본격적인 도덕교육이 있기 이전에 그리고 우리가 자율적으로 생각할 수 있는 나이에 이르기 이전에 우리는 기본적인 예절교육을 받아야 한다. 자율적인 사고교육 이전에 어느 정도 타율적인 예절교육은 불가피하며 이 같은 타율은 올바른 자율적 사고의 요건이요 기반이 된다.

히지민 세상이 끊임없이 변하고 상황도 다양차고 상이차기에 판에 박은 듯한 도덕규범에 따르는 것만으로는 합당한 도덕생활의 영위가 불가능하다. 변화하는 상황의 다양한 변수들과 대안들에 주목하고 숙고해서 최선의 대응책을 모색해야 한다. 따라서 도덕교육이 단순한 예절교육에 그칠 수 없는 이유가 여기에 있다.

딜레마적 상황 예화에 의한 도덕적 사고교육(moral thinking)은 바로 변화무쌍한 상황에 슬기롭게 도덕적으로 대처하기 위한 준비이다. 그래서 우리는 갖가지 딜레마적 예화에 의거한 도덕적 사고에 친숙해야 한다. 그러나 도덕적 '사고교육'에 못지 않게 도덕적 '덕성교육(virtue education)'의 중요성에도 주목할 필요가 있다. 최상의 도덕적 행위는 생각만으로 확보될 수가 없기 때문이다.

도덕적으로 올바른 것이 무엇인지 충분히 생각하고, 숙고하여 알고 있다 할지라도 그것을 실행할 용기가 없다면 무슨 소용이 있겠는가. 일상인보다 못한 지식인, 나약한 지성인을 우리는 얼마나 자주 목격하게 되는가? 그런데 용기는 하루아침에 습득될 수 있는 지식과 다르다는 데 문제가 있다.

도덕적 용기와 같은 덕은 오랜 실행과 반복훈련을 통해서 얻어질 수 있는 일종의 기술(skill)과도 같다. 그래서 플라톤도 덕(virtue)을 기술에 비유해서 설명하고 있다. 덕목은 쉽게 가르치고 배울 수 있는 것이 아니며 스스로의 노력에 의해서 습득되는 것이고 또한 몸으로 배워서 익혀야 한다. 그런 뜻에서 체득된다고도 말한다. 아무리 지적으로 탁월하다 할지라도 평소에 연마해 둔 도덕적 기술인 덕이 없다면 도덕적으로 무기력하고 무력한 존재에 불과하다.

덕성교육은 기왕에 우리가 익혀온 예절교육의 연장선에 있다. 그러나 도덕적 사고교육의 도움을 받는다면 예절교육은 보다 확고한 토대를 갖게 되며 한 차원 발전된 지점에서 덕성교육을 통해 완성될 수 있다. 그래서 우리는 덕성의 성격과 본질에 대한 정확한 이해와 그것이 왜 중요하고 필요한 것인지를 알고서 행동함으로써 예절교육을 보다 발전되고 확고한 토대 위에 세울 수 있다.

과거 도덕 철학자들은 동서를 막론하고 각종 현실적 유혹에 당면하여 인간의 의지가 얼마나 나약한가를 직시했다. 그래서 평소에 반복적인 실천을 통해서 의지를 단련, 연마함으로써 지속적인 성향으로서 덕을 갖추는 것이 중요하다고 했다. 이런 이유 때문에 도덕교육의 핵심을 수련이나 수양(修養)에서 찾고자 한 것이다. 현대에 이르러 지나치게 도덕적 사고교육에 묻혀 잊혀지고 있는 도덕적 덕성교육의 중요성에 다시 눈을 돌릴 필요가 있다.

이런 뜻에서 '딜레마적 상황 예화'에 의한 도덕적 사고교육과 더불어 '이달의 덕목 익히기' 프로그램에 의한 도덕적 덕성교육을 마련해보면 어떨까. 월별로 한 덕목씩 이달의 덕목으로 선정하여 학부모와 학생이 한 달 단위로 그 덕목에 대해 생각하고 생활 속에서 몸에 배어들게 하는 것이다. 그래서 가족이 함께하는 덕성교육은 자녀교육인 동시에 부모의 재교육 프로그램이다. 선택된 덕목을 그 달의 화두로 삼아 모든 생활이 하나의 초점을 향하도록 영위될 수 있다면 의외의 소득이 있을 것이며 그런 점에서 덕성교육과 사고교육은 올바른 도덕교육과 인성교육의 두 축으로 삼을 만하다

1. 왜, 무엇을, 어떻게 가르치나
- 학습에 의한 인성교육

덕성교육을 시작하기 전에 덕목을 가르치고 익히는 데 있어서 주목할 만한 몇가지 초점에 대해 생각해 보기로 하자. 우선 특정한 덕목을 왜 가르쳐야 하는지 그 이유가 자명한 것 같으나 그렇지 않을 수도 있다는 점에서 왜(why) 그러한 덕목이 필요한지 부모와 자녀가 함께 생각해 볼 필요가 있다.

그리고 언제(when) 그러한 덕목을 가르쳐야 하는지, 성장기의 언제부터 시작해야 하는지도 물어볼 만하다. 또한 누가(who) 어디서(where) 덕목교육을 해야 하는지도 다시 검토해 볼 필요가 있다. 물론 덕성교육과 관련해서 말하면 우리는 어린시절부터 부모가 가정에서 가르쳐야 한다는 데서 시작한다.

또한 어떤(what) 덕목을 가르쳐야 하는지도 면밀히 살펴야 하며 그것을 어떻게(how) 가르쳐야 하고 익혀야 하는지 그 방법도 검토되어야 한다. 이 두 가지 물음은 우리의 덕성교육의 내용 및 목적과 관련된다고 할 수 있다. 특정 덕목의 성격에 대한 올바른 이해 그리고 그것을 익히는 방법은 더없이 중요한 사항이라 생각된다.

왜 덕목을 가르쳐야 하나

이에 대해서는 여러 가지 대답이 가능할 것이다. 언뜻 떠오르는 대답으로는 '부모의 바람이니까' '그것이 전통이니까' '사회의 안녕을 위해 필요하니까' '그에 대한 우리의 신념 때문에' '그것이 옳은 것이니까' '그런 행위를 통해 자율성, 독립심, 신뢰심이 생겨나니까' 등등이 있다.

물론 이상과 같은 대답들은 다 일리가 있는 대답이며 그 중 일부는 올바른 대답이라 할 수 있다. 그러나 이들보다 더 나은 대답이 있을 수 있는데 그것은 보다 보편적이면서도 다른 모든 대답의 밑바닥에 있으며 또한 그 모든 것을 포괄하는 이유가 될 수도 있다. 우리가 자녀들에게 덕목을 가르치는 것은 그것이 그들에게 이롭기 때문이다. 여기에서 이롭다는 것은 단지 물질적이고 가시적인 어떤 이익을 넘어 그들의 행복을 도모함에 있어 가장 의미있고 효과적인 방법이기 때문이다.

오랜 세대에 걸쳐 전해진 경험과 지혜는 개인이나 집단의 행복이 덕목이나 도덕에 의해 지배되는 행위와 직접적, 간접적 관련이 있음을 가르쳐 준다. 시대와 국가를 넘어 모든 성현들이 동일한 기본덕목을 가르쳐온 것은 우연의 일치만은 아니다. 문명의 쇠망과 도덕적 타락 간의 상관성도 역사에서 자주 관찰되는 현상이다.

자녀들의 덕목에 따른 삶과 자신의 행복 간의 상관관계를 배우게 되는 한 가지 방식은 시행착오(trial and error)를 통해서일 것이다. 부덕한 행위가 가져오게 될 고통과 불행의 쓰라린 경험을 통해서야 비로소 행복으로 가는 지혜가 터득된다.

그러나 덕목과 행복 간의 모든 관련들을 보여주는 시간의 수레바퀴를 일일이 확인하기에는 인생이 너무나 짧다. 따라서 부모의 의무는 이미 우리가 배운 지혜를 물려주어 덕목과 행복의 관계를 가르치는 일이다. 왜 우리 자녀들에게 덕목을 가르쳐 주는가. 그들의 행복이 거기에 달려있기 때문이다.

언제부터 시작할 것인가

미국에서는 지난 60년대 부모들의 자유방임으로 인해 80년대의 도덕적 무정부 상태가 초래되었고 그 결과 마약중독, 가정파괴, 자살 등 갖가지 불행의 기록이 갱신되었다고 한다. 지나치게 관대하고 자유방임적인 부모들의 태도는 어린이들이 그들 자신의 가치체계를 스스로 선택할 만큼 성장할 때까지 특정한 도덕체계를 가르치는 일을 삼간다는 생각에서 비롯되었다.

이러한 발상법, 접근법은 자칫 파국적 과오를 낳을 수 있다. 그것은 수용돌이치며 집어삼킬 듯한 격랑의 한가운데 작고도 무력한 배 한 척을 띄우고서 그것이 천재일우로 안전한 항구에 다다르기를 바라는 일과 유사하다.

부모의 도움을 떠나 어린이들은 학교에 들어가기 전에 이미 의식적, 잠재의식적으로 나름의 가치관을 싹틔우기 시작한다. 아이들은 친구나 TV 등 대중매체, 나아가 가족들로부터 거의 대부분의 가치관을 배운다. 그들이 학교에 들어가게 되면 이 같은 가치관을 점검, 발전, 변경시킬 기회를 갖게 되고 사춘기에 이르러서야 비로소 자율성을 통해 부모들과는 무관한 그들 나름의 가치관을 정립하게 된다.

부모들이 가치나 덕목에 대해 교육하는 일을 기피하게 되면 자녀들은 일차적으로 가치나 덕목이 중요하지 않은 것이라 생각한다. 덕목을 익히고 가치관을 발전시키는 과정은 부모들이 가치나 덕목을 의식적으로 중시하고 그것을 가르치고 모범을 보일 때 더욱 잘 진행될 수 있다. 그때에 또 자녀들은 여전히 자신의 가치관을 발전시키기는 하나 부모들이, 그것이 인생의 중요한 일부임을 보여준 까닭에 그렇게 행하고자 노력하게 된다.

필자는 이 책에서 부모들이 매달 분명한 목표를 가지고 덕목교육을 하게끔 도와주는 적극적 프로그램을 제시하고자 한다. 이 프로그램에는 열두 달에 맞추어 열두 개의 덕목이 추출되어 있다. 부모들은 매달 하나의 덕목을 겨냥하여 여러 가지 방식으로 의식적, 잠재의식적으로 자녀들에게 덕목을 익히게끔 도와주면 된다. 덕성교육은 바로 지금 그리고 언제나 시작해야 할 과제인 것이다.

무엇을 가르쳐야 하나

보편적 덕목이나 가치가 있는가. 무조건적이고 변하지 않는 절대도 덕이 있는가. 우리는 보편도덕을 창출하고자 하는 철학자가 아니라 우리 자신과 아이들에게 중요한 사항에 대해 명료한 이해를 바라는 부모로서 이 같은 문제들에 직면하게 된다. 우리의 소망은 보다 소박한 것일 수도 있다. 우리 어린이들에게 어떻게 가르쳐야 하는지를 알고자 하는 덕목의 정의, 기준, 목록을 숙고하고 평가하는 가운데 우리는 우리 자신의 가치관과 도덕관을 음미할 기회도 갖게 된다.

물론 그중에는 우리들 자신이 지니지 못하거나 제대로 실행하지 못한 것들도 있지만 이를 일관성이 없다거나 위선적인 것이라고 생각할 필요는 없다. 우리는 우리가 배운 것보다 더 잘 가르치기를 소망한다. 우리 어린이들은 우리보다 더 발전하고 능가하기를 바란다. 사실상 우리는 우리 자녀들이 우리의 장점만이 아니라 단점으로부터도 배우기를 바라는 것이다.

다음과 같이 덕목을 정의할 수 있다. 보편적으로 받아들일 만한 진정한 덕목은 그 덕목을 실행하는 자는 물론이고 그 상대자들에게 이로운 행위를 산출하는 것이다. 그것은 행복을 성취하거나 불행을 방지하는 원리이고 이로움을 주고 괴로움을 막는 어떤 것이다. 그리고 덕목을, 이로움을 주는 다른 기술이나 속성, 혹은 성질과 구분해주는 기준은 그것을 우리가 남들에게 베풀더라도 우리의 소유가 줄지 않는다는 성질을 가지며 남들에게 많이 베풀수록 더 많은 보답이 돌아오는 특성을 갖는다.

예를 들면 정직은 그것을 실행하는 자에게나 그 상대자 모두에게 이로운 행위이며 사랑, 친절, 정의 등도 모두 그러하다. 이런 것들이 덕목의 기준에 맞는 것은 우리가 정직을 베풀더라도 우리가 가진 정직의 양이 줄지 않으며 우리가 남에게 정직하면 할수록 그 보답이 크게 돌아오기 때문이다.

이에 비해서 야심이나 수학적 재능, 신체적 미모, 부, 성취욕 등도 긍정적 특성이긴 하나 보편적 가치나 덕목으로 보기 어렵다. 야망은 그것을 가진 개인에게 이로울지 모르나 그 상대방에게 반드시 이로운 것이 아니다. 부나 수학적 재능은 베풀더라도 반드시 그 보답이 주어지는 것이 아니다.

덕목의 목록은 종류가 많고 다양할 수 있으나 그 중 열두 가지를 주요 덕목으로 선정했다. 일부는 우리가 사는 방식, 즉 존재(being)와 관련 있고 다른 일부는 주는 방식, 즉 베풂(giving)과 관련 있다. 그러나 이 두 가지를 엄정하게 나누기는 어려우며 여러 면에서 서로 중복되고 겹친다.

무엇이 덕목인가와 관련해서 마지막으로 한 마디만 덧붙여 두자. 많은 사람들이 우리의 덕목을 보고서 이렇게 말할지 모른다. "지혜는 왜 넣지 않았어. 창의성과 유머는 어디 있어. 자존심은 그리고 자율성은……." 그러나 목록에서 빠진 것으로 생각되는 덕목은 다음과 같은 두 곳 중 어느 한 곳에서 발견될 수 있으리라.

- 열두 가지 목록 속에 감추어져 있을 수 있다. 열두 개의 덕목이 생각보다 더 광범위한 것임을 알아차릴 수 있다.
- 여러분의 머릿속에 있을 수 있다. 다른 덕목들을 가르치고 싶다면 여기에 나온 덕목들을 가르치는 방법과 생각에서 크게 도움을 받을 수 있을 것이다.

이 열두 가지 덕목에 너무 얽매일 필요는 없다. 새로운 것들이 언제나 끼어들어올 수가 있다. 중요한 것은 매달 하나의 덕목을 겨냥해서 살아간다는 것이다. 매달 우리 자녀에게 가장 부족하고 중요한 덕목이 무엇인가를 생각하고 그것으로 시작하면 된다. 열두 개의 덕목은 첨가될 수도 삭제되거나 수정될 수도 있어 우리가 바라는 우리 자신의 목록, 우리의 자녀들에게 필요한 덕목을 스스로 구성해 볼 수 있다.

어떻게 덕목을 가르치나

방금 언급한 바와 같이 자녀들에게 덕목을 가르치는 최고의 방법은 우리 자신의 삶과 베풂의 모범을 통해서이다. 모범은 언제나 최선의 교사이다. 그리고 우리가 행하는 것은 언제나 우리가 말하는 것을 능가하고 압도한다. 본보기가 최고의 스승이지만 그와 상관된 것으로 이야기, 놀이, 역할 수행, 상상하기 등을 활용할 수 있다.

- 시나리오를 만들어 여러 종류의 역할 놀이를 해보자, 그럴 경우 어린이

는 그들 자신을 가상적인 처지에 두고서 그로부터 생겨나는 결과들을 관찰할 기회를 갖게 될 것이다.

- 덕목에 대한 토론을 해보자. 덕목을 놓고 자녀와 그들의 수준에 맞게 대화함으로써 그들의 이해와 관심을 드높여 보자. 연구보고에 따르면 어린이의 도덕적 행위와 부모와 대화로 보낸 시간 사이에는 밀접한 함수관계가 있으며 이는 우리 자신의 덕목이 상호작용을 통해서 자녀들에게 점진적으로 전달된다는 것을 뜻한다.

- 칭찬을 통해 굳혀라. 칭찬은 도덕적 행위를 일관되고 의식적인 습관으로 바꾸어 놓는 힘을 가진다. 웰링턴 공작은 그의 인생이 다할 무렵 다시 살 수 있다면 바꾸고자 하는 한 가지를 물었을 때 더 많은 칭찬을 하는 것이라고 했다. 실수를 지적하는 것은 죄책감과 현상유지만 시킬 뿐 아무 것도 변화시키지 못한다. 진정한 변화는 어린이가 잘한 일을 들춰내 칭찬하고 그 행위를 굳히는 데서 온다.

- 보상; 시상 혹은 칭찬과 더불어 어떤 형태의 인정은 도덕적 행위를 증진시키는 강력한 방도이다.

- 다시 시작하게 하자. 또 한 번의 기회(second chance)를 부모들이 허용해 주는 것은 처벌이나 비판이 갖는 부정적 효과를 상쇄하고 도덕적 가치나 덕목을 어린이들에게 일깨우고 행동을 교정할 수 있는 최상의 길이다.

- 짧은, 도식적 구절이나 격언, 특정 가치나 덕목을 요령 있고 기억할 만한 방식으로 진술한 구절은 어린이의 마음속에 합당한 개념을 굳건히 심는 데 있어 효과적이다. 어떤 가치나 덕목의 반대되는 사항을 짝으로

제시하는 방식도 어느 것이 사람들에게 이롭고 어느 것이 사람들에게
해로운 것인지를 분명히 알리는 데 도움이 된다.

- 부정적 행동을 무시하고 긍정적 행동을 인정하자. 부모들은 부정적 행
  동에 주목하고 긍정적 행동은 무시하는 경향이 있다. 우리는 옳은 행
  동은 방관하면서 그릇된 것을 교정하기 위해 우리의 모든 정력과 노력
  을 동원한다. 우리는 이런 전략을 180도 바꾸어 그들이 옳은 행동을 하
  는 장면과 순간을 포착해야 한다.

각 덕목을 교육할 때 학교가기 이전, 초등학교, 청소년기로 나누어
실행할 수 있다. 부모들은 이 중 각 단계에 가장 효율적인 방도에 주목
할 필요가 있다. 학교에 들어가기 이전 가장 효율적 방법은 단순한 놀
이나 이야기 그리고 많은 칭찬과 동기화라 할 수 있다.

초등학생들은 상을 주는 일과 더불어 기억시키기, 결과놀이 그리고
보다 많은 생각을 요하는 언어게임이 효과적이다. 청소년기의 아이들
에게는 대화와 토론, 이로운 점과 해로운 점에 대한 논의, 다른 십대들
에 대한 케이스 스터디가 최고의 흥미를 볼 수 있다.

이 같은 방법들을 적절히 이용하여 우리의 생각들을 결합할 경우 그
것은 부모의 손에 쥐어진 유용한 도구가 되고 우리를 믿음직한 덕목교
사가 되게 하는 노하우로 발전할 수 있을 것이다.

2. 어디서 누가 가르쳐야 하나

도덕을 학교에서 가르쳐야 한다는 것에 대해 분분한 논의가 흥미롭긴 하나 어떤 의미에서는 현실성이 없어 보인다. 비현실적으로 보이는 이유는 가정에서 가르치는 것이 학교나 다른 기관에서 가르치는 것보다 자녀들에게 훨씬 더 영향력이 클 수 있기 때문이다.

한 가지 이유는 부모와 어린이의 만남은 어린이와 학교의 만남보다 적어도 5, 6년 먼저 시작하기 때문이다. 다른 이유로는 부모들이 적어도 인생의 첫 15, 16년 동안 다른 사람이나 요인, 요소, 집단보다 어린이에게 지대한 영향력(모범으로나 개념상으로나)을 행사할 가능성이 있기 때문이다.

이는 사실이고 또 당연히 그래야 할 것이다. 가족은 우리의 인생에 있어 가장 기본적 제도이고 그래서 부모는 기본적 의무를 갖는다. 자녀들이 도덕적 가치를 통해 변화하게끔 가르치는 양심적 노력에서 생겨나는 기본적 즐거움은 깊고도 지속적이며 주변에까지 전염된다. 가르치는 주체는 부모이며, 부모는 여러 교사 중 하나가 아니고 여러 교사가 보조하게 될 최대의, 최상의 교사이다. 부모는 최선의 교사이다.

도덕교육 특히, 덕성교육에 있어서 부모는 최선의 선생이고 가정은 최상의 학교라는 사실은 모두가 이미 잘 알고 있는 주지의 사실이다. 가정은 인생의 출발지점이고 모든 교육의 모태라 할만하다. 그런데 가령 『내가 정말 알아야 할 모든 것은 유치원에서 배웠다』라는 책이 초중등학교 교사나 대학교수를 기죽이는 메시지를 담고 있다면 유치원 교사의 입을 막는 한마디는 '세 살버릇 여든 간다'는 격언이다.

세 살 적 우리는 부모의 슬하, 즉 부모의 무릎 주변에 있을 때이고 그때 이미 우리에게는 마치 모판처럼 우리의 삶을 위해 필요한 모든 씨앗들이 떨어져 싹을 틔운다. 그런 의미에서 좋은 부모를 만난다는 것은 최대의 축복이다.

우리는 부모로부터 선천적으로 DNA를 위시해서 각종 유전인자를 물려받을 뿐만 아니라 후천적으로도 상당한 기간 동안 부모의 가르침과 영향권을 벗어나기 어렵다. 인생에 필요한 많은 것을 배울 뿐만 아니라 생각하는 방식도 배운다. 그리고 그것이 단지 이론적으로 듣는 것에 그치지 않고 반복학습을 통해 행동으로 배우고 그래서 버릇으로 배우게 된다.

이렇게 배운 버릇은 우리의 피가 되고 살이 되어 골수에 박히고 체득되어 여든까지 즉 평생 지니고 사는 버릇이 된다. 이때 부모가 말 따로 행동 따로 하는 이중인격이면 인격의 이중구조까지 그대로 전이된다.

그래서 부모에 의한 자녀교육, 즉 가정교육이 쉬운 듯 어려운 것이다.

모든 교육의 시발점인 가정교육에 교육의 성패가 달려있다고 하지만, 그리고 부모가 최선의 교사라는 말도 어느 정도 일리가 있긴 하나 부모 역시 불완전한 교사다. 그래서 우리가 강조하는 덕성교육은 자녀의 도덕교육인 동시에 부모의 재교육이 될 수 있는 프로그램이어야 한다.

도덕적 사고교육과 도덕적 덕성교육에서 부모는 아웃사이더로서의 교사가 아니라 그 프로그램에 함께 참여하는 교사여야 한다. 부모 역시 도덕적 대화와 소통을 통해 자신의 주변을 성찰하고 도덕적 반복학습을 통하여 자신의 버릇과 성품을 개선하고 시정해야 한다. 그래서 덕성교육 프로그램은 부모와 자녀가 함께 성숙하고 변화하는, 그래서 가족 전체가 진화하는 프로그램이 되어야 한다.

3. 덕목 익히기 프로그램 예화
: 월별 가훈 열두 가지

정직과 진실

정직이란 무엇인가

정직(Honesty)이란 진실하고 열린 마음(open mind)이며 사실대로 말하는 태도이다. 우리는 어떤 사람이 정직하다고 하면, 그는 거짓말을 하지 않고 남을 속이지 않으며 훔치지 않으리라고 믿는다. 그리고 그가 우리를 좋아한다고 말할 경우에도 그것이 진실임을 알 수 있다. 그 말은 이득을 얻기 위해서나 환심을 사기 위해서 한 말이 아니기 때문이다.

어떤 사람이 친구가 되고자 할 때 그가 정직한 사람이라면 그는 진정으로 상대에게 호감을 느꼈을 뿐 숨겨진 다른 이유가 없다. 정직으로 인해 우리는 그 사람의 표면에 나타난 그대로가 사실임을 믿을 수 있다. 정직은 어떤 일이 있더라도 진실을 말하는 것이다. 설사 진실이 누군가를 슬프게 할지라도 있는 그대로 말하고자 하는 것이다. 정직은 남들을 기쁘게 해주기 위해서 과장하지 않는다.

정직은 거짓 약속을 하지 않는다. 그리고 말한 그대로를 행하는 것이다. 그러므로 정직한 사람은 언행일치, 즉 말과 행동이 일치하는 사람이다. 겉 다르고 속 다른 이중성은 정직과 거리가 멀다. 그는 이중인격이 아닌 까닭에 우리는 정직한 사람을 신뢰할 수 있는 것이다.

정직한 사람들로 이루어진 사회는 믿을 만한 사회라 할 수 있다. 우리 사회가 불신사회라면 그것은 정직하지 못한 사람이 많다는 뜻이다. 부정직한 사람은 불신을 낳고, 불신은 불편과 불이익을 초래하며 결국 부정직한 사람 자신도 그러한 불편과 불이익을 감수할 수밖에 없다. 정직은 신뢰사회를 이루는 기초이고 기본이라 할 수 있다.

왜 정직이 필요한가

우리가 거짓말을 하거나 남을 속이거나 물건을 훔치게 되면 주변 사람들은 우리를 믿지 못할 것이다. 잘못을 저지르고도 서로 그것을 감추거나 덮어버리기 위해 이야기를 꾸며댄다면 그 잘못은 고치기가 어렵다. 한 번의 거짓을 감추기 위해서 열 번의 거짓말을 하게 되며 그러는 가운데 거짓말의 습관이 굳어지게 되어 우리는 영원히 거짓말쟁이가 되고 만다. 그럴 경우 우리의 마음은 더욱 황폐하게 되고 주변에서 고립될 수밖에 없다.

우리는 자주 거짓 광고에 속는다. 돈을 들여서 물건을 샀는데 기대에 미치지 못하거나 못 쓰게 되었을 때 우리는 어떤 느낌을 갖게 되는가.

결국 정직하지 못한 태도는 타인에게 불이익과 실망을 안겨 줌으로써 서로를 믿지 못하게 되고 불신사회를 조장하게 되는 것이다.

서로를 믿지 못하는 불신사회는 아무도 이득을 보지 못한다. 서로 불필요한 신경을 쓰게 만들고 지나친 스트레스를 감수하면서 살게 된다. 우리는 속고 속이면서 불편과 낭비 속에 인생을 허송하게 된다. 그야말로 우리는 '저마다 잘난 바보들의 행진'을 계속하게 될 것이다.

때때로 우리는 스스로에게도 정직하지 못한 경우가 있다. 남에게 고통을 주면서도 마치 아무 일도 없는 듯 태연한 표정을 짓는다. 정직한 사람은 나의 이득을 위해 남을 속이거나 바보로 만들지 않는다. 정직한 사람은 설사 잘못이 있더라도 자신의 잘못을 바로 잡을 기회를 갖게 된다.

어떻게 정직을 익히나

우선 정직을 익히기 위해서는 말과 행동이 일치하도록 노력해야 한다. 속임수를 쓰려고 해서는 안 된다. 잔머리를 굴려서 다른 사람을 바보로 만들어서도 안 되고 그들이 우리를 바보로 만들게 해서도 안 된다.

생각과 말이 서로 달라서도 안 된다. 어떤 일이든지 최선의 노력을 다하고 그 이상인 척도 그 이하인 척도 해서는 안 된다. 남에게 좋게 보이기 위해서 과장해서 말하고 행동해서는 안 된다. 매사를 꾸미려 하지 말고 있는 그대로 정직하게 보이는 것이 가장 좋은 태도이다.

지킬 수 있는 약속만을 하도록 노력하자. 모든 거래에 있어서도 진실해야 한다. 매사에 정직이 최선이 방도라는 것을 염두에 두어야 한다

거짓말을 하고 속이고 훔치는 것은 당장에 이익이 될지 모르나 결코 오래 가는 법이 없으며 장기적으로 이득이 될 수 없음을 명심해야 한다.

가능한 한 진실대로 말하며 잘못을 저질렀으면 그대로 받아들이자. 그것이 잘못을 고칠 수 있는 최상의 방법이다. 자신에게 진실할 경우 남에게도 진실해질 수 있다. 우리가 언제나 모든 사람을 계산적으로 대하는 장사치일 수는 없지 않겠는가?

"부모가 최선의 교사"라는 말이 있다. 항상 자녀에게 정직한 모범을 보이자. 그럼으로써 자녀는 정직을 이해하고 체득하게 된다. 그들의 질문에 진솔하게 대답하고 대답할 수 없는 이유도 정직하게 말하자. 자녀들 앞에서 거짓말을 하지도 말고 거짓말을 했을 때 나무라기보다는 진실을 말했을 때 아낌없이 칭찬하자. 그럼으로써 정직한 생활을 다시 시작할 수 있는 또 한 번(second chance)의 기회를 주자.

정직과 부정직이 가져올 결과를 말해주자. 생활 속에서나 TV속에서 부정직이 어떤 결과를 가져오며 정직이 어떤 결과에 이르는지 함께 이야기해보자. 그러한 것들이 가져올 외적인 결과뿐만 아니라 내면적인 마음의 평화, 확신, 가책, 자존심 등도 말해보자.

용기와 결단

용기란 무엇인가

용기(Courage)는 위험 앞에서도 꿋꿋하게 굽히지 않음을 말한다. 그것은 정말 어렵고 무서운 가운데서도 행해야 할 바를 행하는 것이다. 용기는 포기하거나 그만두고 싶을 때에도 과감히 나서는 것이다. 때때로 위험을 알면서도 그것에 굳건히 맞서는 것이다. 결심을 하고 결단을 내리는 경우에도 용기가 필요하다. 이럴 때 용기가 없다면 우유부단하게 되며 결국 시기를 놓치게 되어 불행을 자초할 수도 있다. 햄릿의 비극은 그의 우유부단함에서 온 것이기도 하다.

용기는 비겁이나 비굴과도 구분되어야 하지만 그렇다고 오만이나 만용을 부리는 것도 아니다. 용기가 필요 없거나 무의미할 때 용기 있는 척하는 것은 만용에 지나지 않는다. 용기는 무조건 돌진하는 무모함이나 저돌성과 다르며 때로는 2보 전진을 위해 1보 후퇴할 수도 있는 것이 진정한 용기이다. 그래서 용퇴(勇退)라는 말도 있다. 용기는 비겁과 만용의 중용인 것이다.

용기는 새로운 일을 하거나 어려운 상황을 만났거나 잘못을 저지른 이후에도 필요하다. 다른 사람이 비웃거나 동조하지 않더라도 올바르다고 생각하는 바를 수행할 수 있는 것도 용기 있는 사람만이 가능하다.

용기는 가슴의 덕이라고 한다. 용기는 머리로 생각하기보다 가슴으로 느끼는 것에서 나온다. 용기는 자신을 알고 자기가 할 수 있고 해야 할 바가 무엇인지를 깊이 인식하는 일에서 생겨난다. 용기는 정의로움으로부터 나오며 정의가 결국 승리하리라는 믿음에서 생긴다.

때로는 사랑이 우리에게 용기를 줄 수 있다. 사랑은 우리에게 두려움에 굴하지 않고 옳은 것은 행할 수 있는 힘과 용기를 줄 수 있기 때문이다. 또한 희망이 용기를 주기도 한다. 절망적인 사람은 매사를 쉽사리 포기하게 된다.

왜 용기가 필요한가

용기는 상황이 두렵거나 불확실할 경우 우리가 가져야 할 덕목이다. 가령 우리가 어떤 일을 수행할 수 있을지 확실하지 않을 경우가 있다. 어려운 상황에 직면해서 그 누구의 도움도 없이 홀로 있다고 느낄 때가 있다. 이런 경우 용기는 중대한 일을 수행하도록 도움을 준다.

용기가 없는 사람들은 손쉬운 일만을 행하게 될 것이다. 그들은 결코 새롭고 어려운 일을 수행할 수가 없다. 누구나 다른 사람이 행하는 일만을 따라서 할 뿐, 비록 그것이 그른 줄을 알면서도 달리 행동함으로써 남들보다 두드러지는 것을 피하고자 할 것이다. 사람들은 쉬워 보이는 일만을 행함으로써 무사안일주의에 빠지고 일상에 묻혀 평범함을 즐기게 될 것이다.

진리와 정의는 용기 있는 자들에 의해 발견되고 지켜져 왔으며 기회 또한 용기 있는 자들의 것이었다. 용기가 없으면 설사 기회가 와도 그것을 잡을 수가 없다. 용기 있는 자만이 책임을 질 수 있고 비겁한 자들은 책임을 회피하고 남에게 전가하기에 바쁠 뿐이다.

소중한 것을 찾아내고 지키는 용기는 때때로 상당한 희생의 감수를 요구하기에 살신성인(殺身成仁)이라는 말도 있다. 다시 말하면 자신을 죽임으로써 큰 사랑을 이룬다는 말이다. 신체적으로나 정신적으로나 어느 정도 희생을 치를 용기 없이는 가치 있는 소중한 것을 쟁취할 수 없는 것이다.

어떻게 용기를 익히나

어렵고 두려울지라도 옳은 것이라고 생각하는 바를 행동으로 옮기고자 노력하고 용기 있게 자신의 잘못을 시인하고 그로부터 배우며 개선을 위해 노력해 보자. 새로운 일을 시도해 보고 내키지 않더라도 새로운 운동이나 일을 배우도록 힘써 보자.

상대를 알지 못할수록 두려움이 커지는 법이다. 두렵게 생각하고 있는 것을 이해하고자 노력해 보고 그게 사실인지 아니면 나의 상상에 불과한지 확인해 볼 필요가 있다. 타인의 도움이 필요할 경우 도울 사람이 있다고 생각해 보자. 신은 스스로 돕는 자를 돕는다고도 하지 않았는가.

비록 친구가 그릇된 일을 행하면서 우리에게 권할지라도 우리는 스스로 옳다고 생각하는 바를 고수하고 타인들이 비웃고 동조하지 않을지라도 심호흡을 하면서 가슴에 용기를 모아보자. 평소에 요가, 기공 등으로 내공의 힘을 기르고 호연지기를 키워보자. 두려울지라도 과감히 나아가 두려움의 정체를 느껴보고 그럼으로써 돌파하도록 시도해 보자.

역시, 가정에서 부모의 용기와 결단력은 아이들에게 최상의 교사임을 잊지 말자. 그리고 자녀의 아무리 작은 용기라도 칭찬을 아끼지 말자. 용기 있는 행위는 어느 것이든 쉽지가 않다. 그것은 불확실성에 대한 두려움과 뛰는 가슴을 견뎌내야 한다. 이런 과정을 감수한 어린이의 용기는 칭찬을 받아 마땅한 것이다. 그 시도의 성패와 무관하게 시도하는 용기 ㄱ 자체가 수중한 것이다.

새로운 음식의 시도, 새 친구에게 말 걸기, 어려운 책 읽기, 익숙하지 않은 행위의 시도 등을 칭찬하자. 특히 나쁜 일에 동참하지 않기, 유혹에도 불구하고 참말하기 등 도덕적 용기는 크게 칭찬할 만하다.

용기, 만용, 비겁 등을 구분해서 설명해야 한다. 용기란 반드시 떠들썩하게 나서는 것만이 아니라 내성적이고 수줍은 아이에게도 조용한 용기가 있을 수 있음을 알리자.

예의와 겸손

예의란 무엇인가

우리는 일찍이 "사양하는 마음이 예의의 실마리"라고 배웠다. 사양하는 마음의 본질이 겸손에 있다면 겸손은 곧 모든 예의와 예절의 전제조건이라 할 수 있다. 또한 동양에서는 인·의·예·지(仁, 義, 禮, 智)를 네 가지 주요 덕목으로 가르치고 있다. 이중에서 '인', '의', 즉 사랑과 정의가 덕목의 내적인 기본정신이라면, 이를 시간과 장소 즉 상황에 적절하게 외적으로 표현하는 것이 예의이며 이와 관련된 사태를 분간하는 능력을 지혜라 부른다.

예의(courtesy)는 상냥하고 훌륭한 매너 즉 몸가짐을 갖는다는 것이다. 타인을 배려하고 고상하게 행동하며 그럼으로써 자신을 위시하여 다른 사람들의 품위, 품격, 격조를 드높인다. 예의를 지키면 상대방은 사람대접을 받고 존중받는다는 감정을 갖게 되며 그럼으로써 타인에게 깊은 인상을 남기게 된다. 친구나 친척 간에는 비교적 예의를 갖추기 쉬우나 잘 알지 못하는 낯선 사람들에게 예의를 갖추는 일은 쉽지가 않다. 그러나 바로 그런 점 때문에 타인들에게 예의를 갖추는 일은 더욱 소중한 것이다.

"실례합니다" "감사합니다" "죄송합니다" 등은 단지 빈말에 지나는 것이 아니다. 이러한 말들은 크게 힘들이지 않고 사람들이 사람대접을 받는다는 느낌을 갖게 하는 예의바른 표현이다. 이 같은 말들이 입에 붙은 서구 사람들이 아니더라도 동양 3국 중에서도 우리나라 사람들만큼 이 같은 표현에 인색한 민족이 없으리라는 점은 깊이 반성해야 할 일이다.

다른 사람의 말을 중간에 막지 않고 예의를 지키는 것은 그들의 말이 우리의 말 못지않게 중대한 것임을 인정하는 일이다. 부모, 스승, 연장자에게 예절바른 것이 특히 중요한 이유는 거기에 상대방에 대한 존경심이 나타나기 때문이다.

왜 예의가 필요한가

예의를 갖추면 상대방이 사람으로서 인정받고 인간 대접을 받는다는 생각을 갖게 되며 아무도 이용당하거나 푸대접 받는다고 생각하지 않게 된다. 그럼으로써 예의를 지키는 가운데 상호간에 인간적 친밀감과 유대를 강화하게 된다. 예절은 자석과도 같이 다른 사람들을 끌어당기는 매력을 풍긴다. 그러나 지나치게 공손하거나 깍듯한 예절은 오히려 예절의 기본정신에 어긋나고 거부반응을 일으키게 된다. 옛부터 과공 비례(過恭非禮), 즉 지나치게 공손한 것은 예절에 어긋난다는 말도 전해진다.

예의를 갖추지 않을 경우 상대방은 인정받지 못하고 사람으로 대접받지 못했다고 느끼며 자존심을 상하게 된다. 거친 사람들은 주변 사람들이 기피하는 인물이 된다. 그렇다고 지나치게 세련미를 과시하거나 매끄러운 태도도 문제가 된다. 군자는 문질빈빈(文質彬彬)이라고 했다. 즉 외적인 교양과 내적인 질박함을 고루 갖추어야 존경할 만한 사람이 된다는 뜻이다.

인간은 매우 민감한 존재이다. 매사가 미묘하고 상처받기 쉬우며 감정은 그 중에서도 가장 상처받기 쉬운 부분이다. 사람이 타인들을 예의바르게 대하면 감정이 보호되고 상처도 받지 않는다. 이는 사물도 점잖게 다루면 깨지지 않는 이치와도 같다. 점잖고 부드러운 사람이 많아지면 점잖고 부드러운 세상으로 변한다. 신사들이 많아지면 세상도 신사다워지게 된다. 점잖고 부드럽지 못하면 사물을 파손하게 되고 사람의 감정도 상하게 된다. 거친 사람은 타인들에게 두려움을 안겨주고 상처를 주게 된다. 거친 사람이 많아지면 세상은 황폐하고 삭막해진다.

어떻게 예의를 익히나

예의는 행동이나 언어를 통해 표현된다. 따라서 예의바른 행동이나 언어를 익히는 것이 바로 예의를 익히는 방법이라 할 수 있다. 그런데 예의바른 행동이나 언어는 하루아침에 익힐 수 없으며 오랜 반복을 통해 습관화, 생활화 되어야 한다. 이런 뜻에서 예절을 익히기 위해서는 반복적인 훈련이 필요하며 가정교육이나 초등학교 교육에 있어 가장 중요한 것은 바로 예절교육이라 할 수 있다.

예의바른 말을 익히려면 하루 종일 그 말을 반복해서 사용해야 한다. 타인에게 불편을 끼쳤을 때는 "죄송합니다"라고 말하고 그들이 주목하여 양해할 때까지 참을성 있게 기다리는 훈련이 필요하다. 예절은 우리의 행동이 타인에게 어떤 영향을 미치는지 배려하며 그들에게 편하도록 행동하는 것이다.

식사 중에는 입에서 음식이 밖으로 나오거나 보이지 않게 해야 하며 부탁을 할 때는 명령하듯 하기 보다는 정중히 요청하는 어조로 말해야 한다. 호의를 베풀었을 때는 반드시 "감사합니다" 혹은 "고맙습니다"로 응대해야 하며 처음 보았을 때는 먼저 웃으며 인사를 건네거나 목례라도 해야 할 것이다.

학교예절에서 중요한 것은 선생님이 말씀하실 때는 주목하여 귀를 기울이고 장난이나 다른 행동은 그치는 일이다. 학급의 일에 성의를 다해 참여하고 급우를 진심으로 배려해야 한다. 소위 '왕따' 관행과 같이 약한 급우를 희생양으로 삼는 일은 하루 빨리 청산되어야 한다. 이 같은 집단적 괴롭힘으로 인해 교실은 황폐해지고 정글의 법칙이 지배하게 된다. 왕따를 당하는 사람의 고통은 물론이고 왕따에 가담하는 자의 심성 또한 피폐해진다. 최악의 인권유린으로서 왕따는 하루빨리 교정에서 사라져야 할 것이다.

책임과 자신

책임이란 무엇인가

책임감(responsibility)이 있는 사람은 타인들이 믿고 의존할 수 있는 사람이다. 책임감이 있다는 것은 자신이 행한 일에 대해 혹은 행하지 않은 일에 대해 책임질 수 있다는 것을 뜻한다. 일이 제대로 되었을 경우에는 신뢰를 얻게 되고 제대로 되지 못한 경우에도 개선의 노력을 하게 된다. 책임감이 있다는 것은 합의했거나 약속한 바를 지킨다는 뜻도 된다. 가족이나 친구에게 약속한 것을 미루거나 기피하는 것은 무책임한 일이다.

잘못을 했을 경우에도 책임을 전가해서는 안 된다. 날씨나 교통이나 타인을 원망하지 않고 심지어 잊어버렸다고 하면서 자신의 기억 탓으로 돌리지도 않는다. 일이 잘못될 경우는 그 전후사정을 해명할 수는 있으나 변명이나 핑계 혹은 구실을 대어 책임을 회피하려 하지 않는다. 그래서 책임감이 있는 사람은 믿음을 쌓아갈 수가 있다.

책임감의 바탕은 자신감(self-reliance)이고 자존심이다. 자기에 대해 믿음을 갖고 자신을 존중하는 사람은 자신의 행위 및 그 결과에 대해 책임질 수 있는 사람이다. 자존심, 자긍심, 자신감이 없는 사람은 매사를 주체적으로 행할 수 없으며 따라서 이것이 책임전가의 구실이 된다. 모든 것을 자신의 의지나 뜻대로 행하는 것이 아니라 상황이나 타인의 뜻에 의해 이루어진다고 생각하게 되면 책임감이 생겨날 근거가 없어지게 된다.

왜 책임감이 필요한가

자기주장이나 주관이 있을 경우 매사에 적극적이고 분명하게 처신할 수가 있다. 그것은 자신이 존경할 만한 귀한 존재임을 알고 있기 때문이다. 주관이 확실한 경우 남의 의견에 무조건 따르지 않고 스스로 생각해서 옳다고 생각하는 바를 따른다. 누군가 우리를 해치거나 궁지로 몰거나 그르다고 생각하는 것을 강요할 경우 우리는 남이 우리를 함부로 괴롭히지 못하게 하고 우리 스스로를 보호할 의무가 있다.

우리의 유교적 전통은 자기주장을 조장하는 입장은 아니었다. 물론 지나친 독선이나 외고집은 삼가야 하겠지만 자기주장은 현대생활에 있어서 요긴한 성품 중 하나라고 생각된다. 자기주장은 우리가 원하고 바라는 바를 요구하는 능력이며 자신의 생각, 의견, 입장을 표현하는 능력이다. 세상을 주체적이고 적극적으로 살아가는 자기주장이 없을 경우 수동적이고 의존적이며 자기가 원하는 것보다 타인의 기대에 맞추기 위해 눈치만 늘게 된다.

지나치게 수동적이면 남들이 함부로 대하게 되어 자신을 지킬 수가 없다. 또한 자기주장이 없을 경우 한편에서는 수동적이면서 다른 한편 타인을 지배하고 통제하려는 공격적인 성격을 나타낼 수도 있다. 각자가 자기주장을 가지고 자신을 드러내고 그것들이 조화를 이룰 때 인생은 멋진 오케스트라에 비유될 수가 있다.

어떻게 책임감을 익히나

책임감을 심어주는 데 있어서도 부모의 모범보다 더 좋은 선생은 없다. 먼저 부모가 책임을 얼마나 소중히 여기는지 보여주자. 책임을 다하기 위해 얼마나 노력하는지 기회 있을 때마다 깨닫게 하자. 자신의 책임을 다하는 것이 얼마나 보람되고 즐거운 일인지 보여주자. 그리고 잘못한 경우에는 책임을 회피하기보다 비난받아 마땅하다는 점도 가르치자.

부모로서 책임을 다하지 못했을 때는 이렇게 말하자.

"너도 알지만 다 내 잘못이야. 얼마든지 현명하게 문제를 풀어갔을 수도 있었거든."

아이가 잘못을 했을 때도 책임지고 일을 마무리하도록 가르치자. 그리고 어려운 일인데도 불구하고 책임을 다하기 위해 노력한 데 대해서는 아낌없는 박수와 칭찬하는 일을 잊지 말자. 책임을 다하지 못했을 때는 잘못을 깨우치되 다시 한 번 기회를 주자.

어떤 일에 있어서든 혼자서 모든 책임을 질 수는 없다. 일을 그르치는 데는 다른 사람의 탓도 일부 있을 수 있고 어느 정도 운이 따르기도 한다. 그러나 내가 그 일에 가담한 이상 나에게도 당연히 일정 부분 책임이 있는 것이며 따라서 책임회피나 책임전가는 옳은 일이 못 된다. 몸체에 큰 책임이 있는 것은 사실이나 깃털조차도 지분의 책임을 져야 한다는 사실을 이해시켜야 하며 책임 회피와 전가가 일반화될 경우 책임의 공백상태에 이르게 된다는 점도 인식시켜야 한다.

자기주장적인 사람이 되기 위해서는 우리가 값있는 존재임을 염두에 두고 의견이 있으면 용기를 내어 표현함으로써 종으로서가 아니라 주인으로서 살 수 있는 지혜를 배워야 한다. 자기주장을 한다고 해서 제멋

대로 날뛰는 것이 아니며 생각이나 느낌을 자신 있게 말하고 표현하며 기분이 나쁠 때도 나쁘다고 솔직히 표현할 수 있어야 한다는 것이다.

자제와 절제

절제란 무엇인가

흔히 우리는 자제하고 절제할 줄 아는 사람이 되어야 한다는 말을 자주 한다. 자제(self-discipline)란 자기통제, 자기절제를 의미한다. 이는 그때그때의 생각이나 감정에 따라 나부끼는 것이 아니라 자신의 생각이나 감정을 주체적으로 조절한다는 뜻이며, 이 같은 주체적인 자기조절을 통해서 절제도 가능하게 된다.

자제는 분명 당장에는 즐거운 일이 아니며 때로는 고통스러운 것이긴 하나 결국 자제심으로 훈련된 사람은 평화롭고 올바른, 그래서 최대로 자기실현을 할 수 있는 인생의 수확을 거두게 된다.

절제(moderation)는 생활에 있어서 균형을 유지하는 것을 말한다. 이는 우리가 항상 똑같이 행위해야 한다거나 언제나 인색하게 굴어야 한다는 것을 뜻하지는 않는다. 절제를 한다는 것은 공부도 적절하게, 노는 것, 일하는 것, 쉬는 것도 적절하게 하는 것을 뜻한다. 절제란 지나치기 전에 멈추는 것을 말한다. 그것은 결코 매사에 지나치지 않음을 말한다.

모자라는 것도 지나친 것과 마찬가지로 절제가 아니다. 절제는 과불

급이 없는 중용의 덕이라고 할 수 있다. 너무 말이 많으면 산만해 보이고 말이 지나치게 적으면 진정한 뜻이 무시당하게 된다. 절제는 욕망의 바다에 표류하지 않게 우리를 지켜주는 소중한 덕목이 아닐 수 없다.

왜 절제가 필요한가

우리가 우리 스스로 행동을 통제할 수만 있다면 남의 간섭을 받을 필요가 없어진다. 그런 까닭에 자제는 우리에게 자유를 가져다준다고 할 수 있다. 또한 자제력이 강한 사람은 매사를 효율적으로 처리할 수 있게 되므로 늑장부리거나 꾸물거릴 필요가 없어진다.

자제심이 결여된 사람은 자신의 감정을 통제할 수가 없다. 그래서 타인들이 상처를 받게 되며 이는 결국 자신에게도 이로울 수가 없다. 자제심을 갖고 행동한다는 것은 우리가 스스로 감시하고 통제하는 것이다.

절제가 없으면 사람들은 극단에서 극단으로 치닫게 된다. 너무 많이 요구하며 낭비하게 되든가 필요한 것도 쓰지 못하는 인색으로 나아가게 된다. 쾌락을 절제하지 못하게 되면 결국 엄청난 고통에 이를 수도 있다. 옛부터 이를 쾌락주의의 역설이라 불러오고 있다. 이 같은 역설을 피함으로써 가장 적절하게 즐거운 인생을 향유하게 하는 지혜가 바로 절제라 할 수 있다.

절제가 없으면 적절한 게 무엇인지 과도한 게 무엇인지도 알지 못한다. 어디엔가 집착하여 분수를 지나치게 된다. TV를 너무 많이 보거나 초콜릿을 너무 지나치게 즐기거나 말을 너무 많이 하거나 잠을 너무 많이 자는 것은 바로 절제와 자제력을 잃은 행동이며 그 결과가 어떤 것인지는 우리 모두가 잘 알고 있다. 절제는 인생을 슬기롭게 살아가는 균형 감각이며 우리 자신에게도 이롭고 타인에게도 이로운 덕목이라 할 수 있다.

어떻게 절제를 익히나

이 경우에도 부모들의 모범 이상으로 좋은 교육효과를 거둘 수 있는 방도는 없다. 모든 영역에서 자제와 절제의 실상을 보여야 한다. 부모는 자녀들 앞에서 감정을 자제하고 소비를 줄이고 분수대로 살며 식사량도 조절하는 등 절제하는 생활을 가시적으로 보여줄 필요가 있다. 이 모든 점을 분명히 가시화할 것과 더불어 그에 대해 자녀들과 이야기할 기회를 갖자.

감정이나 기분을 자제하는 이상으로 자제나 절제의 분명한 사례를 찾기 어렵다. 분노를 느낄 경우 말하거나 행동하기에 앞서 "열을 세어라(Count to ten)"는 방법을 활용해 보자. 가족들이 먼저 열을 세는 모범을 보이자. 큰 소리를 내어 세는 것도 나쁘지 않을 것이다.

자제나 절제라는 말을 생활하는 가운데 틈틈이 사용하기로 하자. "더 먹고 싶지만 자제해야지. 그래야 예쁜 몸매를 지킬 수 있거든", "놀고 싶을 텐데 숙제부터 하는 걸 보니 대단한 자제력이군" 등등. 그리고 애써 절제하고 자제하는 행동에 대해서는 아낌없이 칭찬하고 상을 주는 일을 잊지 말자. 이는 자제하고 절제하는 행동을 익히고 굳히는 최상의 방도이다.

신의와 신뢰

신의란 무엇인가

신의(Fidelity)가 믿음을 심는 일이라면 신뢰(Trust)는 그 결과로서 서로 믿을 수 있는 관계에 있음을 의미한다. 각자가 신의를 쌓아가는 가운데 상호간에 신뢰관계가 형성되며 그러한 관계를 맺는 사람들이 모여 사는 사회는 신뢰사회라 할 수 있다. 이렇게 볼 때 신의와 신뢰는 서로 표리의 관계에 있는 덕목이라 할 수 있다. 이 두 가지 덕목에 공통된 것은 바로 믿음이다.

신의는 사람이나 대상에 대해 진실한 것을 말한다. 어떤 일이 있든 자신이 중요하다고 믿는 것을 끝까지 지키는 것을 의미한다. 신의는 시간의 시험대를 굳건히 헤쳐 나가는 것이다. 신의는 일단 어떤 길에 들어서면 어떠한 난관이나 유혹이 와도 그 길을 고수하는 것이다.

신의는 거센 물살 한 가운데 버티고 있는 바위와도 같다. 그것은 우리가 믿는 바가 무엇인지를 진정으로 알고 실천하는 데서 나온다. 신의가 있으면 믿고 의지할 수가 있다. 신의는 자신의 믿음과 원칙에 충실하고 그것을 지키는 일이다. 그것이 신의든, 정직이든, 우정이든 또 다른 가치이건 간에 말이다. 신의는 기본을 지키고 원칙에 따라 사는 것을 말한다.

신의가 없으면 이랬다저랬다 할 수가 있다. 하루는 이것을 믿고 다음날은 또 다른 것을 믿을 수도 있다. 그래서 우리는 신의가 없는 사람이 무엇을 믿는지조차 알 수가 없다. 어쩌면 그들 스스로도 자신을 알 수 없을지 모른다. 약속을 하고도 상황이 바뀌면 밥 먹듯 어길 수 있다. 신의가 없는 사람은 배신할 가능성이 크다. 신의가 있는 사람은 한 번 친구이면 영원히 친구로 남는다.

왜 신의가 필요한가

믿음이 없다면 모든 것을 일일이 우리 스스로 확인하고 직접 통제할 수밖에 없다. 믿음이 없다면 잠시라도 마음을 놓을 수 없으며 매사를 염려해야 할 것이다. 태양이 내일 아침에 뜨리라는 믿음이 없다면, 또는 매사를 일일이 믿지 못하고 근심해야 한다면 어찌 밤에 잠인들 편히 잘 수 있을 것인가. 타인을 믿음으로써 우리는 자유롭게 우리가 하고 싶은 일에 열중할 수가 있다. 믿음으로 인해 우리는 남들을 염려하는 불필요한 에너지를 소모할 이유가 없어지게 된다.

자신에 대해 믿음을 갖는 것도 성장을 위한 전제가 된다. 자신을 믿지 못한다면 믿음을 가지고 최선을 다하는 대신 행여 과오를 범하지 않을까 걱정이 그칠 날이 없을 것이다. 자신감을 가지고 용맹정진하는 가운데 성장과 발전을 기대할 수 있으며 자기실현의 길도 열리게 된다.

신의가 없다면 합의나 약속은 아무런 의미가 없다. 신의가 없으면 약속을 지키리라는 보장이 없다. 따라서 신의 없는 사람은 믿을 수가 없다. 서로 신의를 지킬 경우 약속이 지켜지리라는 확신 아래 마음을 놓을 수 있다. 신의가 있을 경우 진실을 말하고 본분을 지키며 최선을 다할 것으로 기대할 수 있다. 신의는 결혼이나 성과 관련해서도 소중한 가치를 갖는다. 이 경우 신의는 정조와 순결을 지키는 것과 관련된다.

어떻게 신의를 익히나

부모들이 먼저 분명하고 알아 볼 수 있게 신의의 모범을 보여야 한다. 어른들이 신의라는 덕목을 얼마나 소중히 여기는지 자녀들이 인식할 수 있도록 가르쳐야 한다. 부부일 경우 한쪽이 다른 쪽에 속하고 서로가 서로를 절실히 필요로 하는 까닭에 신의는 더욱 소중해 진다.

신의를 지킨다는 것은 약속한 것을 지킨다는 뜻이다. 우선 지킬 수 없는 약속은 하지 않도록 노력해야 한다. 말한 것은 반드시 행해야 한다. 실천할 수 없는 일을 미리 떠벌리지 않도록 주의해야 한다. 인간관계에서 신의 있는 사람이 되기 위해서는 상대방에게 진실해야 한다. 그의 등 뒤에서 험담해서는 안 된다. 기분 나쁜 일이 있었다면 상대방을 직접 찾아가 조용히 사적으로 말하는 것이 좋다. 새 친구가 생겼다고 오랜 친구를 소홀히 해서도 안 될 것이다.

서로 신뢰하는 사람들 사이에 그것을 지켜가는 일도 쉽지는 않지만 아직 신뢰가 형성되지 않은 사람들 간에 신뢰를 쌓기는 더욱 어렵다. 이때 그 누군가 다소간 손해를 각오하고 먼저 신뢰를 주는 행위가 필요하다. 그렇다면 상대방도 우리를 믿고 신뢰를 보낼 것이다. 우정은 하루아침에 생겨나지 않는다. 오랜 시행착오를 거치는 가운데 신뢰가 쌓여감으로써 비로소 우정도 공고해지는 것이다. 서로 신뢰하지 못할 경우 우리는 결국 서로 손해를 보면서 손해를 끼치는 불신의 딜레마에 빠지게 될 것이다.

청결과 순결

청결이란 무엇인가

청결(Cleanliness)과 순결(Chastity)은 모두가 깨끗함을 지키는 것이다. 하지만 청결이 보다 육체적인 것과 관련된다면 순결은 보다 정신적인 면과 상관된다고 할 수 있다. 그러나 육체적인 것과 정신적인 것, 즉 마음과 몸이 엄밀히 둘로 나뉠 수 없는 것이라면 청결과 순결 또한 서로 많은 부분에서 겹친다고 할 수 있다.

목욕을 하거나 주변을 정돈하고 나면 마음이 한결 밝아지는 것도 그러한 이유에서일 것이다. 청결은 자주 씻음으로써 몸을 깨끗하게 유지하는 것이며 깨끗한 옷을 입는 것을 의미한다. 청결을 유지하면 기분도 신선하고 상쾌해진다. 청결은 기거하는 방은 물론이고 주변을 정돈하는 일도 뜻한다. 앞서 말했듯 청결은 우리의 몸뿐만 아니라 마음에도 있다. 청결한 정신은 떳떳하고 옳은 길로 나아가는 성향을 갖는다. 청결은 또한 모든 감염으로부터, 따라서 질병으로부터도 우리를 보호해 준다.

AIDS와 같은 성병이 창궐하는 시대에 결혼에 있어 신의와 순결을 지키고 혼전에 금욕과 순결을 지키는 일은 과거 어느 때보다 실질적 설득력을 갖는다. 다시 말하면 우리가 부모로서 성적 순결이라는 가치관에 합의하든 하지 않든 간에 우리는 이 같은 중대한 문제를 자녀들과 도덕적으로 뿐만 아니라 현실적으로 다루어야 할 책임을 갖는다.

비록 젊은 시절에 자신은 순결이나 금욕을 행하지 않았던 부모들조차도 자신의 자녀들은 그러한 것들을 지켜줬으면 하는 소망을 갖는다. 이는 위선이라고 할 수 없으며 죄책감을 느낄 필요도 없다. 우리가 잘못으로부터 배우고 성장한다는 사실은 곧바로 자녀들이 우리의 전철을 밟지 않아야 할 이유이다. 순결을 지켜야 할 도덕적 명분과 현실적 이득 모두에 대해 자녀들과 진솔한 대화를 나누어 보자.

왜 청결이 필요한가

우리 자신을 청결하게 유지하면 우선 우리 스스로 기분이 좋아진다. 또한 우리가 청결하면 주변에도 좋은 인상을 심게 될 것이다. 우리가 양치질을 자주 해서 치아를 청결하게 유지하면 건강한 치아를 가질 확률이 높아지고 충치를 앓을 이유도 줄어들어 치과에서 겪게 될 고통이 줄어드는 것도 같은 이치이다.

청결은 우리를 모든 질병으로부터도 보호해 준다. 화장실에 다녀온 이후에도 손을 씻고 음식을 먹기 전에도 손을 깨끗이 하면 질병의 원인인 병균들을 멀리할 수 있다. 의복을 청결하고 단정하게 입는 것도 남에게 좋은 인상을 심는 방법 중 하나다. 집안이 깨끗하게 정돈되면 마음도 산뜻해지고 가다듬어진다. 그러면 사태를 보다 올바르게 파악할 수 있게 되고 정신이 맑아져 새로운 아이디어도 떠오르게 된다.

마음이 밝고 긍정적인 생각으로 가득차면 마음의 평화를 맛볼 수 있다. 행동을 올바르고 떳떳하게 하게 되면 내면의 행복을 느끼게 될 것이다. 그럴 경우 다른 사람들도 우리를 믿을 수 있는 사람이라고 느끼게 될 것이다.

청결을 유지하지 못할 경우 병에 걸리게 되고 다른 사람들에게 전염시키게 될 것이다. 청결하지 못할 경우 보기에도 좋지 않을 뿐만 아니라 냄새도 상쾌하지 않을 것이다. 방이나 주변이 정돈되지 않을 경우 원하는 물건을 찾기도 어려울 뿐 아니라 마음도 어지럽게 된다. 마음이 혼란되고 불안하게 되면 담배나 마약 등 다른 방법에 의존해서 정신을 가다듬고자 하는 불행에까지 이르게 된다. 이같이 몸과 주변을 청결하게 지키는 것은 정신을 강하고 행복하게 만드는 길도 된다는 것을 명심해야 할 것이다.

어떻게 청결을 익히나

가장 단순한 수준에 있어서 청결은 매일 몸을 씻고 양치질을 하는 것이다. 그리고 일을 마친 후에는 물건들을 모두 제자리에 두고 주변을 정돈하는 것이다. 나아가서 청결은 질병의 원인이 되는 것으로부터 자신을 지키는 일이다. 즉 위생에 유의하는 일도 청결에 포함된다고 할 수 있다.

또한 청결은 행동을 올바르고 단정하게 할 뿐만 아니라 올바르고 품위 있는 언어생활을 영위하는 것도 의미한다. 옛 성현은 그릇된 말을 하지 않을 뿐만 아니라 몹쓸 말을 들으면 귀를 더럽혔다 하여 강물에 씻었다는 이야기도 있다. 불결하거나 사악한 망상이 떠오르게 되면 그런 생각이 떠오르게 된 원인을 살피고 밝고 긍정적인 생각으로 바꾸도록 힘써 보자.

자녀들에게 정조와 순결이 가치를 가르쳐야 한다는 철학의 핵심은

성이란 헤프게 낭비하거나 소홀히 다루기에는 너무나 아름답고 소중한 것이기 때문이다. 또한 부모가 자녀들에게 성과 성윤리에 대해 가르쳐야 할 중요한 이유는 일반적으로 학교 교육에서와 같이 성을 지나치게 엄격하거나 희화시키지 않고 따뜻하고 사랑스러운 방식으로 가르칠 수 있을 뿐 아니라 친밀하고 사적인 방식으로 다룰 수 있는 까닭에 상호 공유하고 신뢰를 끌어내기에 가장 적합한 사람이 바로 부모이기 때문이다.

부모 간에 신의와 순결을 지키는 것이 상호 신뢰와 행복의 바탕임을 모범으로 보여주자. 부모가 서로 둘이면서 하나임을 손을 잡거나 입맞춤 등 구체적인 행동을 통해 이해하게 하자. 그리고 가정에서 성, 성적인 성숙, 그리고 성과 사랑에 관련된 주제들을 놓고 함께 이야기하는 기회를 갖자.

처음에는 생소한 기분이 들지 모르나 곧 익숙해지고 친밀감을 갖게 될 것이다. TV나 영화 혹은 음악 속에 나오는 많은 소재들이 이 같은 대화의 발단이 될 수가 있다. 성은 자연스럽고 소중한 것이며 또한 생명과 관련된 까닭에 그것은 더더욱 사랑이나 순결에 바탕을 두어야 한다는 것을 이해하게 하자.

존중과 명예

존중이란 무엇인가

존중(Respect)이란 사람의 명예를 귀하게 여기고 그들의 권리를 소중히 대하는 태도이다. 존중은 우리가 서로를 대하는 예의 속에 가장 잘 나타난다. 다시 말하면 상대방에게 말하는 방식이나 상대방에게 속하는 것을 다루는 태도 속에 가장 잘 반영된다. 존경심을 가지고 말하고 행동하는 것은 기본적으로 인간의 존엄성을 인정한다는 것을 함축한다.

특히 조부모, 부모, 교사와 같은 연장자를 존중하는 것은 중요한 일이다. 우리보다 오래 산 사람인 까닭에 그들은 나름의 지혜를 가지고 있으며 매사에 요긴한 가르침을 줄 수 있다. 누구나 존중받을 가치가 있지만 연장자는 특히 예의를 갖추어 대하고 존중받을 가치가 있다.

명예(Honor)라는 것은 우리가 옳다고 믿는 것을 존중하면서 사는 것, 덕에 따라서 품위를 잃지 않고 사는 것을 말한다. 명예를 지킬 경우 우리는 타인의 존경을 받을 가치가 있으며 또한 훌륭한 모범이 될 수 있다. 우리는 자신의 명예를 그릇된 선택으로 쉽게 포기해서는 안 된다.

우리가 명예를 지킬 경우 우리는 자기 자신이 누군지에 대해, 또한 우리가 행한 바에 대해 부끄러워할 필요가 없다. 우리는 자신이 선택한 것에 대해 자부심을 가질 수 있다. 명예를 갖는 사람은 옳은 일을 행하고 지킴으로써 다른 사람의 평가나 평판에 상관없이 남과 차별화된다.

왜 존중이 필요한가

존경에는 가정이나 학교의 규칙을 존중하는 일도 포함되며, 이와 같이 함으로써 우리의 삶이 보다 평화롭고 질서정연하게 영위될 수 있다. 또한 존중에는 자기 존중도 포함되어 있다. 이는 우리가 사생활이나 품위 등 우리의 권리를 보호함을 뜻한다. 만일 누군가가 비록 그것이 연장자일지라도 우리의 권리를 침해한다면 그것은 곧바로 중단되어야 한다. 남녀노소를 불문하고 모든 인간은 존중받을 가치가 있는 것이다.

존경심이 없으면 사람들의 권리가 쉽사리 침해될 수 있다. 존경심이 없으면 남의 편지나 일기도 읽게 되고 목욕탕이나 화장실도 함부로 침범하게 된다. 존경심이 없으면 서로 무례하게 대하고 말도 함부로 내뱉게 된다. 자존심, 즉 자기 존중심이 없을 때는 남이 해치거나 이용해도 무관심하거나 방임하게 된다. 존경심은 사람들이 가치 있는 존재임을 느끼게 해준다.

윗사람에 대한 존중이 없으면 아이들은 자기 하고 싶을 대로 행동하게 된다. 규칙이나 법규를 존중하지 않으면 가정이나 사회는 혼란에 빠진다. 모든 운전자들이 교통도덕을 존중하지 않고 어기게 되면 어떤 일이 일어날지 상상해 보자. 우리가 타인의 의견이나 재산을 존중할 경우 그들도 역시 우리의 것을 존중하게 될 것이다. 우리가 스스로 존중할 경우 타인들 역시 우리를 존중하게 된다.

어떻게 존중을 익히나

존중이나 존경심을 훈련하는 가장 좋은 방식은 남이 어떤 식으로 대우해 주기를 바라는지 생각해 보고 그런 방식으로 남을 대우하는 일이다. 우리의 소유물, 사생활권, 존엄성을 남들이 어떻게 대하기를 바라는지 생각해 보고 역지사지(易地思之), 즉 입장을 바꾸어 놓고 생각해 보면 된다.

남의 물건을 이용하고 싶으면 정중히 요청하며, 남을 표나게 응시하거나 주시하여 불편을 끼치지 않는 것도 유념해야 할 사항이다. 존중하는 태도는 시선의 관리에도 나타나기 때문이다. 대화를 하면서 시선을 엉뚱한 곳에 두기 보다는 상대방과 부드럽게 마주할 필요가 있다.

존중은 자신의 감정을 온건한 방식으로 표현하는 것과 관련된다. 존중은 조용히 예의바르게 말하는 것에도 나타난다. 특히 연장자가 말하는 것을 가로막지 말고 "죄송합니다"라는 말과 더불어 우리에게 주목하기를 기다린다. 자신의 의견을 의견으로서 겸손하게 제시하고 다른 의견도 제시될 여지를 줄 수 있어야 한다.

존중이나 존경의 중요성은 자명하다. 존중은 다른 모든 덕목의 기초요 기본이기 때문이다. 그런데 존경심을 익히는 일은 쉬운 일이 아니다. 우선 기억해야 할 핵심은 존경을 받아보지 않으면 제대로 줄 수가 없다는 점이다. 우선 우리는 말하는 방식이나 대하는 방식에 있어서 어린이를 존중해야 한다. 그 다음에 그들도 우리를 존중하도록 요구할 수 있다. 그들이 가정에서 존중받는 것은 우선 자기존중의 기초가 된다. 또한 자기 존중은 타인 존중의 바탕이다. 가정에서 가족성원으로부터 배운 존중은 가정 밖에서 다른 이들을 존중하는 출발점이 된다.

우선 가정 내에 존중이 분위기를 조성하자. 어린이를 어른들과 똑같은 권리의 소지자, 인격으로 대우하자. 언어에 있어서도 강압적으로 윽박지르기 보다는 부드러운 요청의 말과 고맙다는 말을 자주 사용하자. 칭찬과 인정을 아끼지 말자. 다시 시작하게 하고 새로운 기회를 주자. 언제나 그렇듯 모범이 최선의 스승임을 기억하자.

관용과 배려

관용이란 무엇인가

배려(Consideration, Care)는 다른 사람들의 입장을 이해하고 그들의 기분을 보살피는 것을 말한다. 남을 배려하기 위해서는 생각이 깊어야 한다. 배려란 타인의 기호를 우리 자신의 기호와 같이 중요하게 생각하는 것이다. 그들이 다른 기호를 가졌을지라도 그것을 소중히 생각하고 자신의 기호를 강요하거나 우기지 않는 것이 배려이다. 타인의 감정을 존중하고 그들의 필요를 고려하는 것이 배려의 핵심이다. 정의나 공정이 엄정하고 남성적인 것이라면 배려와 보살핌은 부드럽고 여성적인 것이라고도 할 수 있다.

배려의 연장선상에 관용의 덕이 있다. 관용(Tolerance)은 서로 다른 점을 용납하고 받아들이는 것이다. 관용을 베푼다는 것은 신축성 있게 응대하는 것을 말한다. 관용이 없는 사람은 변화나 차이를 용납할 수 없으며 그런 아량을 베풀 수가 없다. 관용은 타인들이 우리와 똑같이 생각하고 행동하기를 기대하지 않는다. 관용은 타인의 과오나 잘못에 대해서도 용서하고 자비를 베풀 수 있다.

현대 사회는 과거와 달리 다양한 인생관, 가치관, 세계관을 갖는 사람들이 공존할 수밖에 없는 다원주의 사회이다. 그런 의미에서 관용은 현대 사회의 가장 기본적인 덕목 중 하나이다. 관용은 공존의 윤리이자 덕목이다. 관용은 상대에 대한 배려에 바탕을 두고 있다는 점에서 무관심과는 구별된다. 물론 관용도 무제한적일 수 없으며 사회의 기본을 무너뜨리지 않는 한에서 최대한 확대되어야 할 것이다.

왜 관용이 필요한가

우리가 타인을 배려함이 없이 자기중심적인 행위를 하게 되면 타인의 감정을 상하게 한다. 타인을 배려하지 않을 경우 그들 또한 우리를 배려하지 않게 된다. 배려가 없을 경우 서로 자신이 무시당한다고 느끼게 되며 서로 배려할 경우 보다 쉽게 화합하고 친밀해질 수 있다. 우리가 상대방을 배려할 경우 그들은 자신이 우리에게 소중한 존재임을 알게 된다. 서로 배려하는 사이에는 이심전심(以心傳心), 말이 없어도 서로를 이해하게 된다.

배려는 우리 스스로 다음과 같이 자문하는 것으로부터 시작된다. "이렇게 하면 다른 사람을 괴롭히거나 상처주지 않을까?" 이에 대한 대답이 긍정적일 경우 우리는 자신이 원하는 바를 달성하면서도 동시에 타인의 이익과 권리를 존중하는, 보다 합당한 행동방식을 발견하게 된다. 배려에 바탕을 두지 않을 경우 설사 선물을 받을지라도 즐겁지가 않다. 특히 병중에 있는 사람은 상대의 배려에 대해 민감하다는 점을 알아야 한다.

관용이 없는 사람은 자신과 다른 것은 용납하거나 참을 수가 없다. 남들이 다른 행위를 하면 이를 비판하고 불평하며 비난하기를 일삼는다. 관용이 없는 사람은 인내할 줄 모르며 용서에 인색하고 자신이 변하는 대신 남이 변화되기를 고집한다. 따라서 관용이 없는 사람은 대부분 주위 사람들을 불안하고 불행하게 만든다.

관용은 마음에 들지 않는 상황도 참고 견딜 수 있는 인내력과 변화에 쉽게 대처할 수 있는 신축성을 더해준다. 관용이 있는 사람은 변화하고 성장할 수 있는 여지를 지닌 사람이다. 서로 마음에 들지 않는 점이 발견되면 그것을 우정과 사랑으로 덮을 수 있다.

어떻게 관용을 익히나

아이들은 자신들이 이해할 수 없는 사람들에게 너그럽게 대하지 않는 경향을 보인다. 다른 사람의 생활양식을 이해하게 될 경우 이는 낯선 사람들에 대한 선입견을 타파하는 데 큰 도움을 줄 수 있다. 다른 가정을 방문하거나 다른 나라를 여행하는 것도 아이들이 다른 사람의 생활양식에 친숙해질 수 있는 방법 중 하나이다.

특히 서로 다르다는 것이 나쁜 것이 아니라는 사실을 이해시킬 필요가 있다. 많은 아이들은 자신과 다른 생각을 갖고 있거나 다르게 행동하는 아이들에 대해 잘못됐다고 생각한다. 다르다는 것이 어쩔 수 없는 삶의 진실이라는 사실을 아이들에게 이해시켜야 한다. 우리는 탄생과 성장과정이 서로 다른 만큼, 그리고 능력과 소질이 다를 수밖에 없는 까닭에 생각이나 행동이 다를 수밖에 없다.

우리는 유한한 존재인 까닭에 인간의 어떠한 부분만 실현할 수 있을 뿐이다. 여러 사람들이 서로 다양한 가능성을 실현함으로써 서로 차이가 있다는 것은 오히려 상호보완의 가능성을 갖는 것이다. 각기 저마다의 악기로 다른 소리를 냄으로써 입체적인 인간 오케스트라가 이루어진다는 점을 이해시킬 필요가 있다.

친절과 다정

친절이란 무엇인가

친절(Kindness)과 다정(Friendliness)은 중요한 인간적 가치요 덕목이다. 그것은 타인을 배려하는 감수성과 다소간의 적극성이나 용기 등 다른 덕목들과 관련되기는 하나 또한 그 나름으로 독립적인 하나의 덕목이라 할 수 있다.

친절은 다른 사람의 행복에 대한 관심이다. 친절은 타인에 대해 우리의 관심과 배려를 보이는 일이다. 친절은 우리가 자신뿐만 아니라 타인에게도 사랑하는 마음을 갖는다는 뜻이다. 친절은 다른 사람의 삶을 밝게 해주는 사소한 언행에서도 나타나며 일상의 일거수일투족에도 배어날 수 있다. 친절은 슬프거나 도움을 필요로 하는 사람에게 사랑을 보이는 행위이다.

다정다감하다는 것은 다른 사람에게 관심을 가지며 온화하고 예의

바르게 행동함을 말한다. 시간을 함께 하고 생각을 나누며 감정을 공유하는 것으로도 표현된다. 다정함은 우리 자신의 방식대로가 아니라 상대방의 방식에 맞춤으로써 그의 기분을 맞추고 낯선 사람도 친밀한 감정을 갖도록 하는 것을 말한다. 다정함이란 즐거움뿐만 아니라 괴로움도 함께 나누는 것을 말한다. 다정함이란 부탁이나 요청이 없이도 보살펴 주는 것을 말하며 또한 다정함은 외로움을 달래줄 최선의 치유책이라 할 수 있다.

왜 친절이 필요한가

친절이 없다면 도움이 필요해도 들어줄 사람이 없다. 누구나 자기 자신에게만 관심을 갖는 곳에서는 모두가 외로운 신세가 된다. 친절은 주고받는 것이며 그를 통해 서로 더 깊은 유대가 생겨날 수 있다. 친절미가 없고 이기적인 존재들은 서로 불신하고 서로에게 고통을 끼치게 된다. 친절을 통해 우리는 홀로가 아니라 더불어 산다는 기분을 갖게 된다. 인간만이 아니고 동물이나 자연에 이르기까지 이 같은 태도가 확산될 수도 있을 것이다.

친절을 주고받으면 자신의 마음도 명랑해지고 이 세상이 살만한 곳으로 느껴지게 된다. 그리고 우리가 어려움에 처해 있을 때 친절한 도움을 받게 되면 그것은 우리에게 벅찬 감동으로 다가오게 되고 그러한 즐거움은 다시 타인들에게 친절로 전해지게 된다. 친절은 이같이 전염병처럼 주변에 감염되고 확산되는 효과를 갖는다.

다정하게 사람을 대하면 낯선 사람도 편안하게 느끼게 된다. 좋은 일이건 나쁜 일이건 간에 우리가 서로 마음을 나눌 사람이 있다는 것은 축복이요 은총이다. 우정은 저절로 주어지는 것이 아니고 서로 노력하는 가운데 이루어지고 성장하게 된다. 대부분의 사람들은 비교적 내성적이어서 그들이 편안하게 마음을 나눌 친구가 필요하다. 다정한 사람은 많은 사람들을 끄는 매력을 가진 사람이다. 다정하지 못한 사람은 남들에게 곁을 주지 않으며 자신에게만 집착함으로써 고립되고 만다.

다정함은 자신을 긍정하고 스스로를 좋아하는 것에서 시작된다. 자신을 좋아해야 상대방에게 나눌 것이 있다고 생각할 것이기 때문이다. 자신을 혐오하고 보잘것없다고 생각하는 자는 타인을 가까이 할 여유가 없는 것이다. 길을 걸으면서도 타인의 얼굴을 바라보며 미소를 보냄으로써 다정한 표현을 할 수가 있을 때 상대방도 다시 미소를 지으며 응답해올 가능성이 커진다. 그래서 우리가 사는 세상은 점차 밝아지고 살만한 곳으로 변하게 될 것이다.

어떻게 친절을 익히나

친절 역시 부모가 모범을 보임으로써 가르쳐야 한다. 어린이들에게 분명하고도 구체적인 친절의 모범을 보일 필요가 있다. 친절은 아무리 지나쳐도 남을 불쾌하게 만들지 않는다. 어린이를 포함해서 주변의 모든 이에게 친절을 보여라. "감사합니다" "죄송합니다" 등의 친절어를 아끼지 말아야 할 것이다.

매사에 친절을 보이고 타인을 배려하며 도움을 주자. 그리고 가능한 한 미소를 짓자. 가능한 한 언성을 높이거나 상스러운 말은 삼가자. 비판적이거나 냉소적인 언어도 삼가야 한다. 자기 스스로에 대해서도 지나치게 비판적이지 말자. 가능한 한 사정을 그대로 말하고 기분을 있는 그대로 전하며 서로에게 용서와 자비를 구하고 베풀자.

성격에 따라 친절도 다양한 방식으로 개발될 수 있음에 유의하자. 지나치게 수줍어하고 부끄러움을 타는 아이에게는 강요하기 보다는 친절한 언행을 통해 조용한 감동과 기쁨을 느낄 수 있도록 지도하자. 대화를 할 때는 부드러운 시선으로 상대와 눈을 마주보도록 하자. 물론 상대가 연장자일 경우는 지나친 응시나 주시는 삼가는 것이 좋을 것이다.

가끔 자녀들이 친구를 집에 데려오는 기회를 주자. 번잡스럽고 불편할지라도 친구들과 함께 놀게 하는 것이 중요하다. 그리고 그들의 대화에 귀 기울이고 그에 대해 나중에 함께 이야기할 기회를 갖자. 그리고 친구의 소중함을 알리고 최선의 친구는 형제자매임도 일깨우자. 우정의 가치를 이해시키자.

공정과 준법

공정이란 무엇인가

정의(Justice)는 우리가 매사에 있어서 공정함을 의미한다. 정의는 사람이 당연히 받을 것을 받고 받을 만한 가치가 있는 것을 누리는 것을 말한다. 다시 말하면 모든 사람이 공정한 자신의 몫을 향유하는 것을 말한다. 잘한 사람은 그에 합당한 상이나 보상을 받고 잘못한 사람은 적절한 벌을 받는 것이 바로 정의와 공정이다.

정의로움은 자신과 남의 권리를 보호하고 옹호하는 것을 말한다. 따라서 남을 이용하는 일은 있을 수 없으며 남이 나를 이용하는 것도 용납하지 않는다. 공정(Fairness)의 법칙은 강자가 약자를 괴롭히거나 해치는 약육강식, 즉 정글의 법칙과 대비된다. 모든 이의 권리가 존중되고 보장되는 사회는 정의롭고 공정한 사회라 할 수 있다. 정의로운 사회는 페어플레이, 즉 공정한 경기의 규칙이 지켜지는 사회라고 할 수 있다.

정의가 지켜지지 않으면 서로 이용하거나 상처를 입히는 일이 계속될 수 있다. 그럴 경우 세상은 잔인하고 위험한 곳, 즉 동물의 왕국이 된다. 사람은 성, 인종, 종교 등에 의해 차별대우를 받아서는 안 되며 죄 없는 인간이나 어린이 등이 이유 없이 고통 받아서도 안 된다. 또한 가진 자가 없는 자를 착취해서는 안 되는 까닭에 모든 이의 권리보호를 위해 정의가 요구된다.

정의롭고 공정한 법규에 따르는 것이 바로 준법(Obedience)이다. 준법의 목표는 우리를 인도하고 보호하기 위한 것이다. 평화공존을 위한 시민들 간의 합의와 신사협정을 지키는 것이 바로 준법이다. 준법의 결과는 우리 자신에게 이로울 뿐만 아니라 지키는 모든 이에게 이득이 된다.

단지 모두가 함께 지키는 데서 준법의 효과를 볼 수 있으며 대부분이 지키지 않을 경우 일부 지키는 사람들이 손해 볼 수도 있다는 점을 명심해야 한다. 때로는 싫더라도 준법을 해야 하며 남들이 보지 않을 지라도 준법하는 자세력을 길러야 할 것이다. 또한 준법은 신뢰사회의 기반임도 기억해야 한다.

왜 준법이 필요한가

우리 모두의 안전과 행복을 위해 준법이 요구된다. 준법에 관심이 없으면 자신이나 타인에게 해로운 일인데도 원하기만 하면 행하게 된다. 모든 사람이 기분 내키는 대로 운전하게 되면 얼마나 많은 사람들이 사고를 당하고 상해 받게 될 것인지 생각해 보자. 세상에는 수많은 위험이 도사리고 있으며 준법 없이는 상해를 막을 길이 없다.

준법의 결과는 안전과 더불어 자유로움도 준다. 따라서 큰 자유를 누리기 위해 약간의 구속은 감수할 만한 가치가 있다. 안전한 곳에서 놀면 불필요한 위험으로부터 해방감을 누릴 수 있다. 마찬가지로 공동체를 보호하기 위해 제정된 법이 지배하는 곳도 우리에게 자유를 허용한다. 모두가 법을 지키고 그래서 또한 법이 일관되게 지배하는 곳에서는 상호신뢰와 유대가 형성된다.

준법정신은 가정에서부터 길러진다. 누가 설거지를 하고 누가 청소를 하며 누가 애완동물을 보살필 것인지 가족 성원간의 합의와 가족 규칙을 지키는 가운데 준법정신의 토양이 일궈진다. 수신제가치국평천하를 들먹이지 않을지라도 사회윤리는 가정윤리의 연장선 어디엔가 있다. 사회윤리적 의식은 가정윤리적 무의식과 잠재의식 속에 떨어진 씨앗이 꽃을 피우고 열매를 맺는 것이라 할 수 있다.

어떻게 공정성을 익히나

우선 간단한 가정규칙을 정하자. 이를 통해서 어린이는 그들 자신의 한계를 알고 그들에게 기대하는 바가 무엇인지를 이해하게 된다. 우선 규칙의 중요성을 함께 논의하자. 사회에도 교통법규 등 규칙이 있듯 가정에도 일정한 규칙이 있어야 모두가 더 행복한 생활을 영위할 수 있고 서로에게 기대되는 바를 알게 된다는 점을 이야기하자.

몇 가지 규칙이 정해지면 차트에 기록해서 가시화하는 것도 도움이 된다. 각 법규가 모든 가족성원을 기분 좋게 하는 이유를 설명하자. 그리고 상벌을 제정하여 지키면 상을 주고 어기면 벌을 받게 된다는 것을 주지시키자. 무서운 처벌보다는 위반에 대해 반성할 기회를 주고 다시 시작할 수 있도록 격려하자.

부모가 공정함과 규칙준수의 모범을 보이자. 그런데 한 가지 유의할 점은 정의롭고 공정함을 보이되 동시에 부드러움과 자비로움도 보이도록 하자. 정의와 공정이 엄정하긴 하나 때로는 용서와 자비가 필요하다는 것을 이해시키자.

특히 우리 사회에 있어서는 준법이 모두에게 이롭다는 이해가 부족하다. 오히려 법을 지키면 손해라는 생각이 지배적이다. 준법이 모두에게 이로운 것이 되기 위해서는 관련된 모든 사람 혹은 대부분의 사람이 준법할 경우에 한해서라는 사실을 분명히 인식시키자. 법을 지키는 것이 오히려 손해라는 생각은 관련된 대부분의 사람이나 상당한 정도의 사람이 알게 모르게 법을 어기고 있기 때문임도 함께 이야기 하자. '모두 함께 지키기'가 준법의 핵심임을 일깨우자.

근면과 검소

근면이란 무엇인가

인간이 자연을 정복하고 오늘날과 같은 문화생활을 영위하게 된 것뿐만 아니라 사회 속에서의 생존경쟁에서 이기고 살아남는 것은 오직 열심히 노력하고 근면하는 생활에 의한 것인 만큼 근면은 확실히 인간에게 요청되는 매우 중요한 덕목이라 할 수 있다. 그런데 근면(勤勉)이란 원래 한자어의 의미에서 유래하듯 "마음을 쏟아서 애쓴다"는 것으로서 단지 소처럼 일만 하는 것이 아니라 마음을 집중하고 힘을 다해서 노력한다는 뜻이다.

따라서 근면(Diligence)이라는 덕목은 단순히 현대적인 의미에서의 노동만을 뜻하는 것이 아니고 인간이 그의 내면세계에 생각을 돌려 그 뜻을 실현하기 위해서 애쓴다는 뜻을 가지고 있다. 그러므로 근면이라는 것은 오늘날 우리가 일반적으로 이해하듯 단순히 직업생활에서 주어진 과제를 열심히 해낸다는 것을 넘어 더 높은 정신세계를 지향하는 그러한 인간의 생활태도와 관련된 덕목이라 할 수 있다.

그런데 부지런히 노력한다는 뜻에서의 근면은 노동이라는 개념과 불가분의 관계를 지니고 있다. 물론 오늘날 노동은 단지 육체노동뿐만 아니라 정신노동도 함께 의미하게 되었다. 막스 베버라는 독일의 사회학자는 종교개혁 이후 프로테스탄트의 금욕적인 절제와 노동의 윤리가 결합되어 자본주의 원동력이 되었다고 말했다. 이는 절약이라는 덕목과 노동의 윤리가 근면의 개념에 의해 서로 깊이 연관되어 자본주의의 발전을 위한 힘이 되었다는 것으로 이해될 수 있다.

왜 근면이 필요한가

천재는 2%의 영감과 98%의 노력으로 이루어진다는 말이 있다. 남이 보기에는 천재가 행운이나 기적같이 보일지 모르나 사실상 엄청난 노력과 피땀이 서린 결실이라는 뜻이다. 과학적인 발견이나 발명뿐 아니라 성현이나 군자처럼 인격을 도야하는 일에 있어서도 피나는 노력과 정진이 요구된다. 불교에서는 도를 닦거나 수련을 할 때 용맹정진이라는 말을 한다. 유교에서도 자연의 운행이 강건하고 쉼 없으니 군자도 이를 본받아 쉼 없이 정진하라고 했다.

옛말에 "학문에 뜻을 둔 사람은 반드시 학문에 부지런해야 하고, 선행에 뜻을 둔 사람은 반드시 선행에 힘써야 한다"고 했다. 사람이 어디든지 뜻을 두면 근면을 통해서 그 뜻을 이루어 나가야 한다는 것이다. 인간은 누구나 그의 인생에 있어서 무엇인가를 이루고자 하는 뜻을 품고 살아간다. 그런데 그런 뜻이 실제로 그의 인생을 통해 이루어질 수 있느냐 여부는 그가 얼마나 부지런히 그것을 추구하느냐에 달려 있다고 할 수 있다.

근면은 특히 자라나는 어린이들의 교육에 있어 언제나 강조되어도 좋을 덕목이다. 독일의 철학자 칸트는 교육적인 맥락에서 다음과 같이 말했다. "어린이들이 부지런히 일하는 것을 배우는 것은 매우 중요한 일이다. 인간이란 일해야 살아갈 수 있는 유일한 동물이다."

우리는 자라나는 다음 세대를 위해 갖가지 지식과 기술을 물려주지만 그 중에서도 다음 세대를 위해 남겨줄 수 있는 가장 믿음직한 재산은 바로 근면이다. 더욱이 새로운 지식과 기술이 홍수처럼 쏟아져 나오는 현대 사회에서는 새로운 지식과 기술을 배울 수 있는 근면만이 우리의 생존을 보장할 수 있는 것이다.

근면의 개념에는 처음부터 자기 자신을 절제하는 금욕적인 의미가 함께 포함되어 있다. 따라서 근면에는 절제와 절약이 함께 따른다고 할 수 있다. 절제와 절약은 단지 물질적인 것뿐만 아니라 정신적인 삶의 절제까지 포함된다. 절제와 절약에 바탕을 둔 검소한 삶의 태도는 소박한 아름다움이 아닐 수 없다.

어떻게 근면을 익히나

근면한 부모들 이상으로 근면을 더 잘 가르칠 수 있는 사람은 없다. 매사에 부지런한 습관은 우리가 철이 들기 이전에 이미 가정의 분위기에서 체득된다. 게으른 부모들로부터는 결코 부지런한 자녀들이 생겨날 수 없다. 근면을 통한 자기절제와 인내 그리고 감수하는 고통이 그 이상의 성취와 결실을 통해 벅찬 보람과 감동으로 다가올 때 자녀들은 근면의 진정한 가치를 체감하게 된다. 루소가 말했듯 "인내는 쓰다. 그러나 그 열매는 달다"고 할 수 있다.

근면하고 절약하는 행동을 포착하여 칭찬하고 상을 주도록 하자. 그를 통해 나타난 결실을 함께 기뻐하자. 지나친 낭비보다 절제하고 검소한 생활 가운데 행복과 긍지를 느낄 수 있게 하자. 청빈이라는 말이 있듯 부당하게 취득한 소득으로 호의호식하기보다 비록 가난할지라도 정당한 소득으로 검소하고 떳떳하게 사는 것이 올바른 인생임을 일깨워주자. 풍족할 경우에도 검소한 생활을 즐기며 가난한 이웃과 나눌 수 있는 기쁨을 맛보게 하자.

물론 근검을 강조한다고 해서 여가도 즐길 줄 모르고 놀이도 멀리하라는 말은 아니다. 여가와 놀이는 그 자체로서도 가치 있을 뿐만 아니라 스트레스를 해소하고 에너지를 재충전하여 보다 의미 있고 생산적인 근검생활을 가능하게 할 것이다. 일과 놀이의 하모니는 의미 있는 인생을 위한 필요 불가결한 요소라 할 것이다.

정의론과 덕윤리

1판 1쇄 찍음 | 2015년 4월 24일
1판 1쇄 펴냄 | 2015년 4월 30일

지은이 | 황경식
펴낸이 | 김정호
펴낸곳 | 아카넷

출판등록 2000년 1월 24일(제406-2000-000012호)
413-120 경기도 파주시 회동길 445-3
전화 | 031-955-9511(편집) · 031-955-9514(주문) · 031-955-9506(마케팅)
팩스 | 031-955-9519
책임편집 | 김일수
www.acanet.co.kr

ISBN 978-89-5733-417-1 03190

이 도서의 국립중앙도서관 출판시도서목록(CIP)은
서지정보유통지원시스템 홈페이지(http://seoji.nl.go.kr)와
국가자료공공목록시스템(http://www.nl.go.kr/kolisnet)에서 이용하실 수 있습니다.
(CIP 제어번호: CIP 2015011993)